www.ingramcontent.com/pod-product-compliance
Lightning Source LLC
La Vergne TN
LVHW050832051026
849532LV00006BA/1923
* 9 7 8 9 3 8 3 3 2 2 8 2 4 *

ا

شہرِ ملال

(کلیاتِ عرفان صدیقی)

مرتب

سید محمد اشرف

دو جگہ رہتے ہیں ہم، ایک تو یہ شہرِ ملال
ایک وہ شہر جو خوابوں میں بسایا ہوا ہے

شہرِ ملال

(کلیاتِ عرفان صدیقی)

مرتب

سید محمد اشرف

عرشیہ پبلی کیشنز، دہلی ـ ۹۵

نام کتاب : شہرِ ملال: کلیاتِ عرفان صدیقی
مرتب : سید محمد اشرف
پتہ : Bari Sarkar, Marehera Shareef, Etah, UP-207401
موبائل : 9007345000
ای میل : smashraf57@yahoo.com
مطبع : کلاسک آرٹ پریس، دہلی
تزئین سرورق : اظہار احمد ندیم
ناشر : عرشیہ پبلی کیشنز، دہلی

Shehr-e-Malaal: Kulliyaat-e-Irfan Siddiqui
Edited by Syed Muhammad Ashraf
First Edition : 2016

arshia publications
A-170, Ground Floor-3, Surya Apartment,
Dilshad Colony, Delhi - 110095 (INDIA)
Mob: (0) 9899706640, 9971775969
Email: arshiapublicationspvt@gmail.com

Composed at: Frontech Graphics, 9818303136

اہلیہ عرفانؔ صدّیقی
سیّدہ حبیب
اور
ان کے بچّوں
مینا، نغمہ، فیضی (خالد عرفان)
رومانہ اور لبنیٰ
کے نام

اتنی بے رنگ بھی شاید نہ ہو کل کی دُنیا
پھول سے بچوں کے چہروں سے پتہ لگتا ہے

ترتیب

کینوس (مجموعۂ اوّل)

شب درمیان (مجموعۂ دوم)

سات سماوات (مجموعۂ سوئم)

عشق نامہ (مجموعۂ چہارم)

بابِ شہرِ ملال

عرفان صدیقی کی کسی حد تک ادھوری کلیات ''دریا'' کے نام سے سنہ اُنیس سو ننّانوے عیسوی میں پاکستان سے منظرِ عام پر آئی۔ اس کتاب سے خود عرفان صاحب بہت زیادہ مطمئن نہیں تھے۔ اُن کے ایک خط (مورخہ ۱۲/مارچ، ۲۰۰۰ء، مطبوعہ: عرفان صدیقی نمبر، نیا دَور، لکھنؤ، ۲۰۱۰ عیسوی) سے اندازہ ہوتا ہے کہ وہ کلیات کے اس نام ''دریا'' سے بھی نا مطمئن تھے۔ اُن کی وفات کے بعد اُن کے چاہنے والوں کا اصرار تھا کہ ممکنہ حد تک مکمل کلیات کی اشاعت ہونی چاہیے۔ انیس امروہوی کی خواہش تھی کہ یہ کتاب اُن کے ادارے سے شائع ہو اور اس میں اُن کا اب تک کا غیر مطبوعہ تقریباً تمام کلام یکجا کر دیا جائے۔ مجھے افسوس ہے کہ کتاب اُن کے ادارے سے نہیں شائع ہو سکی۔ اب یہ عرشیہ پبلی کیشنز سے شائع ہو رہی ہے۔ مجھے یہ دونوں ادارے عزیز ہیں۔ کتاب کی اشاعت کی اجازت کا مرحلہ عرفان صاحب کی اہلیہ بیگم سیدہ حبیب نے آسان کر دیا۔

''دریا'' میں عرفان صاحب کا آخری مجموعہ کلام ''ہوائے دشت ماریہ'' بھی شامل نہیں تھا۔ یہ بھید آج تک نہیں کھلا کہ وہ مجموعہ کتاب میں کیوں شامل نہیں کیا گیا۔ مستزاد کہ اس کی عدم شمولیت پر عرفان صدیقی نے اپنے محولہ بالا خط میں بھی کوئی شکوہ نہیں کیا۔ دریا کی اشاعت کے بعد بھی عرفان صدیقی نے اپنی بیماری کے باوجود بہت غیر معمولی اور معرکۃ الآراء کلام کہا۔

اس کلام کی تلاش اور فراہمی کا کام عرفان صاحب کے چہیتے اور مشہور و معروف شاعر ڈاکٹر شعیب نظام نے کیا۔ اس کے علاوہ اس کتاب کی پروف ریڈنگ کا تقریباً تمام کام انھوں نے اپنے ذمے لے لیا۔ ناسپاسی ہوگی اگر صنفِ نعت کے غیر معمولی شاعر قاری قاسم حبیبی برکاتی کا شکریہ نہ ادا کروں جو پروف ریڈنگ کے کام میں شعیب نظام کے پر خلوص معاون رہے۔ اللہ رب العزت دارین میں ان

دونوں کو جزائے خیر عطا فرمائے۔ آمین!

غیر مطبوعہ کلام کے لیے بیگم عرفان صدیقی نے اصل مسودات عنایت فرمائے جنہیں چھان پھٹک کر موجودہ کلّیات میں ''قصہ مختصر کرتا ہوں میں'' کے عنوان سے ایک نئے مجموعے کے طور پر شامل کر لیا گیا ہے۔ چھاننا پھٹکنا اس لیے ضروری تھا کہ ان مسودات میں ایسی بہت سی غزلیں اور اشعار بھی تھے جو پچھلے کسی نہ کسی مجموعے میں شائع ہو چکے تھے۔ بیگم عرفان صدیقی نے کئی اشعار ایسے بھی لکھوائے جو انھیں زبانی یاد تھے اور کسی بھی رسالے میں نہیں چھپے تھے۔ کلیات کے نام کا مسئلہ اُن کی اہلیہ اور بچوں نے یہ کہہ کر آسان اور میرے لیے مشکل کر دیا کہ جو تمھیں مناسب لگے وہ نام رکھ لو۔ وہ اگر حیات ہوتے تب بھی تمھاری بات مان لیتے۔ یہ بات کم لوگوں کو معلوم ہے کہ میری دو کہانیوں کے عنوانات عرفان صدیقی کی ہی عطا ہیں۔ ''ڈار سے بچھڑے'' اور ''دوسرا کنارا۔'' میں نے کلیات کے لیے کئی نام سوچے جیسے زنجیر میں رقص، وسعتِ زنداں، منظر شب تاب، دریا سے آگے وغیرہ۔ لیکن اُن کی شاعری کے موضوعات، متعلقات اور کیفیات کے مدِ نظر مجھے ''شہر ملال'' سب سے بہتر محسوس ہوا۔ اُن سے محبت کرنے والے دوستوں اور شاعروں سے مشورہ کیا تو سب اس نام پر برجستہ خوش ہوئے۔ عرفان صدیقی کی کلیات کی اشاعت میری ذاتی مسرت کا سامان ہے۔

اب ''شہر ملال'' آپ کے سامنے ہے۔ دستک دینے پر اس کا دروازہ کھل جاتا ہے اور آپ اس کے اندر داخل ہو سکتے ہیں۔ لیکن شہر ملال کی سیر کے بعد واپسی کے سفر میں بہت دِقت ہوتی ہے کہ 'شہرِ ملال' کا دروازہ صرف ایک طرف کھلتا ہے — باہر سے اندر کی جانب۔

— سیّد محمد اشرف

۸/ جنوری ۲۰۱۶ء

عرفانِ صدّیقی: شخصیّت، سوانح اور شعری مزاج

جب عرفان صاحب کی شادی ہوئی، میں پرائمری اسکول میں پڑھتا تھا۔ کہانیوں کی کتابیں اور بچوں کے رسالے پڑھتا تھا لیکن شاعری سے کوئی خاص شغف نہیں تھا۔ چوتھی کی رسم کے بعد جب وہ اپنی دلہن کو لینے آئے تو ہمارے گھران کی دعوت ہوئی اور گھر کی خواتین کے اصرار پر انھوں نے اپنی غزلیں سنائیں۔ اسی محفل میں یہ غزل بھی پڑھی اور ترنم سے پڑھی۔ یہ کسی مجموعے میں شامل نہیں ہے۔

پھر بھی پاؤں میں وہی زنجیرِ رم ہے دوستو

جس دن وہ دولہا بن کر آئے تھے اور نکاح ہوا تھا، میں نے انہیں غور سے نہیں دیکھا تھا لیکن جب وہ ترنم سے غزل پڑھ رہے تھے تب میں نے انہیں غور سے دیکھا۔ اپنے گھر میں کسی غیر مرد کو ترنم سے غزل پڑھتے دیکھنا میرے لیے حیرانی کا مرحلہ تھا۔ میری والدہ مرحومہ دلیرؔ مارہروی کی غزلیں اکثر ان کی نواسیوں سے اصرار کر کے سنتی تھیں اور میرے کانوں کو اُن نواسیوں کی آواز کی عادت تھی لیکن ایک مرد گھر میں چاندنی پر بیٹھ کر ترنم میں غزل پڑھے وہ عجیب سا لگا۔ کسی نے اس دن بتایا کہ یہ صاحب شاعر بھی ہیں اور خود اپنی غزلیں پڑھ رہے ہیں۔ میرے بچپن کے ذہن کے لیے یہ بھی ایک حیران کن بات تھی کہ ایک انسان دولہا ہو کر شاعری بھی کر سکتا ہے۔

شادی کے بعد ان کا مارہرہ آنا جانا اکثر ہوتا تھا۔ ان کی پوسٹنگ دلی میں ہوتی تھی یا لکھنؤ میں۔ میرے دادا سید آلِ عبا (حضرت آوارہؔ) عرفان صاحب سے دیر تک گفتگو کرتے رہتے تھے۔ میرے والد محترم اکثر عرفان صاحب سے فارسی شاعری یا امام احمد رضاؔ قدس سرہٗ کی نعتیہ شاعری پر گفتگو کرتے تھے۔ اس بات سے میں بہت متاثر ہوتا تھا کہ کوئی شخص ایسا بھی ہے جو

میرے دادا اور والد دونوں سے اردو اور فارسی کے شاعروں سے متعلق بات بھی کر سکتا ہے اور ان کے اشعار بھی سنا سکتا ہے۔ سات آٹھ سال کے بچے کا خیال تھا کہ شاعری پر صرف اس کے بزرگ ہی گفتگو کر سکتے ہیں، دُوسرا کوئی نہیں۔

مارہرے میں وہ اپنی سسرال کے گھر میں لیٹے بیٹھے ابن صفی کی 'جاسوسی دنیا' کا مطالعہ کرتے رہتے تھے۔ میں اب کچھ بڑا ہو گیا تھا اور ابن صفی کی کتابوں کا شوق ہم دونوں میں مشترک تھا لیکن ابھی وہ زمانہ نہیں آیا تھا کہ وہ مجھے اپنے اشعار سنائیں۔ ممکن ہے اس زمانے میں وہ کثرت سے اشعار نہ کہتے ہوں۔

مارہرے میں ان کی ایک مصروفیت اور بھی تھی، یعنی شکار — وہ میرے دادا اور چچا کے ساتھ شکار کو جاتے اور کم چوڑی نہر (بمبے) میں تیر تیر کے نہاتے بھی تھے۔

میں ۱۹۷۴ء میں علی گڑھ کا طالب علم تھا اور اسی سال جولائی میں میرے بڑے ابا سیّد العلماء سید شاہ آل مصطفیٰ میاں کا وصال ہوا۔ یہ میرے خاندان کے لیے بہت بڑا سانحہ تھا۔ عرفان صاحب ان کے حقیقی ہم زلف تھے اور ان کی اہلیہ کی پرورش میرے بڑے ابا کے گھر میں ہی ہوئی تھی۔ وہ پہلا موقعہ تھا جب سوگواروں کے رخصت ہونے کے بعد خانقاہ کے چوک میں، عشا کے بعد، میرا ہاتھ پکڑ کر، ٹہل ٹہل کر انھوں نے وہ اشعار سنائے جو بہت پُر درد تھے۔

اس دن پہلی مرتبہ میں ان کی شاعری سے بہت متاثر ہوا۔ اس سے پہلے مجھے متاثر ہونے کا کوئی خاص موقعہ بھی نہیں ملا تھا کہ رسائل میں ان کا کلام شاید نہ کے برابر چھپتا ہو۔ وہ خطوں میں اپنی غزلیں لکھ کر بھیجتے تھے اور میں علی گڑھ کے دوستوں آشفتہ چنگیزی، مہتاب حیدر نقوی، فرحت احساس، اسعد بدایونی اور منظور ہاشمی کو سنایا کرتا۔ قاضی عبدالستار اور شہر یار بھی اُن کے اشعار بہت پسند کرتے تھے۔ وہ علی گڑھ نہیں آتے تھے لیکن ان کا کلام علی گڑھ کے طالب علم شاعروں میں بہت مقبول ہو چکا تھا۔

جب ۱۹۷۸ء میں ان کا پہلا مجموعۂ کلام ''کینوس'' شائع ہوا تو دھوم مچ گئی۔ ڈاکٹر ابن فرید، فرحت احساس، اور منظور ہاشمی نے ان پر مضامین لکھے جو ''خیر و خبر'' اور ''الفاظ'' میں شائع ہوئے۔ میں یونیورسٹی لٹریری کلب کا سکریٹری تھا۔ عرفان صاحب کے مجموعۂ کلام پر ایک بہت بڑے جلسے کا اہتمام کیا جو ایک دوست کی اچانک موت کی وجہ سے ملتوی کرنا پڑا۔

میں جب اپنے ننہال سیتا پور جاتا تو کسی نہ کسی بہانے سے لکھنؤ بھی پہنچ جاتا۔ شروع شروع

میں وہ مولوی گنج میں ایک بیکری کے پاس رہتے تھے۔ پھر جلد ہی انھوں نے اپنی رہائش لاٹ کلن کے قریب گولہ گنج میں کر لی۔

ان کا آفس ''بسنت'' سنیما کی اوپری منزل میں تھا اور اس آفس کی باہری گیلری بہت چوڑی تھی جہاں سے حضرت گنج کی رونق صاف نظر آتی تھی۔ وہ ان رونقوں سے بے نیاز اپنے دفتری کام میں لگے رہتے۔ دفتری کام میں ان کی لیاقت کی مثالیں دی جاتی تھیں۔ جب کام پورا ہو جاتا تو اس چوڑی گیلری میں ٹہل ٹہل کر مشق سخن کرتے اور کاغذ کی چھوٹی چھوٹی پرچیوں پر مہین تحریر میں غزلیں قلمبند کرتے جاتے۔

۱۹۸۱ء میں میرا انتخاب سول سروس میں ہو گیا اور ۱۹۸۲ء میں On The Job Traning کے لیے میری تعیناتی لکھنؤ میں کی گئی۔ عرفان صاحب کا اصرار تھا کہ جب تک باقاعدہ رہائش نہ ملے میں ان کے ساتھ ہی رہوں۔ میرا دل بھی یہی چاہتا تھا۔ میں ان کے ساتھ کئی ہفتے رہا۔ پھر مجھے موتی محل ہاسٹل میں جگہ مل گئی لیکن اکثر شامیں ان کے ساتھ ہی گزرتیں۔ میرا دفتر اشوک روڈ پر تھا۔ میں وہاں سے P.I.B آ جاتا اور پھر ہم دونوں یہاں سے گولہ گنج کے مکان پر جاتے۔ واپسی میں وہ عابد سہیل اور والی آسی صاحبان سے علیک سلیک کرتے ہوئے جاتے۔ کبھی کبھی ''عزائم'' کے دفتر پر رک کر کوئی تحریر لکھتے اور پھر ہم دونوں وہیں قریب کی ایک دوکان پر جا کر بالائی خریدتے۔ بالائی انہیں بہت پسند تھی۔ مجھے یاد ہے ایک بار انھوں نے مجھے بتایا کہ ہماری والدہ بچپن اور لڑکپن میں ہماری کھانسی کا علاج بالائی سے کرتی تھیں۔ بالائی لے کر جب ہم گھر میں داخل ہوتے تو بی (اہلیہ عرفان صدیقی) کھانے پر ہمارا انتظار کر رہی ہوتی تھیں۔ گولہ گنج میں ان کا مکان رقبے میں کم لیکن مکانیت کے اعتبار سے خوب کافی تھا۔ سب سے اوپر کی منزل پر باورچی خانہ تھا اور اس کے آگے ٹیرس۔ رات کے کھانے کے بعد وہ اس ٹیرس پر اس کام کو مکمل کرتے جو دن میں دفتر کی چوڑی گیلری میں شروع کیا تھا۔ کبھی کبھی سرشاری کے عالم اور سرگوشی کے انداز میں وہ اپنے تازہ اشعار گنگناتے بھی تھے۔ میں اسی رات یا دوسرے دن ان کی وہ غزل سن لیتا۔ کسی کسی دن وہ دو تین غزلیں تسلسل کے ساتھ کہہ لیتے۔

وہ اخبار بہت انہماک کے ساتھ پڑھتے تھے اور اس فن سے بخوبی واقف تھے کہ اخبار میں کیا نہیں پڑھنا چاہیے۔ غالباً ملازمت کی ضروریات نے انہیں یہ ہنر سکھا دیا تھا۔ وہ دن بھر میں پانچ چھے اخبار پڑھ لیتے تھے۔ انگریزی میں ان کی لیاقت زبردست تھی۔ انگریزی میں وہ بہت

خوبصورت جملے لکھتے تھے اور کچھ اس انداز سے تحریر کرتے تھے کہ کوئی لفظ کم یا زائد نہیں محسوس ہوتا تھا۔ بعینہٖ یہی معاملہ اردو میں تھا۔ وہ بے تکان اسی خوبی کے ساتھ صفحات پر صفحات لکھتے چلے جاتے تھے۔ وہ بہت خوش خط تھے۔ انگریزی ہو یا اردو، ان کے الفاظ موتی کی طرح جڑے ہوئے نظر آتے تھے۔ ان کی گفتگو کا بھی یہی انداز تھا۔

وہ بے تحاشہ سگریٹ پیتے تھے۔ خود اقبال کرتے تھے کہ میں روزانہ دو پیکٹ سگریٹ پیتا ہوں۔ ان کی اہلیہ ان کی غیر موجودگی میں مجھے مطلع کرتیں کہ تمھارے پھوپھا جان نے آدھی تعداد بتائی ہے۔ وِلس فلٹر نیوی کٹ ان کا پسندیدہ برانڈ تھا۔

اپنی اہلیہ کی بے حد دل داری کرتے تھے اور بچوں کو بے پناہ چاہتے تھے۔ وہ اس انداز سے بچوں کو چاہتے تھے کہ اندازہ نہیں ہو پاتا تھا کہ کس بچے کو سب سے زیادہ چاہتے ہیں۔ بڑی بیٹی مینا کا نام انھوں نے حضرت شاہ مینا کی مناسبت سے رکھا تھا۔ سب بچوں میں مینا ہی ان کی جناب میں سب سے زیادہ شوخ تھی اور باقاعدہ ان کے اشعار پر داد دیتی تھی۔ ان کی اہلیہ کو اپنے مائیکے سے ہی کافی ستھرا ادبی ذوق ملا تھا۔ عرفان صاحب سے شادی ہونے کے بعد اس ذوق کو اور جلا ملی۔ انھیں اپنے شوہر کے لاتعداد اشعار یاد ہیں۔ عرفان صاحب کے دادا خوش گو شاعر تھے اور شاعری میں اُن کے اُستاد، عرفان صاحب کی اہلیہ کے بزرگ حضرت احسن مارہروی تھے۔

عرفان صدیقی بدایوں شریف کے اس خاندان کے فرد تھے جس میں ہر پیڑھی میں یقینی طور پر کوئی نہ کوئی فرد شاعر ہوتا تھا۔ عرفان صاحب کے والد بھی شاعر تھے اور بڑے بھائی نیاز بدایونی بھی شاعر تھے جو تقسیم ہند کے بعد پاکستان چلے گئے تھے۔ دونوں بہت خوش گو شاعر تھے۔

تصوف کے سلسلے کے اعتبار سے مارہرہ اور بدایوں میں بہت گہرا رشتہ ہے۔ اہل بدایوں اس رشتے کو ہمیشہ سر آنکھوں پر رکھتے آئے ہیں۔ پروفیسر آل احمد سرور نے اپنی سوانح ''خواب باقی ہیں'' میں پہلے ہی پیراگراف میں تحریر کیا کہ ان کا نام مارہرہ مطہرہ کے مشہور و معروف بزرگ حضرت سیّد شاہ آل احمد اچھے میاں رحمۃ اللہ تعالیٰ علیہ کی مناسبت سے آل احمد رکھا گیا۔ عرفان صاحب کے اجداد کا مارہرہ کے سادات سے یہ رشتۂ عقیدت کئی صدیوں پر محیط ہے اور اس رشتے پر اصحاب قلم نے رسالے اور کتابیں لکھی ہیں۔ عرفان صاحب کے اجداد نے مارہرہ کے بزرگوں کے بارے میں بہت لکھا اور یہ غالباً پہلی بار ہوا ہے کہ ہمارے خاندان کا کوئی فرد ان کے خاندان کے کسی فرد کے بارے میں لکھ رہا ہے۔ عرفان صاحب میں کوٹ کوٹ کر بدایونیت بھری ہوئی

تھی۔ وضع داری، تمکنت، خوف خدا، الفت اولیاء اللہ اور علم اور اہل علم سے لگاؤ کربلا کے استعارے پر مشتمل اشعار کی بنیاد بدایوں کی مٹی میں تلاش کی جانی چاہیئے۔اس موضوع پر کتاب لکھی جاسکتی ہے لیکن:

رات تھوڑی ہے اور سوانگ بہت

باکمال اور حوصلہ مند شاعر عزیز نبیل کی فرمائش ہے کہ عرفان صدیقی کی ظاہری شخصیت اور روزمرہ کے عادات واطوار کے بارے میں بھی کچھ سطریں ضرور لکھی جائیں۔

عرفان صاحب صبیح چہرے اور اوسط قد وقامت کے مالک تھے۔ پتلے پتلے ہونٹ، سگریٹ کے عادی ہونے کے باوجود صاف ستھرے برابر کے دانت، ارسٹوکریٹک سانچے کی ناک اور کلائیاں گھنے رونگٹوں سے پُر۔ وہ چھوٹے چھوٹے قدموں سے قدرے سرعت کے ساتھ چلتے تھے۔ انگلیوں یا ہونٹوں میں اکثر سگریٹ دبی رہتی تھی۔ گفتگو کرتے وقت ان کے چہرے پر اضطراب کی سی کیفیت ہوتی تھی۔ وہ بہت سلیس اور شستہ گفتگو کرتے تھے۔ اگر کوئی ان کی گفتگو ٹیپ کر کے معرض تحریر میں لے آتا تو بغیر اڈیٹنگ کے کتاب میں چھاپی جاسکتی تھی۔ عموماً وہ صرف ناگزیر الفاظ کا استعمال کرتے تھے۔ یہ خوبی میں نے بہت کم انسانوں میں دیکھی ہے۔

گھر پر لکھنوی کرتا اور پتلی مہری کا پاجامہ زیب تن رہتا۔ گھر کے باہر قمیص پتلون اور آخری پندرہ بیس برس سفاری سوٹ پہنتے تھے۔ کوٹ پہنتے تو ٹائی بھی لگاتے۔ میں نے زندگی بھر انہیں ایک ہی کٹ کے جوتے پہنے دیکھا جنہیں ہم لافرشو کہتے ہیں اور جن میں تسمے نہیں ہوتے ہیں۔ وہ اونچی ایڑی کا جوتا نہیں پہنتے تھے۔

ادب وآداب کے بہت قائل تھے۔ بڑوں کو واجب احترام دیتے تھے اور چھوٹوں کو خردہ گیری کا موقعہ نہیں دیتے تھے۔ بے تکلف دوستوں کی تعداد بہت محدود تھی۔ پروفیسر نیر مسعود سے گہرا تعلق خاطر ہونے کے باوجود دونوں کے درمیان ایک احترام آمیز پروٹوکول شامل رہتا تھا۔ اپنے چھوٹوں کو خوب وقت دیتے تھے۔ شعیب نظام، ندیم جائسی، شافع قدوائی ان میں سے چند نام ہیں۔ لیکن کچھ ہی برسوں میں یہ خرد اپنی اپنی ذمے داریوں کی وجہ سے الگ الگ شہروں میں منتقل ہو گئے۔ ان کے بعد لکھنؤ میں ان کے خردوں کی گدی کس نے سنبھالی، مجھے اس کے بارے میں زیادہ علم نہیں ہے۔ البتہ ڈاکٹر ارشاد علی اور رحیم آباد ہاؤس کے طارق فیاض سے ان کا تعلق آخر عمر تک ایک سا رہا۔

عرفان صدیقی بے حد حساس طبیعت کے انسان تھے۔ گفتگو، معاملات یا مراسلت میں اگر کسی سے تھوڑی سی بھی نامناسب بات سرزد ہو جائے تو وہ گہرا اثر لیتے تھے۔ کبھی گہری خاموشی اور کبھی فصیح و بلیغ جملوں کے ذریعے اس بات کے ردعمل کا بھی اظہار ہوتا تھا۔ مجموعی طور پر وہ ایک بے نیاز اور خوش مزاج انسان تھے اور ان کی گفتگو سے محفل گرم رہتی تھی۔

میرا بارہا کا مشاہدہ ہے کہ وہ بڑوں بڑوں سے داب نہیں کھاتے تھے۔ علمی اور ادبی دنیا تو خیر، وہ سرکاری محکمے کے افسر اعلیٰ سے بھی اس طرح پیش آتے تھے کہ وہ خود کو نعوذ باللہ خدا نہ سمجھنے لگے۔ ان کے دفتر میں اگلا کمرہ ان کے افسر کا تھا۔ دن میں ایک دو بار اس کے پاس بھی جانا پڑتا تھا۔ اگر ملاقات لمبی ہوتی دیکھتے تو اجازت لے کر اس کے سامنے سگریٹ سلگا لیتے تھے۔ ان دنوں سرکاری دفاتر میں سگریٹ نوشی ممنوع نہیں ہوئی تھی۔ میں نے عرفان صاحب کی گفتگو تو ایک طرف لہجے تک کو کبھی خوشامد آلود نہیں پایا۔

مشاعروں میں ان کی شرکت کم ہوتی تھی، نشستوں میں زیادہ۔ اشعار پیش کرنے میں ڈرامائی پوز ہوتے تھے نہ تمہید۔ شعر کے پہلے مصرعے کو ہرگز دو مرتبہ سے زیادہ نہیں پڑھتے تھے۔ کبھی کبھی تو ایک ہی مرتبہ پر اکتفا کر لیتے تھے۔ عموماً متفرق اشعار اور تازہ غزلیں سناتے تھے لیکن دو سے زیادہ نہیں۔ علی گڑھ مسلم یونیورسٹی کے شعبہ اردو میں یوم جمہوریہ کی شعری نشست سے جامعہ کے پروگراموں کا آغاز ہوتا ہے۔ وہ بھی مدعو تھے، ہم بھی موجود تھے۔ وہ دو غزلیں پڑھ چکے تھے۔ میں نے ایک اور غزل کی فرمائش کی تو مسکرا کر سامعین سے (جو ان کو بہت دیر سننا چاہتے تھے) کہا۔ عزیزی اشرف نے غزل کی فرمائش کی ہے وہ میں ٹال نہیں سکتا لیکن صرف قسم کھانے بھر کو ان کی فرمائش پوری کروں گا۔ بس اس غزل کا ایک شعر پڑھا اور اپنی نشست پر جا کر بیٹھ گئے۔

گھر میں ذاتی گفتگو کے دوران اپنی والدہ کو کسی نہ کسی حوالے سے ضرور یاد کرتے تھے۔ جب وہ حیات تھیں تب بھی اسی عادت پر عمل تھا۔ ماں سے گہرے تعلق کا ثبوت ان کی شاعری سے بھی ملتا ہے۔

غالباً انتقال سے دو برس پہلے کی بات ہے کہ علی گڑھ میں یوم جمہوریہ یا شاید یوم آزادی کے مشاعرے میں مہمان خصوصی کے طور پر مدعو ہوئے۔ مشاعرے کے بعد ڈنر ہوا اور دیر تک باتوں کا سلسلہ چلتا رہا۔ علی گڑھ کے ادیبوں، شاعروں نے فرمائش کی ہم لوگ چائے پینے کبھی کبھی اسٹیشن بھی

جاتے ہیں اور وہاں ایک قدیم دُکان ہے، جہاں پوری ترکاری بھی کھاتے ہیں۔ غرض یہ کہ کار، رکشے اور سائیکل پر یہ قافلہ اسٹیشن کے پاس پوری والے کی دوکان پر پہنچا اور ہم لوگوں نے ڈنر کھانے کے بعد بھی سیر ہوکر پوری ترکاری کھائی اور چائے کے کئی دور چلے۔ اس دن عرفان صدیقی طلبہ کی طرح ہشاش بشاش اور شوخ تھے۔ انھوں نے علی گڑھ مسلم یونیورسٹی میں تعلیم نہیں پائی تھی لیکن لگتا تھا جیسے وہ اسی جامعہ کے دورِ زریں کے طالب علم رہے ہوں۔

○

عرفان صدیقی کی شاعری میں سوانحی اِشارے کثرت سے ملتے ہیں۔ تفصیل سے پہلے کچھ تمہید ضروری ہے۔

عرفان صدیقی کی شاعری پر لکھنے والے مجھ سے بہتر بیشتر اصحاب قلم ہیں اور تھے۔ اُن میں سے کچھ سے گزارش کر کے میں نے اپنے زمانۂ طالب علمی میں مضمون لکھوائے تھے جیسے فرحت احساس، ابن فرید، منظور ہاشمی۔ وہ سبھی قیمتی مضمون تھے، کسی بھی ریا اور مصلحت سے پاک۔

میں لڑکپن سے عرفان صدیقی کا سامع اور پھر قاری رہا ہوں۔ میں ان کے بیسیوں خطوط کا مکتوب الیہ ہوں اور وہ میرے ذوق وشوق کے مدنظر اپنے ہر خط میں تین چار غزلیں لکھ کر بھیج دیا کرتے تھے۔

''کینوس'' ان کا پہلا مجموعۂ کلام جب شائع ہوا، ان دنوں میں علی گڑھ مسلم یونیورسٹی لٹریری کلب کا سکریٹری تھا۔ بمشکل تمام ان کو راضی کیا تھا کہ آپ کے مجموعے کی رونمائی کی ایک تقریب منعقد کی جارہی ہے آپ بھی تشریف لائیں۔ ان کا آنا بھی طے ہوگیا تھا۔ تمام تیاریاں مکمل ہوگئی تھیں۔ کنیڈی ہال کے ایک وسیع کمرے میں جلسہ کا اہتمام تھا یا شاید آرٹ فیکلٹی لاؤنج میں۔ ان کی غزلیں یونیورسٹی کی گلوکار طالبات نے ترنم سے پڑھنے کے لیے تیار کرلی تھیں۔ مضامین بھی لکھ لیے گئے تھے کہ چند ناگزیر اسباب کی بنا پر وہ جلسہ نہیں ہوسکا۔

۲۰۰۴ء میں لگ بھگ چھبیس سال بعد میں ایک بار پھر علی گڑھ میں تھا۔ عرفان صاحب کو غالب ایوارڈ ملا۔ دل چاہا کہ اس سلسلہ میں تہنیت کا ایک جلسہ علی گڑھ میں اور وہ بھی کنیڈی ہال کے اسٹیج پر منعقد کیا جائے۔ شعبۂ اردو کے نوجوان اساتذہ کے تعاون اور احمد مجتبیٰ صدیقی کی کوششوں سے ایک بار پھر جلسے کی تیاری کی گئی۔ اس بار عرفان صدیقی نے بہت اعتماد کے ساتھ شریک جلسہ ہونے کا وعدہ کیا لیکن جلسے کے دن ان کے بیٹے فیضی کا فون آیا۔ ''بھائی جان!

ڈاکٹروں نے سخت تاکید کی ہے کہ وہ بستر سے نہ اٹھیں۔'' ہم لوگ دل مسوس کر رہ گئے لیکن جلسہ کیا جو خوب دھوم دھام سے ہوا۔ وایس چانسلر بھی پیچھے کی ایک نشست پر موجود تھے۔

جب کبھی وہ سسرال آتے اور شروع شروع میں اکثر آتے تھے تو مارہرہ شریف کی خانقاہ میں چوک کے اندر سڑک پر وہ میرا ہاتھ پکڑ کر ٹہلتے جاتے تھے اور شعر سناتے جاتے تھے۔ میں اس وقت ۱۳-۱۴ برس کا تھا۔ وہ میرے پھوپھا تھے۔ اپنی اہلیہ یعنی میری پھوپھی سے اکثر کہتے: ''اشو (میرا گھر کا نام) میرا دوست ہے۔'' جب میں سول سروس کے تحریری امتحان میں کامیاب ہو گیا تو انھوں نے انٹرویو کی تیاری کے لیے باریک تحریر میں لکھے ہوئے سولہ صفحات کا خط مجھے لکھا جو عالمی حالات اور ملکی معاملات کا اجمالی احاطہ خوب کرتا تھا۔ اسے پڑھ کر مجھے بہت فائدہ ہوا۔ وہ بہت عمدہ نثر لکھنے پر قادر تھے۔ ان کی ذاتی گفتگو میں بھی صرف ناگزیر الفاظ ہوتے تھے، حشو و زائد نہیں کے برابر۔ ان کی زبان سے میں نے کسی کے لیے دشنام کا لفظ نہیں سنا۔ وہ ایک مکمل شریف انسان تھے۔ وضعداری اور شرافت کو اپنی آخری جائداد سمجھتے تھے۔ ان کی موجودگی میں ہلکی بات کرنے کی ہمت نہیں ہوتی تھی۔ اسی شرافت کا نتیجہ تھا کہ وہ اپنے بارے میں بہت کم گفتگو کرتے تھے۔ اپنی زندگی کے مختلف ادوار کا ذکر بھی بس کبھی کبھی اشارتاً کر دیا کرتے تھے۔ غالباً صرف ایک جگہ ان کے قلم سے میں نے ان کی سوانح کا بے حد مختصر احوال پڑھا ہے۔

عجیب معاملہ ہے کہ گفتگو اور نثر میں اُنھوں نے جو چھپایا لاشعوری طور پر اپنی شاعری میں بیان کر دیا۔ بظاہر ایسا نہیں لگتا کہ غزل کا کوئی مخصوص مصرع یا شعر ان کی سوانح سے متعلق ہے لیکن میں بوجوہ ان کے بہت سے معاملات سے واقف ہوں۔ میں نے ایک تھوڑی سی کوشش کی ہے کہ ان کے کلیات ''دریا'' کی مدد سے ان کی زندگی کا ایک خاکہ مرتب کروں جس میں کچھ وہ معاملات بھی آ گئے ہیں جن کا اظہار وہ نثر میں نہیں کر سکتے تھے۔ بال بچوں والے انسان تھے، محض شاعر ہی نہیں تھے۔ ممکن ہے قارئین عرفان صدیقی کو اس طرح بھی دیکھنا پسند کریں۔

ان کے مزاج میں وضع داری اور شرافت بے حد تھی۔ وہ کبھی اوچھا پن کرنا تو دُور کی بات، اوچھی بات کہنا بھی پسند نہیں کرتے تھے۔ حد تو یہ کہ کوئی ان کے سامنے ان کا شعر بآواز بلند پڑھتا تو وہ خفیف ہو جاتے تھے۔ مزاج کی اس خاکساری و انکساری نے انہیں تصوف کی روایت کے بہت قریب کر دیا تھا۔ کبھی کبھی یہ تصوف قلندرانہ رنگ بھی اختیار کر لیتا تھا۔ اس ضمن میں انھوں نے جتنی اصطلاحات استعمال کی ہیں، معاصر شاعری ان کی مثال پیش کرنے سے عاجز

ہے۔

مٹی، بوریا، خریطہ، دست بیعت، در، دروازہ، کشکول، قلندر، بساط، ابدال۔

اس موضوع پر طویل گفتگو کی جاسکتی ہے لیکن یہاں اس کا موقع نہیں ہے۔ ان کا عشق کچھ مختلف انداز کا تھا۔ ان کے دوسرے طور طریقے بھی کچھ الگ تھے:

کچھ تو ہو جو تجھے ممتاز کرے اوروں سے
جان لینے کا ہنر ہو کہ مسیحائی ہو

اسی لیے ہم دیکھتے ہیں کہ ان کی غزل میں عرصۂ دراز کے بعد محبوب کی جنس کا تعین نظر آتا ہے۔ بانوئے شہر کا ذکر آتا ہے۔ سر برہنہ بیبیوں کا ذکر آتا ہے۔ وہ اپنے محبوب کو اردو شاعری کے عام محبوب سے مختلف دکھاتے ہیں۔ ان کے عشق کی تگ و تاز کا میدان بھی اردو غزل کی عشقیہ شاعری کے مقابلے میں جغرافیائی طور پر مختلف ہے۔ اشعار سے بیسوں مثالیں پیش کی جاسکتی ہیں، لیکن اس وقت ہم ان کی شاعری میں ان کے سوانحی اشارات پر گفتگو کریں گے۔

بدایوں — فرد فرید پیا نظام الدین اولیا کا بدایوں، صوبے دار شمس الدین التمش کا بدایوں، مؤرخ عبد القادر بدایونی کا بدایوں، سلطان العارفین اور شاہ ولایت جیسے تاجداران ولایت کا بدایوں، شاہ فضلِ رسول اور حضرت تاج الفحول جیسے بادشاہان علم و معرفت کا بدایوں، فانی، شکیل، آل احمد سرور، ادا جعفری، جیلانی بانو اور اسعد بدایونی جیسے اصحاب قلم کا بدایوں اور عرفان صدیقی کا بدایوں — امیر خسرو اس محترم شہر کی خاک کو اپنے پیر و مرشد کی نسبت سے سرمۂ چشم کے استعارے میں بیان کرتے ہیں:

بجائے سرمہ در دیدہ کشم خاک بداؤں را

مصحفی امروہوی اپنے محبوب کی گلی کو شہدائے کرام کی کثرت کے سبب بدایوں سے تشبیہ دیتے ہیں:

جاناں تری گلی بھی بدایوں سے کم نہیں
جس میں قدم قدم پہ مزارِ شہید ہے

شمالی ہند کی ریاست اتر پردیش کے خطہ روہیل کھند میں گنگا کے مشرق میں یہ وہ محترم بستی ہے جو پچھلے ایک ہزار سال سے اصحاب علم و معرفت سے خراج عقیدت وصول کر رہی ہے۔ مغرب کی طرف بڑھیں تو سوروں نام کا تیرتھ استھان ہے جہاں تلسی داس نے رام چرتر مانس لکھی اور تھوڑا

آگے بڑھیے تو ضلع ایٹہ میں پٹیالی نام کا قصبہ ہے جو خسرو کی جائے پیدائش سے مشرف ہے۔ (اب یہ بستی نومولود ضلع کاشی رام نگر میں ہے)۔

جب انسان پرندوں کی طرح آزاد تھے اور سرحدوں پر رُکنا نہیں جانتے تھے تو اسی خطّے کی طرف بلخ، کرمان، یمن، بخارا، سنجر، فرشور یعنی عرب، ایران اور سنٹرل ایشیا کے متعدد علاقوں سے قافلے کے قافلے یہاں پہنچے اور اپنے ساتھ زبان، تہذیب و تمدن اور عقیدوں کے خزانے بھی لائے:

دیکھنا جامع شمسی میں ستوں ہیں کتنے
ایک ہی ذوق ہے اسپین سے دوآبے تک

صرف دو مصرعوں میں قدیم بدایوں کا مرقع اس طرح کھینچا گیا:

معرکے رزم گہیں، کشف کرامات سلوک
مدرسے، خانقہیں، جذب، مقامات، سماع

عرفان صدیقی ۱۹۳۹ء میں پیدا ہوئے۔ چھ سات برس کے بچے کے ذہن کے پردے پر اس وقت اس قسم کی تصویروں کے خطوط ایک دوسرے کو کاٹ رہے ہوں گے۔

آسمانوں میں جو دن رات یہ اڑتے ہیں جہاز/ اتحادی ہیں کہ نازی ہیں کہ فسطائی ہیں/ آلِ یعقوب پہ یہ رات بہت بھاری ہے/ (ہٹلر کے گیس چیمبر اور یہودیوں کی نسل کشی) پھر اتحادی فوجوں کے ممالک کا وعدہ:

ہم تمھاری یہ امانت تمھیں لوٹا دیں گے

اہلِ فلسطین پر خود ان کے ملک کی زمین تنگ کر دی گئی:

اور مظلوم ستم پیشہ بھی ہو جاتے ہیں

اور اسی زمانے میں وہ معرکہ بھی ہوا جسے تقسیم ہند کہتے ہیں۔ عرفان صدیقی کے والد مولوی سلمان احمد ہلالی کے اجداد کو حاکمان وقت نے اوقاف کی تولیت کا اعزاز دیا تھا۔ وہ پیشے کے اعتبار سے ایک وکیل، ذوق و شوق کے اعتبار سے شاعر اور فطرتاً گوشہ نشین تھے۔ ان کی والدہ رابعہ خاتون تعلیم یافتہ خاتون تھیں جو شعر کہنے پر قادر تھیں، عرفان صاحب کے دو بھائی اور تھے۔ بڑے بھائی نیاز بدایونی مرحوم اور چھوٹے بھائی اشفاق احمد صدیقی جو بریلی میں بود و باش رکھتے ہیں۔ چھوٹے بھائی تو تقسیم ہند کے وقت بہت کم عمر رہے ہوں گے۔ بمشکل دو سال کے۔ گھر کے بقیہ

افراد یعنی والد، والدہ، بڑے بھائی اور عرفان صدیقی کے درمیان اس وقت کس طرح کے مکالمے ہوتے ہوں گے اس کی ایک خفیف سی جھلک ''سفر کی زنجیر'' نام کی نظم میں نظر آتی ہے جو ان کے پہلے مجموعہ کلام ''کینوس'' میں شائع ہوئی تھی۔ شریف متوسط طبقے کے وکیل مولوی سلمان احمد ہلالی کے مکان کا صحن کچا تھا۔ اندر دالان در دالان تھے۔ کچے صحن میں ایک طرف کیاری بنا کر پھول اگائے گئے تھے اور بیلیں لگائی گئی تھیں۔ بڑا بیٹا نیاز احمد مملکت خداداد کی نادیدہ بستیوں کے خواب دیکھ رہا تھا۔ والدین اپنے جگر کے ٹکڑے کو ایک اجنبی ملک کے حوالے نہیں کرنا چاہتے تھے کہ خدشہ تھا کہ بڑا بیٹا جس دشت میں شوق کے گھوڑے دوڑا رہا ہے، اس کا راستہ تصویر کی آنکھ کی نگاہ سے بھی زیادہ تنگ ہے (غالبؔ)، لیکن اس عمر کا شوق تو ایک بے مہار اونٹ کی طرح ہوتا ہے۔ پھر یہ بھی تھا کہ انھیں وطن عزیز میں مستقبل کے لیے کچھ نظر نہیں آ رہا تھا۔ بڑے بھائی کی ہجرت نے عرفان صدیقی کے کچے ذہن میں نئے تلازمے داخل کیے جو اُن کی شاعری کی اساس بن گئے۔ تقسیم کا ہنگامہ، قتل و غارت گری، ہجر و یاس، رات، انتظار، فرقت، گلی، راستے، دریا، وقت نیم شب، گھر کے اندر لٹ جانا اور گھر کے باہر بچ جانا، ماں کے دل کی حالت، باپ کی پُرتحمل خاموشی، ان تمام معاملات پر عرفان صدیقی نے بے شمار شعر کہے ہیں لیکن اس وقت وہ اشعار موضوع بحث نہیں ہیں۔ اس وقت ہمیں ان مکالمات سے سروکار ہے جو ان چار افراد کے درمیان جاری تھے۔

مولوی سلمان احمد ہلالی (والد):

آگے پڑھنے کے لیے بانڈ الگ کرنے ہیں
علم صدیوں سے وراثت ہے تمھارے گھر کی

یعنی اے میرے فرزند کبیر تم اپنی تعلیم کے اخراجات کی فکر نہ کرو، خاتمۂ زمین داری پر جو بانڈ حکومت نے دیے تھے ان میں سے حسب ضرورت کچھ بانڈ تمھاری تعلیم کے لیے الگ رکھ دوں گا۔

نیاز احمد صدیقی:

میں سمجھتا ہوں کہ روشن ہے وہاں مستقبل

عرفان صدیقی:

کیا کبھی حال میں ہم لوگ نہیں جی سکتے

عرفان صدیقی کو اپنے بچپن میں زمانۂ حال بہت اچھا لگتا ہوگا کیونکہ جھلستی ہوئی دوپہر میں

وہ گھر سے نکل جاتے تھے اور نزدیک ہی حضرت ابراہیم شہید کے مزار کے احاطے میں پیپڑی کے درخت سے گرنے والی پیپڑیاں بین بین کر ہم عمروں کے ساتھ کھاتے تھے۔ وہیں قریب میں ایک طاق بھی تھا جسے مقامی لوگ جنات کا طاق کہتے تھے اور اس میں چراغ روشن کرتے تھے۔ ان کے لیے سنسان رات میں جنات کے طاق میں چراغ روشن دیکھنا ایک مبہوت کن منظر ہوتا ہوگا۔ مغرب کے بعد جب وہ گھر کے باہر گلیوں میں نکلتے ہوں گے تو والدہ ان سے کہتی تھیں:

تم کبھی شب میں ادھر سے نہ گزرنا کہ وہاں
صف بہ صف تند فرس سبز علم اڑتے ہیں

بچپن میں اس طرح کا خوف جس میں کسی مافوق الفطرت شئے کا ذکر ہو، بچوں کو ڈراتا بھی ہے اور ایک سہرن بھرا آنند بھی دیتا ہے کہ ہم ان مافوق الفطرت ہستیوں کے اتنے قریب زندگی گزار رہے ہیں۔ ان کے بچپن کا وہ ''حال''، جس میں وہ جینے کی تمنا کرتے ہیں کئی اور باتوں سے بھی عبارت تھا۔ اماں کہتی تھیں۔۔۔۔

درگہ شاہ ولایت میں جو اک زینہ ہے
تم وہاں جاکے پکارو کسی گم گشتہ کو
سالہا سال کے کھوئے ہوئے لوٹ آتے ہیں
شرط یہ ہے کہ صداؤں کا جواب آجائے

ان حکایتوں کو سننے کے علاوہ ان کا بچپن بہ نفس نفیس بدایوں سے گزرنے والی گنگا کی معاون ندی سوتھ کے کنارے زرد کھجوروں کی قطاروں سے آگے ریتی میں تعزیے دفن کیے جانے کے موقعے پر بھی شریک ہوتا تھا (اور یہیں سے عرفان صدیقی کی آگے آنے والی زندگی میں شعر کہنے کے لیے کربلا کا استعارہ حاصل ہوا ہوگا)۔

مذکورہ بالا تمام باتوں کے باوصف انہیں اپنے بچپن کا 'حال' اچھا لگتا تھا اس لیے چپکے سے بول پڑتے تھے:

کیا کبھی حال میں ہم لوگ نہیں جی سکتے

نیاز احمد بدایونی (موضوع بدلنے کی خاطر):

پھول کا تازہ شمارہ نہیں آیا اب تک
تاج صاحب کی کہانی تو بہت اچھی تھی

وہ یہ پیغام بھی دے رہے ہیں کہ دیکھ لو۔ لڑائی دنگوں کی وجہ سے پھول جیسا دلکش رسالہ بھی اس دفعہ نہیں آسکا۔ اب یہاں رہیں گے تو تاج صاحب کی اچھی اچھی کہانیاں بھی نہیں پڑھ سکیں گے۔ عرفان صدیقی بڑے بھائی کی منطقی باتیں سن کر اور تقریباً پسپا ہو کر اب ایک اور طریقے سے انہیں ہندوستان میں رہنے کے لیے راغب کر رہے ہیں اور اپنے والد سے مخاطب ہو کر کہہ رہے ہیں کہ ''اس دفعہ چھٹی میں زمین داری والے قصبے بناور میں جا کر تازہ ہولے (بھنے ہوئے کچے چنے) کھائیں گے کہ وہ بے حد مزیدار ہوتے ہیں:

اب کے ہم چھٹی میں جائیں گے بناور ابا
تازہ ہولوں کا مزہ اور ہی کچھ ہوتا ہے

والد کسی گہری سوچ میں ڈوبے ہوئے ہیں۔ وہ وطن عزیز نہیں چھوڑ سکتے۔ ان کے پیر خانے مارہرہ شریف سے ایک ہدایت کا اعلان ہوا کہ اپنے وطن ہندوستان میں رہنا ہے کہ یہاں ہمارے صدیوں پرانے آثار موجود ہیں۔ وکیل صاحب یہ سب سوچ ہی رہے ہیں کہ انہیں خیال آتا ہے کہ پچھلی بساط تہہ کر دی گئی ہے۔ کل ضلع کلکٹر کی وداعی دعوت ہے:

بارنبلیٹ کو کل دے گی وداعی دعوت

عرفان صدیقی:

کیا مشن کے نئے فادر بھی چلے جائیں گے
وہ تو بیچارے کسی کو بھی نہیں مارتے ہیں

نیاز احمد صدیقی پھر اپنے موضوع کی طرف لانے کی کوشش کرتے ہیں اور بتاتے ہیں کہ آج کل اخباروں میں کیسی روح فرسا باتیں لکھی جا رہی ہیں:

گھوش نے آج کے اخبار میں کیا لکھا ہے

والد صاحب اس بات سے صرفِ نظر کرتے ہیں لیکن اخبار ہی کی ایک خبر بتاتے ہیں:

جشن آزادی جمہور منانے کے لیے
کل سے اسکول میں تعطیل رہے گی بچو!

اور پھر اچانک ہی انہیں خیال آتا ہے (ڈور جب پیچ سے کٹ جائے تو کیا ہوتا ہے) تبھی ایک اور ننھا سا کردار ان مکالمات میں داخل ہوتا ہے۔ جیسا کہ ایسے خاندانوں میں ہوتا ہے کہ جہاں سب لوگ گفتگو کر رہے ہوں وہیں کوئی عم زاد، ماموں زاد یا پھوپھی زاد بچی بھی موجود ہوتی

ہے۔ وہ فرفر اپنے گھر کا احوال بیان کرنے لگتی ہے۔ اس کے والد پہلے ہی نقل مکانی کر چکے ہیں:

آج ہی پاپا کا لاہور سے خط آیا ہے
ہم یہی بیل وہاں لان میں لگوائیں گے
ہم بھی کل شام کی گاڑی سے چلے جائیں گے

نیاز احمد صدیقی اب موضوع کو یکسر بدل دیتے ہیں اور چھوٹے بھائی عرفان صدیقی کو دالان کے اندر کمرے میں لے جا کر کہتے ہیں:

آج کالج کے ڈرامے میں بہت لطف آیا

(لیکن):

تم مرے کمرے میں کیوں چھوتے ہو کاغذ میرے
بزم اقبال کے جلسے کی یہ تیاری ہے

چھوٹا بھائی ان باتوں کو سنتا تو ضرور ہے لیکن اس وقت اس کی فکر ایک اور جانب نگراں ہے کہ بھائی صاحب کے کاغذات کے درمیان ایک من موہنی سی شکل کی لڑکی کی تصویر دیکھی تھی۔ وہ لڑکی کون ہے؟

جانے تصویر وہ کس کی ہے مگر پیاری ہے

بڑے بھائی مصمم ارادہ کر چکے تھے اس لیے وہ سرحد پار جانے سے پہلے اپنے دوستوں کے ساتھ خوب وقت گزارتے ہیں:

رات کو دیر تلک حلقۂ یاراں میں خروش

جب واپس آتے ہیں تو دیکھتے ہیں کہ ممتا کی ماری نے اب تک ان کے انتظار میں کھانا بھی نہیں کھایا۔ وہ الٹا ماں ہی کو موردالزام ٹھہرانے کی کوشش کرتے ہیں:

آپ نے بھی ابھی کھانا نہیں کھایا افسوس
آپ اس طرح تو کمزور بنا دیں گی مجھے

ماں کی آنکھوں میں دکھ کی پرچھائیاں دیکھ کر وہ ایک بہانہ کرتے ہیں۔ ماں کی تسلی کے لیے کہتے ہیں:

میں نئے ملک کی سرحد سے پلٹ آؤں گا

ماں جو خود ایک تعلیم یافتہ خاتون ہے، اس تسلی سے نہ خوش ہوتی ہے نہ اس کا جواب دیتی

ہے۔ وہ جو جواب دیتی ہے وہ تمام سوالوں کا تمام جوابوں کا منہ بند کر دیتا ہے۔ وہ ہار مان جاتی ہے:

رُک کہ میں آیۂ کرسی تو ذرا دم کر دوں

بڑے بھائی ہجرت کر جاتے ہیں۔ اب عرفان صدیقی ہندوستان میں والدین کی سب سے بڑی اولاد ہیں۔ انہیں اپنی ذمہ داریوں کا احساس ہے۔ بدایوں کی تعلیم مکمل کر کے بریلی کالج میں داخلہ لیتے ہیں۔ وہاں کسی مکان کی دوسری منزل پر کچھ ساتھیوں کے ساتھ ہاسٹل بنا کر رہتے ہیں اور وہ تمام صعوبتیں سہتے ہیں جو متوسط خاندان کے ان تمام افراد کی اولاد کو برداشت کرنا پڑیں جن کی زمین داری کے معاش کا حکومت ہندوستان نے خاتمہ زمین داری ایکٹ کے ایک ہی وار میں خاتمہ کر دیا تھا۔ وہ سخت محنت کرتے ہیں۔ شعر لکھنے کا سلسلہ اور کتب بینی کا مشغلہ بھی جاری رہتا ہے۔ مہینے کے اخراجات کے لیے کچھ زیادہ پیسوں کے لیے وہ جاسوسی طرز کے ناول بھی لکھتے ہیں جو اس زمانے کے ریلوے اسٹال پر بہ آسانی دستیاب تھے۔ پھر دہلی جیسے شہر میں کسی ہندی رسالے کے دفتر میں کام کرتے ہیں۔ ادھر ماں باپ بوڑھے ہوتے جا رہے ہیں۔ اسی دوران P.I.B میں ایک اچھی حیثیت کا کام مل جاتا ہے۔ یہیں انھوں نے UPSC کا امتحان دیا اور اس کے افسر کے طور پر انتخاب ہوا۔ تب ایک دن گہری ہوتی رات میں اپنے بھائی کو مخاطب کرتے ہوئے وہ غزل لکھی جس کا ہر شعر لا جواب ہی نہیں ان کے جذبات و احساسات کا آئینہ دار بھی ہے:

تم ہمیں دشت میں ایک دن چھوڑ کر چل دیے تھے تمھیں کیا خبر یا اخی
کتنے موسم لگے ہیں ہمارے بدن پر نکلنے میں یہ بال و پر یا اخی

سرحد پار کے حالات دن رات پڑھنے والا چھوٹا بھائی اپنے بڑے بھائی سے کہتا ہے:

نہر اس شہر کی بھی بہت مہرباں ہے مگر اپنا رہوار مت روکنا
ہجرتوں کے مقدر میں باقی نہیں اب کوئی قریۂ معتبر یا اخی

یہ بھی اچھا ہوا تم اس آشوب سے اپنے سرسبز بازو بچا لے گئے
یوں بھی کوئے زیاں میں لگانا ہی تھا ہم کو اپنے لہو کا شجر یا اخی

عرفان صدیقی نے بھی لڑکپن میں کسی کی حنائی انگلی کی ایک جھلک دیکھ لی تھی۔ والدہ واقف حال تھیں لیکن کسی سماجی مجبوری کی وجہ سے معاملہ آگے نہیں بڑھ سکا۔ غزل کے اشعار اپنی ایمائیت

اور رمزیت کے وصف کے سبب معاملات کو بہت واضح نہیں کرتے۔ ایک دھند لکا سا قائم رہتا ہے لیکن ان کے چند اشعار سے اتنا اندازہ تو یقینا ہوتا ہے کہ ان کے معاملات میں وصل کے لمحات نہ ہونے کے برابر ہیں۔ ایک مسلسل ہجر ہے:

بیس اکیس برس پہلے ہمیں کب تک ملتے رہنا ہے
دیکھو اب کی بار ملو تو دل کی بات بتا جانا
شوق دونوں کو ہے ملنے کا مگر رستے میں
ایک پندار کی دیوارِ گراں حائل ہے

غالباً یہ پندار (یقینا دونوں طرف سے) بہت استقلال کے ساتھ دونوں کے ساتھ لگا رہا:

اب اس قدر بھی سکوں مت دکھا بچھڑتے ہوئے
وہ پھر تجھے نہ کبھی مل سکے عجب کیا ہے

یا پھر:

وقت پھر جانے کہاں اُس سے ملا دے تجھ کو
اس قدر ترک ملاقات کا پندار نہ رکھ

اور یہ بھی:

خبر نہیں ہے مرے گھر نہ آنے والے کو
کہ اس کے قد سے تو اونچے ہیں بام و در میرے

ہلکی تفتیش پر علم ہوا کہ دونوں نے اپنی جدائی کی تاریخ طے کر لی تھی اور رفاقت کے آخری لمحوں میں دونوں کو احساس تھا کہ دونوں کے راستے الگ الگ ہیں۔ اس ضمن میں پہلا شعر تو غزل کا عام شعر ہے لیکن دوسرے میں سوانحی رنگ بہت گہرا ہے:

یہ رفاقت بہت مختصر ہے مری ہم سفر لا مرے ہاتھ میں ہاتھ دے
تو ہوائے سر رہ گزر کی طرح میں کسی نکہت رائگاں کی طرح
سنو اتنی افسردہ کیوں ہو اگر آج ہم کو چھڑاتی بھی ہے چپ رہو
یہی ریل گاڑی بہت دن کے بچھڑے ہوؤں کو ملاتی بھی ہے چپ رہو

۱۹۶۳ء میں عرفان صاحب کی شادی نجیب الطرفین سادات گھرانے میں ہوئی۔ اپنا پہلا مجموعہ انھوں نے اپنی اہلیہ کے نام منسوب کیا ہے۔ اشعار کے تیور بھی بتا رہے ہیں کہ اب عشق کا کارو

بار گھر کی چہار دیواری تک محدود کر دیا ہے:

جسم کا شیشہ کاجل کرتی کالی رات خرابی کی
آنکھوں کی محراب میں روشن چہرہ اک سیدانی کا

عرفان صدیقی دورانِ ملازمت لکھنؤ اور دہلی میں رہے۔ دونوں شہروں سے ان کی محبت فطری ہے، جس کا اظہار بار باران کے اشعار میں ہوا ہے، خصوصاً غزلیہ اشعار میں۔ اُنھوں نے ان دونوں شہروں کو اپنی شعری سائکی کا حصہ بنا لیا تھا۔ دہلی میں ان کی عمر کا وہ حصہ گزرا جب آتش جوان تھا۔ دن کے ہنگامے، دوستوں کے ساتھ دیر دیر تک رہنا، شعر کہنا اور شعر سننا ان کا مشغلہ تھا۔ بچے بھی تب تک بڑے نہیں ہوئے تھے۔ ذمہ داریاں کم تھیں اس لیے دہلی کی یاد ذرا دوسرے قسم کی ہے:

جانے کیوں کوئی سندیسہ نہیں لاتی پچھوا
کیا ہمیں بھول گئے اہلِ کرم دلی کے
چاہے جس شہر میں رہ آئیں مگر رہتے ہیں
زندگی دلی کی، دل دلی کا، ہم دلی کے

ٹرانفسر ہو کر لکھنؤ آئے تو پھر زندگی کا زیادہ تر حصہ لکھنؤ ہی میں گزرا۔ جناب والی آسی کا کتب خانہ، عابد سہیل صاحب کی نشست گاہ اور پھر پروفیسر نیر مسعود کا ساتھ۔ عرفان صاحب پروفیسر نیر مسعود کی شرافت، علمیت، اور تخلیقیت کے بہت معترف تھے۔ مجھ سے اکثر ذکر بھی کرتے تھے۔ کبھی نیر مسعود ان کے گولہ گنج کے مکان پہ آ جاتے اور عرفان صاحب کے ڈرائنگ روم میں گھنٹوں گفتگو ہوتی۔ اکثر عرفان صاحب دین دیال روڈ پر واقع 'ادبستان' چلے جاتے اور دونوں کو گفتگو میں وقت کا احساس ہی نہ ہوتا۔ نیر مسعود صاحب سے ان کی گہری ہم آہنگی تھی۔ شہروں، قصبوں اور بستیوں سے محبت صرف سڑکوں اور در و دیوار کی زائیدہ نہیں ہوتی بلکہ اس محبت کی تہہ میں شامل ہوتا ہے اس شہر کے عزیزوں، دوستوں اور چاہنے والوں اور چہیتوں کا تصور۔ کچھ دن کے لیے اچانک دلی تبادلہ ہو گیا تو لکھا:

ابھی کھلا بھی نہ تھا رختِ شوق دلی میں
کہ پھر ہمیں کششِ لکھنؤ بلانے لگی

ایک جگہ یوں بھی لکھا:

ہر جگہ فتنۂ محشر کی علامت ہے وہی
لکھنؤ میں بھی بتوں کا قدو قامت ہے وہی

(یہ شعر غالباً لکھنؤ میں پہلی بار تبادلہ ہو کر آنے کے بعد کہا ہوگا)۔

آخر میں تو لکھنؤ سے وہ تعلق ہو گیا کہ خود کو اس شام اودھ والے شہر کا ایک ناقابل تقسیم حصہ سمجھنے لگے:

چار طرف رمیدہ خو، پائے ہوا، صدائے ہو
میرے بغیر لکھنؤ دشت غزال کے بغیر

یہ ان کے بعد کے مجموعے ''سات سماوات'' کا شعر ہے۔ اس کے بعد شہر دلی ان پر حاوی نہیں ہوا۔

زندگی کے آخری ایام تک وہ بدایوں سے عشق کرتے رہے۔ شہروں میں یہ ان کا پہلا عشق تھا اور اس عشق کی یاد بھی ان کے دل سے نہیں گئی۔ ملازمت پیشہ انسان کو مختلف شہروں میں رہنا پڑتا ہے۔ والد کے انتقال کے بعد گھر کی حالت بھی خستہ ہونے لگی تھی۔ جب کبھی بدایوں جاتے اور اپنے گھر میں داخل ہوتے تو خدا معلوم کیا کیا یاد آتا ہوگا۔ کچا صحن، دالان، کمرے، کیاری میں پھول اور بیلیں، ماں کی ممتا، باپ کی شفقت، بھائی کی ہجرت، اور طاق میں شام کے افسردہ چراغوں کا دھواں۔۔۔۔۔اور:

تم کبھی شب میں ادھر سے نہ گزرنا کہ وہاں
صف بصف تند فرس سبز علم اڑتے ہیں

اور ماں کا بڑے بیٹے کو رُخصت کرتے ہوئے یہ کہنا:

رُک کہ میں آیۂ کرسی تو ذرا دم کردوں

گھر کے در و دیوار کو ہاتھ لگا لگا کر اپنا یہ شعر پڑھتے ہوں گے:

ایک آسیب ہے ٹوٹے ہوئے گھر کا وارث
کس کو آواز لگاتا ہے کھنڈر کا وارث

بدایوں سے جب لکھنؤ واپس پہنچے ہوں گے اور بدایوں اور والدین جب یاد آتے ہوں

گئے تو:

بہت بے اماں پھر رہے ہیں مسافر
کہاں ہیں خطوں میں دعا لکھنے والے

اپنا وطن عملی طور پر تقریباً چھوٹ جاتا ہے۔ بدایوں میں ان کے چاہنے والے کم نہیں تھے۔ انتقال سے چند برس پہلے ادب دوست حضرات نے بدایوں بلا کر ان کا تہنیتی جلسہ بہت اعلیٰ پیمانے پر کیا۔ بدایوں سے ان کی بہت سی یادیں وابستہ تھیں۔ بچپن کی یادوں کے علاوہ زیادہ تر یادیں وہ تھیں جن سے ان کا دل دکھتا تھا۔ ان کے ضعیف ماں باپ بھی بدایوں میں زندگی جیتے تھے۔

غم دوراں اس کی اجازت نہیں دیتا تھا کہ جلد جلد والدین کے پاس جاسکیں۔ بس ایک ہوک سی اٹھتی رہتی تھی۔ لکھنؤ یا دلی میں بیٹھ کر انھوں نے یہ شعر کہا ہوگا:

بند ہیں اس شہر نا پُرساں کے دروازے تمام
اب مرے گھر اے مری ماں کی دعا لے چل مجھے

اور یہ بھی:

کتنے بے مہر ہیں اس شہر کے قاتل عرفاںؔ
پھر اُسی کوچۂ دلبر کی طرف لوٹ چلو

والدہ کے وصال کے وقت وہ ان کے پاس موجود نہیں تھے۔ اس کسک نے یہ شعر کہلوایا ہوگا:

ایک لڑکا شہر کی رونق میں سب کچھ بھول جائے
ایک بڑھیا روز چوکھٹ پر دیا روشن کرے

ماں کے انتقال پر بدایوں پہنچے تو ان کے گھر نے ان سے کچھ کہا:

مرا سونا گھر مرے سینے سے لگ کر روتا ہے
مرے بھائی تمھیں اس بار بہت تاخیر ہوئی

پھر آخر کار دل کڑا کر کے یہ طے کر لیا کہ اب بدایوں میں واپسی ممکن نہیں ہے، لیکن اس وعدے کے ساتھ:

بدایوں تیری مٹی سے بچھڑ کر جی رہا ہوں میں
نہیں اے جان من بار دگر ایسا نہیں ہوگا

نظم کی شاعری فکر کا واضح اظہار کرتی ہے۔ پڑھنے والے کے ذہن میں تصویر سی بنا دیتی ہے۔ مضمون کا تسلسلِ بیان کبھی کبھی کہانی جیسا وحدت کا تاثر دیتا ہے۔ اس کے برخلاف غزل اپنی ریزہ خیالی کے لیے مشہور، محبوب اور معتوب رہی ہے۔ غزل میں اشاروں سے کام لیا جاتا ہے۔ رمز و ایما غزل کا حصہ ہیں۔ غزل میں سوانح کا بیان عموماً نہیں کیا جاتا لیکن عرفان صدیقی بنیادی طور پر غزل کے شاعر ہیں۔ انھیں جو کچھ کہنا تھا وہ زیادہ تر غزل کی صنف ہی میں کہا۔

عرفان صدیقی کی زندگی کا ایک بہت تابناک پہلو اپنی اولاد سے غایت درجے کی محبت تھی۔ ان کی اولاد میں ایک بیٹا فیضی اور چار بیٹیاں، مینا، نغمہ، رومانہ اور لبنیٰ ہیں۔ خدا تعالیٰ انھیں زندہ تندرست خوش و خرم رکھے۔ آمین۔ وہ بیماری کے زمانے میں اپنے بیٹے فیضی سے بہت مانوس ہو گئے تھے۔ اس سعادت آثار نے اپنے محبوب باپ کی خدمت بھی خوب کی تھی۔ وہ اپنی بیٹیوں کو بے حد چاہتے تھے اور ان پر فخر کرنے کے طرح طرح کے بہانے ڈھونڈتے تھے۔ علی گڑھ میں میری پہلی پوسٹنگ کے زمانے میں ان کی بیٹی رومانہ نے یونیورسٹی میں داخلہ لیا۔ ہوسٹل ملنے میں کچھ وقت تھا تو میں اور میری اہلیہ اسے اپنے گھر لے آئے۔ چند روز اس کا قیام ہمارے گھر پر رہا۔ اس زمانے میں مجھے اندازہ ہوا کہ وہ اپنی اولاد خصوصاً بیٹیوں کو کتنا چاہتے ہیں۔ اپنی بیٹیوں کے نام ان کی نظم پڑھنے سے تعلق رکھتی ہے:

مرے آنگن چڑیاں چار
کہ جن کے سبز سنہرے پروں میں چمکے
بابل کی توقیر
میں وہ زندہ تقدیر
کہ میرے نام
سچے آقا کا سلام
مرے پیچھے زندہ چڑیوں کی دشمن کالی صدیاں
مرے آنگن نور کی ندیاں
مرے آنگن چڑیاں چار

کہ جن سے دل کا پتھر موم
مری آنکھوں میں مہتاب
مِرے شانوں کے شجر شاداب
مری دیواروں پر برکت والی روشنیوں کا نزول
مرے ہاتھوں اُجلے پھول
مِرے پورب، پچھّم، اتر، دکھن
صبحوں کی چہکار
سہانے گاؤں کریں آثار
مرے آنگن چڑیاں چار

(نئی صبحوں کی بشارت)

ان کی غزل کا عمیق نگاہ سے مطالعہ کرنے والے صاحبان نقد ونظر اس بات سے واقف ہوں گے کہ ان کی غزل میں مستقبل سے مایوسی کا اظہار بہت کم ہے۔ پورے کلیات میں صرف ایک شعر ایسا ہے جو مستقبل کو مشکوک بتاتا ہے:

اتنی امید نہ آتے ہوئے برسوں سے لگاؤ
حال بھی تو کسی ماضی ہی کا مستقبل ہے

اس کے برخلاف کم از کم دس اشعار ایسے ہیں جن میں اچھے مستقبل کی تصویر ہے۔ وہ اپنی اولاد کے مقدر اور دنیا کے مستقبل کو مترادف سمجھتے تھے:

ایسی بے رنگ بھی شاید نہ ہو کل کی دنیا
پھول سے بچوں کے چہروں سے پتہ لگتا ہے

یا

پھول چہروں پہ سویروں کا سماں جیسا ہے
سارا منظر مرے خوابوں کے جہاں جیسا ہے

عرفان صدیقی بنیادی طور پر گوشہ نشین تھے۔ دفتر اور گھر کے درمیان بہت مختصر وقفے کے لیے دوستوں سے روبرو ہوتے تھے۔ شہر سے باہر جاتے تو جلد از جلد متعلقہ کام کو نپٹانے کی کوشش

کرتے تا کہ جتنی جلد ممکن ہو سکے اپنے گھر پہنچ کر اپنے بچوں کو دیکھ سکیں:

پھول چہروں سے بھی پیارے تو نہیں یہ جنگل
شام ہو جائے تو بستی ہی کا رستہ اچھا

ان کی شاعری میں نظم ہو کہ غزل بچوں کی ایک مخصوص اہمیت ہے۔ ان کی غزل میں بچوں کے افعال کو بچوں کے حوالے سے نہیں، باپ یا شاعر کے حوالے سے دیکھا گیا ہے۔ وہ اپنی زندگی اپنی روشنی اور آنے والی دنیا کے اجالوں کو بچوں کے حوالے سے خوش آئند بتاتے ہیں:

اک نہ اک دیپ سے روشن رہی کالی دنیا
میں بجھا تو مرے بچوں نے اجالی دنیا

چراغ آخر شب ہیں سو اپنے بچوں کو
ہم آنے والی سحر انتساب کرتے ہیں

کل کی دنیا کی بنا ڈال رہا ہے کوئی
ننھے ہاتھوں میں ہے مٹی کا گھروندا روشن

(خدا کا کرنا ایسا ہوا کہ ان کا بیٹا سول انجینئر بنا جواب ماشاءاللہ بستیاں بسا رہا ہے۔)

مجھے یہ زندگی نقصان کا سودا نہیں لگتی
میں آنے والی دنیا کو بھی تخمینے میں رکھتا ہوں

بچوں سے متعلق ان کی غزلیہ شاعری کے اشعار پڑھ کر محسوس ہوتا ہے کہ وہ تسلسل حیات کے قائل ہیں اور زندگی کو جاوداں، پیہم رواں ہر دم جواں سمجھنے پر مائل ہیں۔

میں نے شروع کے صفحات میں عرض کیا تھا کہ وہ ہلکی باتوں اور چھچھوری حرکات کو ناپسند کرتے تھے، حتیٰ کہ کوئی ان کا شعر بھی بلند آواز میں پڑھ دیتا تو وہ خفیف ہو جاتے تھے، لیکن ایک حقیقت یہ بھی ہے کہ جس وقت وہ اپنے باطن سے ہم کلامی کرتے اور داخلی طور پر اپنے شعروں کو سنتے یا محسوس کرتے اس وقت وہ تنہا راہ کے مسافر ہو جاتے تھے۔ وہ اپنے شعر کی خوبی سے خوب واقف تھے اور ان کا نئی غزل میں کیا مقام ہے، وہ اچھی طرح محسوس کرتے تھے:

غزل تو خیر ہر اہل سخن کا جادو ہے
مگر یہ نوک پلک میرے فن کا جادو ہے

وہ اپنے شعر کی پائداری پر بھی اصرار کرتے ہیں:

میں یہ کیوں سوچوں کہ اک موج مٹا دے گی اسے
ریگ ساحل پہ کوئی نقش کف پا لکھوں

عرفان صدیقی کو اپنی شعری دُنیا کی انفرادیت کا شدید احساس تھا لیکن عام گفتگو میں وہ اس احساس کو کبھی اعلان نہیں بناتے تھے۔ البتہ اشعار کے پردے میں اپنی شاعری سے متعلق اپنے تاثرات بیان کرنے میں انہیں کوئی باک نہیں تھا:

شمع تنہا کی طرح صبح کے تارے جیسے
شہر میں ایک ہی دو ہوں گے ہمارے جیسے

یا

کچھ تو ہو جو تجھے ممتاز کرے اوروں سے
جان لینے کا ہنر ہو کہ مسیحائی ہو

نقش پا ڈھونڈنے والوں پہ ہنسی آتی ہے
ہم نے ایسی تو کوئی راہ نکالی بھی نہیں

میں اپنے نقدِ سخن کی زکات بانٹتا ہوں
مرے ہی سکے مرے ہم سخن اچھالتے ہیں

وہ مشاعروں میں بہت کم شرکت کرتے تھے۔ اکثر چھوٹی چھوٹی نشستوں میں اپنا کلام سناتے تھے۔ وہ مشاعروں کے ''داب و آداب'' سامعین کی نفسیات اور ناظم مشاعرہ سے تعلقات کی اہمیت سے انجان نہیں تھے لیکن غالبؔ کے بقول معاملہ یہ تھا:

جانتا ہوں ثواب طاعت و زہد
پر طبیعت ادھر نہیں آتی

وہ اپنے شعری کارناموں کی بے ہودہ تبلیغ بھی نہیں کرتے تھے جو مشاعروں کی دعوت ملنے

میں بے حد معاون ثابت ہوتی ہے۔اس موضوع پر بھی ایک طنزیہ شعر کہا تھا۔۔۔۔

تم بتاتے تو سمجھتی تمھیں دُنیا عرفانؔ
فائدہ عرض ہنر میں ہے ہنر میں کیا تھا

زندگی کے آخری ایام میں انھوں نے ایک گہرا دکھ جھیلا۔صدی کی ابتدا میں گجرات میں جو کچھ ہوا، اس نے ان کے دل پر گہرا اثر چھوڑا۔ان کی طبیعت بے حد حساس تھی اور وہ بہت زود رنج تھے، عالمی منظر نامے یا ملکی سطح پر کوئی ظلم دیکھتے تو بے تاب ہو جاتے۔اس سے پہلے بھی ایک نظم ایسے ہی ایک موقعے پر کہی تھی:

کا وہ تو نے سنا
ماؤں کی دودھیاں لوریاں
دھول میں اٹ گئیں
اور گہواروں کی ریشمی ڈوریاں
کٹ گئیں
نیند کی اجلی پریوں کے پَر
ٹوٹ کر گر گئے
اور ننھے بدن
مٹھیوں میں دبائے ہوئے اپنی مٹی کی چڑیاں
دماوند کی کالی چٹان پر
ریزہ ریزہ ہوئے

گجرات کے سانحے کا وقت وہ تھا جب ان کی بیماری کی تشخیص ہو چکی تھی۔گجرات کے حالات سنتے اور دکھ اور ہزیمت سے پیدا شدہ جھنجلاہٹ میں ایسے منفرد شعر نکالتے:

حق فتح یاب میرے خدا کیوں نہیں ہوا
تو نے کہا تھا تیرا کہا کیوں نہیں ہوا
جو کچھ ہوا وہ کیسے ہوا جانتا ہوں میں

جو کچھ نہیں ہوا وہ بتا کیوں نہیں ہوا

ایسی ہی کسی ہزیمت کے احساس کے تحت ۱۹۹۰ء کی دہائی میں یہ بڑا شعر بھی کہا تھا:

اے خدا کٹنے کو ہے تجھ سے زمیں کا رابطہ
دیکھ میں دستِ دُعا ہوں اور قلم ہونے کو ہوں

پھر ایک وہ دن بھی آیا جس کے بارے میں سردار جعفری نے ''میرا سفر'' نام کی نظم کے ابتدائی مصرعوں میں کہا تھا:

پھر اک دن ایسا آئے گا
آنکھوں کے دیپے بجھ جائیں گے
ہونٹوں کے کمل مرجھائیں گے
اور برگ زباں سے
نطق وصدا کی
ہر تتلی اڑ جائے گی

اپریل ۱۹۹۴ء کے اس روز موعود کے لیے وہ پہلے ہی یہ شعر درج کر چکے تھے:

بجھ رہی ہیں میری شمعیں سو رہے ہیں میرے لوگ
ہو رہی ہے صبح قصہ مختصر کرتا ہوں میں

عرفان صدیقی کا شعری شعور کیا صرف ہمارے عہد کا استعارہ ہے؟ نہیں۔ وہ کسی اور زمانے کی داستان بھی سناتے ہیں۔ تو کیا وہ ہماری تہذیب و ثقافت کے ماضی کے کسی دور دراز علاقے سے اپنا رشتہ استوار کیے ہوئے تھے۔ یہ بھی نہیں۔ دراصل وہ عہد کے کلیشے سے کبھی نہیں بہل سکے۔ وہ ایک غیر منقسم زمانے کا بیان اس طرح کرتے تھے کہ ان کی غزلوں میں کرۂ ارض سرحدوں سے عاری نظر آتا ہے:

سرحدیں اچھی کہ سرحد پہ نہ رکنا اچھا
سوچیے آدمی اچھا کہ پرندہ اچھا

کیا واقعی ہمارا عہد ہر معنی میں پچھلے عہد سے مختلف ہے؟ کیا وقت کے مختلف ادوار کے

درمیان کوئی حقیقی حدِ فاصل ہوتی ہے جس پر سب متفق ہوں؟ تو کیا زمانے کو تقسیم کیا جا سکتا ہے؟ کیا شعری ذہن صرف ایک ہی عصر کی تصویر کشی کرنے پر مجبور ہے؟ کیا اگلے وقتوں پر ہمارا اب کوئی حق نہیں؟ کیا گردش گیتی کے مسلسل زناٹے میں جو لاتعداد تصویریں، تصورات، صدائیں اور صدیاں ایک دوسرے کو کاٹتی، ضرب دیتی، روشنی کی رفتار سے کہیں زیادہ سرعت کے ساتھ سفر کر رہی ہیں، ان کی اس کائنات میں ہمہ وقت موجودگی سے صرفِ نظر کیا جا سکتا ہے؟ ان سوالوں کا جواب لامحالہ نفی میں ہے اور اسی نفیِ کبیر کے نتیجے میں جو مقدمہ وجود میں آتا ہے، عرفان صدیقی اپنے عہد میں اس مقدمے کے سب سے بڑے مدعی ہیں۔ انھیں اس کا احساس بھی ہے:

شمع تنہا کی طرح، صبح کے تارے جیسے
شہر میں ایک ہی دو ہوں گے ہمارے جیسے

اور یہ شہر لکھنؤ، دلی، بدایوں یا مارہرہ نہیں ہے، یہ انسانوں اور ان کے اعمال کے بوجھ سے چٹختا ہوا پورا کرۂ ارض ہے:

اے خدا کٹنے کو ہے تجھ سے زمیں کا رابطہ
دیکھ میں دست دعا ہوں اور قلم ہونے کو ہوں

ان کی معنی خیز تراکیب، کچھ کچھ فارسی آمیز لہجہ، دنیا بھر کی ثقافتوں کے نمائندہ کردار، وہ آہوئے تاتار ہو یا بانوئے ناقہ سوار، نیزے پر پھول کی طرح کھلا ہوا سر ہو یا سر برہنہ بیبیاں، کنار دریا کے معرکے ہوں یا آنکھوں کی محراب میں روشن ایک سیدانی کا چہرہ ہو— سب کے سب اشارہ کرتے ہیں کہ اس شاعر نے زمین کو اپنا مستقر تو بنایا ہے لیکن یہ زمین بہت وسیع ہے اور اس کی وسعت اور ہمہ گیری پر وہ کسی حالت میں سمجھوتہ نہیں کر سکتے۔ ان کی ارضیت ایک سمٹی سکڑی ذاتی قسم کی ارضیت نہیں ہے، اس کا کینوس ایسا وسیع ہے کہ اس میں سات سماوات سمائے ہوئے لگتے ہیں۔

دُنیا کا وسیع تصور ''کینوس'' سے لے کر ''ہوائے دشت ماریہ'' اور آخرِ عمر کے اشعار تک لشکارے مارتا ہے۔ اپنی تہذیبی اور ثقافتی قدروں کا عرفان و اعلان انھیں صرف اپنی ثقافت کے دائرے میں بند نہیں رکھتا۔ وہ بانوئے ناقہ نشین کے ساتھ اس بنجارن کا ذکر بھی کرتے ہیں:

رُکنا ہو یا چلنا ہو کوئی فکر نہیں بنجارے کو
بنجارن نئے چھپر چھائے، کوچ میں پوت سہارا دے

دنیا میں جہاں بھی ظلم ہوا ہے اور ہو رہا ہے وہ سب کے نوحہ خواں ہی نہیں ہیں للکارنے کا بھی جذبہ اور حوصلہ رکھتے ہیں۔ برطانیہ جب نوآبادیات سے مجبوراً دست بردار ہوتا ہے تو وہ ٹھٹھے نہیں لگاتے، معروضی انداز میں ذکر کرتے ہیں:

جن کی اقلیم پہ سورج نہیں ہوتا تھا غروب
کھولتے پھرتے ہیں خیموں کی طنابیں ہر سمت

ستم ایجاد یہودیوں کا وہ زمانہ بھی انہیں یاد رہتا تھا جب وہ ظلموں کے بوجھ سے پسے ہوئے تھے ع—

آلِ یعقوب پہ یہ رات بہت بھاری ہے

جب اپنی ہی سرحدوں کے اندر بے پناہ ظلم دیکھتے ہیں اور اس کا مداوا نظر نہیں آتا تو ایک مجبور انسان کی طرح لیکن شکوے کے تیوروں کی سان پر رکھا ہوا ایسا دھار دار شعر کہتے ہیں:

حق فتح یاب میرے خدا کیوں نہیں ہوا
تو نے کہا تھا تیرا کہا کیوں نہیں ہوا

آخری برسوں میں، زندگی میں ایک وقت وہ آتا ہے جب وہ خود کو عشق کے سپرد کر دیتے ہیں:

سخت ہے مرحلۂ رزق بھی ہم جانتے ہیں
پر اسے معرکۂ عشق سے کم جانتے ہیں

ہم بڑے اہل خرد بنتے تھے یہ کیا ہو گیا
عقل کا ہر مشورہ دیوانہ پن لگنے لگا

تیرے تن کے بہت رنگ ہیں جان من، ۔۔۔۔۔ والی غزل محبت کے دونوں طرح کے ساز و سامان یعنی من اور تن کے بارے میں ایسی منفرد غزل ہے جس کا جواب ہمارے عہد کے ایک ہی دو غزل گویوں کے پاس ہوگا۔ عام غزل گویوں کے برعکس وہ اپنے محبوب کی جنس کا اعلان واشگاف انداز میں کرتے ہیں:

میں نے اتنا اسے چاہا ہے کہ وہ جانِ مراد
خود کو زنجیر محبت سے رہا چاہتی ہے

ان کی غزلوں میں دو جذبے بہت شدت کے ساتھ ابھر کر سامنے آتے ہیں۔ ایک تو یہ کہ

صرف لمحۂ موجود کی نوحہ خوانی بہت ہوگئی، آنے والے وقت کے حسن وخوبی کو بھی خوابوں کا حصہ بناؤ:

دو جگہ رہتے ہیں ہم ایک تو یہ شہر ملال
ایک وہ شہر جو خوابوں میں بسایا ہوا ہے

اتنی بے رنگ بھی شاید نہ ہو کل کی دنیا
پھول سے بچوں کے چہروں سے پتہ لگتا ہے

اور دوسرا رنگ تصوف کی حقیقی روح کا ہے جو انہیں اپنے اجداد سے ورثے میں ملی جو جگہ جگہ ان کو اشارہ کرتی ہے کہ مستقبل کے خواب اور آنے والی دنیائے حسن آمنا صدقنا—اس سے بے رغبتی تو کفرانِ نعمت ہوگا لیکن دنیا کی آسائش سے تھوڑی سی بے نیازی بھی چاہیے:

یوں اہل زر کے پاس خزانے تو خوب ہیں
مولا کا یہ فقیر ضرورت کہاں سے لائے

پھر بار فقیروں کا اٹھانا مرے داتا
پہلے تو یہ کشکول فقیرانہ اٹھالے

مدت سے فقیروں کا یہ رشتہ ہے فلک سے
جس سمت وہ ہوتا ہے اُدھر ہم نہیں ہوتے

عرفان صدیقی کی شاعری کی خصوصیات چند صفحات میں بیان کرنا محال ہے۔ ''ہوائے دشت ماریہ'' جو کربلا کے اشعار سے سرتاپا مزین ہے، کا ذکر اس مختصر سے نوٹ کو طویل کردے گا۔

بیسویں صدی کے اختتام پر عرفان صدیقی نے صدیوں پہ پھیلی ہوئی اردو غزل کی تابناک روایت کو ایک ایسا پھول جیسا منفرد چہرہ دیا جو بہت سے رنگوں اور خوشبوؤں اور زاویوں کا مجموعہ ہے اور جسے دیکھ کر معلوم ہوتا ہے کہ غزل، جسے تنگنائے غزل کہا گیا ہے، ایک عبقری شاعر عرفان صدیقی کی بدولت، قصبوں، شہروں، ملکوں، براعظموں اور ظالموں اور مظلوموں اور محبت کرنے والوں، نفرت کرنے والوں اور حاکموں اور محکوموں اور محبوبوں کے احوال کو کس قدر طاقت،

نفاست، اکملیت اور حسن کے ساتھ بیان کرنے کا اعجاز رکھتی ہے:

غزل تو خیر ہر اہل سخن کا جادو ہے
مگر یہ نوک پلک میرے فن کا جادو ہے

—سید محمد اشرف

کینوس

مجموعۂ اوّل

شبّی کے نام

میں یہ کیوں سوچوں کہ اک موج مٹا دے گی اسے
ریگِ ساحل پہ کوئی نقشِ کفِ پا لکھوں

ابتدائیہ

سفر کی زنجیر

شوق اس دشت میں دوڑائے ہے مجھ کو کہ جہاں
جادہ غیر از نگہِ دیدۂ تصویر نہیں
جلتی دوپہر میں پیپڑی کا پُراسرار درخت
جس سے لپٹا ہوا گزری ہوئی صدیوں کا طلسم
پہلوئے خاک میں آسودہ کوئی مرد شہید
(ذہن میں گھوڑوں کی ٹاپوں کی صدا گونجتی ہے)
جاودانہ تب و تاب اور قبا خون سے تر
وہ تو زندہ ہیں مگر تم کو نہیں اس کی خبر
پپڑیاں فرش پہ بکھری ہوئی پھولوں کی طرح
اور جاروب کشی کرتی ہوئی موج ہوا
طاق میں رات کے افسردہ چراغوں کا دُھواں
یہ گلی گنجِ شہیداں کی طرف جاتی ہے
'تم کبھی شب میں ادھر سے نہ گزرنا کہ وہاں
صف بہ صف 'تند فرس' سبز علم اڑتے ہیں
مصحفی نے جو کہا ہے تمھیں معلوم نہیں؟
سرمۂ چشم ہے یہ خاک تو خسرو کے لیے

پیڑیاں چنتے ہوئے دیر ہوئی، گھر کو چلو
ہم سے اَگلوں نے بہت شہر کیے ہیں آباد
قافلے کتنے ہی قریوں سے اِدھر آئے ہیں
بلخ، کرمان، یمن، بحر، بخارا، فرشور
(راہداری پہ کوئی روک نہیں تھی اُس وقت)
ایل و یلدوز تو خیاط و رسن تاب کہیں
چتر و اورنگ کہیں، منبر و محراب کہیں
دیکھنا، جامعِ شمسی میں ستوں ہیں کتنے
(ایک ہی ذوق ہے اسپین سے دو آبے تک)
معرکے، رزم گہیں، کشف، کرامات، سلوک
مدرسے، **خانقھیں**، جذب، مقامات، سماع
یک الف بیش نہیں صیقلِ آئینہ ہنوز
''درگہِ شاہِ ولایت میں جو اک زینہ ہے
تم وہاں جاکے پکارو کسی گم گشتہ کو
سالہا سال کے کھوئے ہوئے لوٹ آتے ہیں
شرط یہ ہے کہ صداؤں کا جواب آجائے''
(اپنے کھوئے ہوئے لمحوں کو پکاریں جاکر)
سوتھ کے دونوں طرف زرد کھجوروں کی قطار
تعزیے دفن کیے جاتے ہیں ریتی کے قریب
آگے سوروں ہے جہاں رام چرت لکھی گئی
اور گنگا کے ادھر قصبۂ پٹیالی ہے

ہم اُسی مٹّی سے اُگنے کے لیے آئے تھے
آسمانوں میں جو دِن رات یہ اُڑتے ہیں جہاز
اِتحادی ہیں کہ نازی ہیں کہ فسطائی ہیں
دُور میدانوں میں چیلوں کی ضیافت ہوگی
کچھ عجب چیز ہے جوہر کی توانائی بھی
ایک ہی وار میں جی چھوٹ گیا ٹوجو کا
آج رومیل کو آقا نے بلایا ہے وہاں
آلِ یعقوب پہ یہ رات بہت بھاری ہے
ارضِ موعود کہاں، گریہ کرو، گریہ کرو
(اور مظلوم، ستم پیشہ بھی ہو جاتے ہیں)
اُن کا وعدہ ہے کہ اس معرکۂ سخت کے بعد
ہم تمھاری یہ امانت تمھیں لوٹا دیں گے
جن کی اقلیم پہ سورج نہیں ہوتا تھا غروب
کھولتے پھرتے ہیں خیموں کی طنابیں ہر سمت
آگ دہلیز تک آ پہنچی ہے، رفتہ رفتہ
(آج بلفاسٹ میں پھر ہو گیا ہنگامہ بپا)
پھول کا تازہ شمارہ نہیں آیا اب تک
تاج صاحب کی کہانی تو بہت اچھی تھی
''اب کے ہم لوگ بھی جائیں گے بناور' ابّا
تازہ ہولوں کا مزہ اور ہی کچھ ہوتا ہے''
بار نبلیٹ کو کل دے گی وداعی دعوت

شیروانی پہ برش کرکے مجھے دے جاؤ
کیا مشن کے تتنے فادر بھی چلے جائیں گے
(وہ تو بیچارے کسی کو بھی نہیں مارتے ہیں)
گھوش نے آج کے اخبار میں کیا لکھا ہے؟

پیڑ دو حصوں میں بٹ جائے تو کیا ہوتا ہے؟
جشنِ آزادیٔ جمہور منانے کے لیے
کل سے اسکول میں تعطیل رہے گی، بچو
(ڈور جب پیچ سے کٹ جائے تو کیا ہوتا ہے؟)
ہم بھی کل شام کی گاڑی سے چلے جائیں گے
آج ہی پاپا کا لاہور سے خط آیا ہے
ہم یہی بیل وہاں لان میں لگوائیں گے
قافلے سینۂ گیتی پہ رواں ہیں کہ جو تھے
اے زمیں، میری زمیں، اس کی زمیں، سب کی زمیں

مر گیا صدمۂ یک جنبشِ لب سے غالبؔ
ناتوانی سے حریفِ دمِ عیسیٰ نہ ہوا
شعر میں کون سی تلمیح ہے تشریح کرو
نظم کی شرح اُٹھاؤ مری الماری سے
’بحرِ ظلمات میں دوڑا دیے گھوڑے ہم نے
بوالحسن جاگا تو پھر اپنے ہی گھر میں جاگا

کیوں گلیور کو کوئی اپنے برابر نہ ملا
مسئلہ شکلِ عروسی کا بہت مشکل ہے
ایک کیوں سب سے یہ کہتا ہے کہ ڈھونڈو مجھ کو
آج کالج کے ڈرامے میں بہت لطف آیا
کتنا اچھا تھا شبِ موسم گرما کا وہ خواب
'تم مرے کمرے میں کیوں چھوتے ہو کاغذ میرے؟
بزمِ اقبال کے جلسے کی یہ تیاری ہے'
(جانے تصویر وہ کس کی ہے، مگر پیاری ہے)
انجمن اپنی بنالی ہے زمینداروں نے
اک برہمن نے کہا ہے کہ یہ سال اچھا ہے
'میں سمجھتا ہوں کہ روشن ہے وہاں مستقبل'
(کیا کبھی حال میں ہم لوگ نہیں جی سکتے)
اور پھر بندھتا ہے بازو پہ امامِ ضامن
'میں وہاں جاکے تمھیں بھیجوں گا اپنی تصویر'
(اور سینے میں اُتر جاؤں گا نشتر بن کر)
کسی مورث کے لیے پنج ہزاری منصب
اور تولیتِ اَوقاف کا اعزاز کہیں
آگے پڑھنے کے لیے بانڈ الگ کرنے ہیں
علم صدیوں سے وراثت ہے تمھارے گھر کی
(عہدِ رفتہ کی مہک بند ہے صندوقوں میں)
کیسا آشوب تھا اشراف پہ ستّاون میں

اُن کو جس وقت فرنگی نے طپنچہ مارا
کچھ مہینوں کی دلہن، اُس کو خبر کچھ بھی نہ تھی
ہاتھ سے چھوٹ کے کنگھی گری، اور ٹوٹ گئی
گھر کی تنہائی ڈسے لیتی ہے، باہر چلیے
رات کو دیر تلک حلقۂ یاراں میں خروش
'آپ نے بھی ابھی کھانا نہیں کھایا، افسوس
آپ اس طرح تو کمزور بنا دیں گی مجھے'
(میں نئے ملک کی سرحد سے پلٹ آؤں گا)
رُک کہ یہ آیت الکرسی تو ذرا دم کردوں'

مقطع سلسلۂ شوق نہیں ہے یہ شہر
اَن گنت رَستے ہتھیلی کی لکیروں کی طرح
اِن میں کوئی کششِ کافِ کرم ہو شاید
میں کہاں جاکے رُکوں گا، مجھے معلوم نہیں
حسن کب تجربۂ ذات میں ڈھل پائے گا
ظلمتیں، روشنیاں، سلسلۂ شام و سحر
سب تماشا ہے تو تقریبِ تماشا کیا ہے
حلقہ در حلقہ پُراسرار سفر کی زنجیر
دیکھتے جاؤ کہ تم نے ابھی دیکھا کیا ہے
(ناتمام)

غزلیں

شکستہ پیرہنوں میں بھی رنگ سا کچھ ہے
ہمارے ساتھ اَبھی نام و ننگ سا کچھ ہے

حریف تو سپر اَنداز ہو چکا کب کا
درونِ ذات مگر محوِ جنگ سا کچھ ہے

کہیں کسی کے بدن سے بدن نہ چھو جائے
اِس احتیاط میں خواہش کا ڈھنگ سا کچھ ہے

جو دیکھیے تو نہ تیغِ جفا نہ میرا ہاتھ
جو سوچیے تو کہیں زیرِ سنگ سا کچھ ہے

وہ میری مصلحتوں کو بگاڑنے والا
ہنوز مجھ میں وہی بے درنگ سا کچھ ہے

چلو زمیں نہ سہی آسمان ہی ہوگا
محبتوں پہ بہرحال تنگ سا کچھ ہے

مروّتوں پہ وفا کا گماں بھی رکھتا تھا
وہ آدمی تھا غلط فہمیاں بھی رکھتا تھا

بہت دِنوں میں یہ بادل اِدھر سے گزرا ہے
مرا مکان کبھی سائباں بھی رکھتا تھا

عجیب شخص تھا، بچتا بھی تھا حوادث سے
پھر اپنے جسم پہ الزامِ جاں بھی رکھتا تھا

ڈبو دیا ہے تو اَب اِس کا کیا گلہ کیجے
یہی بہاؤ سفینے رواں بھی رکھتا تھا

تُو یہ نہ دیکھ کہ سب ٹہنیاں سلامت ہیں
کہ یہ درخت تھا اور پتّیاں بھی رکھتا تھا

ہر ایک ذرّہ تھا گردش میں آسماں کی طرح
میں اپنا پاؤں زمیں پر جہاں بھی رکھتا تھا

لپٹ بھی جاتا تھا اکثر وہ میرے سینے سے
اور ایک فاصلہ سا درمیاں بھی رکھتا تھا

ꕥ

کوئی وحشی چیز سی زنجیرِ پا جیسے ہوا
دُور تک لیکن سفر کا سلسلہ جیسے ہوا

بند کمرے میں پراگندہ خیالوں کی گھٹن
اور دروازے پہ اِک آوازِ پا، جیسے ہوا

گرتی دیواروں کے نیچے سائے، جیسے آدمی
تنگ گلیوں میں فقط عکسِ ہوا، جیسے ہوا

آسماں تا آسماں سنسان سنّاٹے کی جھیل
دائرہ در دائرہ میری نوا، جیسے ہوا

دو لرزتے ہاتھ جیسے سایہ پھیلائے شجر
کانپتے ہونٹوں پہ اک حرفِ دُعا، جیسے ہوا

پانیوں میں ڈوبتی جیسے رُتوں کی کشتیاں
ساحلوں پر چیختی کوئی صدا، جیسے ہوا

کتنا خالی ہے یہ دامن، جس طرح دامانِ دشت
کچھ نہ کچھ تو دے اِسے میرے خدا، جیسے ہوا

٭٭٭

بہت حسیں تھے ہرن دھیان بٹ گیا آخر
وہی ہوا کہ مرا تیر اُچٹ گیا آخر

ملی نہ جب کوئی راہِ مفر تو کیا کرتا
میں ایک، سب کے مقابل میں ڈٹ گیا آخر

بس اِک اُمید پہ ہم نے گزار دی اِک عمر
بس ایک بوند سے کُہسار کٹ گیا آخر

بچا رہا تھا میں شہ زور دُشمنوں سے اُسے
مگر وہ شخص مجھی سے لپٹ گیا آخر

وہ اُڑتے اُڑتے کہیں دُور اُفق میں ڈوب گیا
تو آسمان پروں میں سمٹ گیا آخر

کھلا کہ وہ بھی کچھ ایسا وفا پرست نہ تھا
چلو، یہ بوجھ بھی سینے سے ہٹ گیا آخر

ہمارے داغ چھپاتیں روایتیں کب تک
لباس بھی تو پُرانا تھا، پھٹ گیا آخر

بڑھا کے ربطِ وَفا اَجنبی پرندوں سے
وہ ہنس اپنے وطن کو پلٹ گیا آخر

اپنے آنگن ہی میں تھا، راہ گزر میں کیا تھا
ایسا تنہا تھا میں باہر بھی کہ گھر میں کیا تھا

سبز پتوں نے بہت راز چھپا رکھے تھے
رُت جو بدلی تو یہ جانا کہ شجر میں کیا تھا

تھا کمیں گاہ میں سنّاٹے کا عالم، لیکن
اِک نیا رنگ یہ ٹوٹے ہوئے پَر میں کیا تھا

تم جو کچھ چاہو وہ تاریخ میں تحریر کرو
یہ تو نیزہ ہی سمجھتا ہے کہ سر میں کیا تھا

اور کیا دیکھتی دُنیا ترے چہرے کے سوا
کم سے کم رَنگ تھا سُرخی میں، خبر میں کیا تھا

تم یہ دیکھو کہ فقط خاک ہے پیراہن پر
یہ نہ پوچھو کہ مرے رختِ سفر میں کیا تھا

تم نہ ہوتے تو سمجھتی تمھیں دُنیا عرفانؔ
فائدہ عرضِ ہنر میں تھا، ہنر میں کیا تھا

ﷺ

کس کو دھوکا یہ ہوا بیتی رُتوں والی دے
آتے موسم کا پتا سوکھی ہوئی ڈالی دے

اَے خدا! سبزۂ صحرا کو بھی تنہا مت رکھ
اِس کو شبنم نہیں دیتا ہے تو پامالی دے

ہر برس صرف سمندر ہی پہ موتی نہ لٹا
ابرِ نیساں مرے کھیتوں کو بھی ہریالی دے

جب کبھی شام کو تُو دستِ دُعا پھیلائے
آسماں کو ترے ہاتھوں کی حنا لالی دے

چپ ہوا میں تو بس اقرارِ خطا ہی سمجھو
کیا بیاں اِس کے سوا مجرمِ اِقبالی دے

ویسے آنکھیں تو گنہگار بہت ہیں عرفانؔ
آگے جو کچھ مرے جذبوں کی خوش اعمالی دے

کوئلیں پھر بھولے بسرے غم جگانے آگئیں
گرمیاں لے کر اُداسی کے خزانے آگئیں

ٹھنڈے دالانوں میں پھر کُھلنے لگی دِل کی کتاب
جلتی دوپہریں سرا پردے گرانے آگئیں

ڈھک گئیں پھر صندلیں شاخیں سنہری بور سے
لڑکیاں دَھانی دوپٹے سر پہ تانے آگئیں

پھر دَھنک کے رَنگ بازاروں میں لہرانے لگے
تتلیاں معصوم بچوں کو رِجھانے آگئیں

کھل رہے ہوں گے چھتوں پر سانولی شاموں کے بال
کتنی یادیں ہم کو گھر واپس بلانے آگئیں

دُھول سے کب تک کوئی شفاف جذبوں کو بچائے
خواہشوں کی آندھیاں پھر خاک اُڑانے آگئیں

خرد کے پاس فرسُودہ دلیلوں کے سوا کیا تھا
پُرانے شہر میں ٹوٹی فصیلوں کے سوا کیا تھا

ہوا رَستے کی، منظر موسموں کے، سایہ پیڑوں کا
سفر کا ماحصل بیکار میلوں کے سوا کیا تھا

تو وہ شب بھر کی رَونق چند خیموں کی بدولت تھی
اَب اِس میدان میں سنسان ٹیلوں کے سوا کیا تھا

پرندوں کی قطاریں اُڑ نہیں جاتیں تو کیا کرتیں
ہماری بستیوں میں خشک جھیلوں کے سوا کیا تھا

تعجب کیا ہے وعدے ہی اگر حصے میں آئے ہیں
مری کوشش کے ہاتھوں میں وسیلوں کے سوا کیا تھا

واقعی کیا اِسی قاتل کی طرف تُو بھی ہے
تُو بھی ہے، اَے مری جاں تیغ بکف تُو بھی ہے

آسماں اپنی کماں توڑ چکا، یہ نہ سمجھ
اَب کوئی تیر جو چھوٹا تو ہدف تُو بھی ہے

تیز رفتار ہیں دُشمن کے فرس تجھ سے سوا
میرے بعد اَے مری بکھری ہوئی صف تُو بھی ہے

بدل گئی ہے فضا نیلے آسمانوں کی
بہت دِنوں میں کھلیں کھڑکیاں مکانوں کی

بس ایک بار جو لنگر اُٹھے تو پھر کیا تھا
ہوائیں تاک میں تھیں جیسے بادبانوں کی

کوئی پہاڑ رُکا ہے کبھی زمیں کے بغیر
ہر ایک بوجھ پنہ چاہتا ہے شانوں کی

تو غالباً وہ ہدف ہی حدوں سے باہر تھا
یہ کیسے ٹوٹ گئیں ڈوریاں کمانوں کی

جو ہے وہ کل کے سوالوں کے اِنتظار میں ہے
یہ زندگی ہے کہ ہے رات اِمتحانوں کی

اَبھی تو سب سے بڑا اِمتحان بیچ میں ہے
ہمارے جسم جدا ہیں کہ جان بیچ میں ہے

زمین سخت سہی، آسمان گرم سہی
وہ مطمئن ہے کہ اُس کی اُڑان بیچ میں ہے

یہ شہر پھونکنے والے کسی کے دوست نہیں
کسے خیال کہ تیرا مکان بیچ میں ہے

جدھر بھی جاؤ وہی فاصلوں کی دیواریں
کوئی زمیں ہو وہی آسمان بیچ میں ہے

رُتوں کے جسم سے کیسے لپٹ سکوں عرفانؔ
مرا بدن ہے کہ اِک سائبان بیچ میں ہے

ایک ضد تھی مرا پندارِ وفا کچھ بھی نہ تھا
وَرنہ ٹوٹے ہوئے رِشتوں میں بچا کچھ بھی نہ تھا

تھا بہت کچھ جو کوئی دیکھنے والا ہوتا
یوں کسی شخص کے چہرے پہ لکھا کچھ بھی نہ تھا

اَب بھی چپ رہتے تو مجرم نظر آتے وَرنہ
سچ تو یہ ہے کہ ہمیں شوقِ نوا کچھ بھی نہ تھا

یاد آتا ہے کئی دوستیوں سے بھی سوا
اِک تعلق جو تکلف کے سوا کچھ بھی نہ تھا

سب تری دین ہے، یہ رنگ، یہ خوشبو، یہ غبار
میرے دَامن میں تو اَے موجِ ہوا کچھ بھی نہ تھا

اور کیا مجھ کو مرے دیس کی دھرتی دیتی
ماں کا سرمایہ بجز حرفِ دُعا کچھ بھی نہ تھا

لوگ خود جان گنوا دینے پہ آمادہ تھے
اِس میں تیرا ہنر اَے دستِ جفا کچھ بھی نہ تھا

سبز موسم میں ترا کیا تھا، ہوا نے پوچھا
اُڑ کے سوکھے ہوئے پتّے نے کہا کچھ بھی نہ تھا

خوشبو کی طرح ساتھ لگا لے گئی ہم کو
کوچے سے ترے بادِ صبا لے گئی ہم کو

پتھر تھے کہ گوہر تھے، اَب اِس بات کا کیا ذِکر
اِک موج بہرحال بہا لے گئی ہم کو

پھر چھوڑ دیا ریگِ سرِ راہ سمجھ کر
کچھ دُور تو موسم کی ہوا لے گئی ہم کو

تم کیسے گرے آندھی میں چھتنار درختو!
ہم لوگ تو پتّے تھے، اُڑا لے گئی ہم کو

ہم کون شناور تھے کہ یوں پار اُترتے
سوکھے ہوئے ہونٹوں کی دُعا لے گئی ہم کو

اُس شہر میں غارت گرِ ایماں تو بہت تھے
کچھ گھر کی شرافت ہی بچا لے گئی ہم کو

ذہن ہو تنگ تو پھر شوخیٔ اَفکار نہ رکھ
بند تہہ خانوں میں یہ دولتِ بیدار نہ رکھ

زَخم کھانا ہی جو ٹھہرا تو بدن تیرا ہے
خوف کا نام مگر لذّتِ آزار نہ رکھ

ایک ہی چیز کو رہنا ہے سلامت، پیارے
اَب جو سر شانوں پہ رکھا ہے تو دیوار نہ رکھ

خواہشیں توڑ نہ ڈالیں ترے سینے کا قفس
اِتنے شہ زور پرندوں کو گرفتار نہ رکھ

اَب میں چپ ہوں تو مجھے اپنی دلیلوں سے نہ کاٹ
میری ٹوٹی ہوئی تلوار پہ تلوار نہ رکھ

آج سے دِل بھی ترے حال میں ہوتا ہے شریک
لے، یہ حسرت بھی مری چشمِ گنہگار نہ رکھ

وقت پھر جانے کہاں اُس سے ملا دے تجھ کو
اِس قدر ترکِ ملاقات کا پندار نہ رکھ

کس کو دیں قتل کا اِلزام بڑی مشکل ہے
جو بھی قاتل ہے ہماری ہی طرح بسمل ہے

تیز دَھاروں نے حدیں توڑ کے رکھ دِیں ساری
اَب یہ عالم کہ جو دَریا ہے، وہی ساحل ہے

جو اَکیلے میں جلوسوں کا اُڑاتا ہے مذاق
وہ بھی اِس بھیڑ میں اوروں کی طرح شامل ہے

اِتنی اُمید نہ آتے ہوئے برسوں سے لگاؤ
حال بھی تو کسی ماضی ہی کا مستقبل ہے

شوق دونوں کو ہے ملنے کا، مگر رَستے میں
ایک پندار کی دیوارِ گراں حائل ہے

زہرۂ فکر کم آمیز بہت ہے، عرفانؔ
کم سے کم اُس کا تعارف تو تمھیں حاصل ہے

میں تو اِک بادل کا ٹکڑا ہوں، اُڑا لے چل مجھے
تو جہاں چاہے وہاں موجِ ہوا لے چل مجھے

خوُد ہی نیلے پانیوں میں پھر بلا لے گا کوئی
ساحلوں کی ریت تک اَے نقشِ پا لے چل مجھے

تجھ کو اِس سے کیا میں اَمرت ہوں کہ اِک پانی کی بوُند
چارہ گر، سوکھی زبانوں تک ذرا لے چل مجھے

کب تک اِن سڑکوں پہ بھٹکوں گا بگولوں کی طرح
میں بھی کچھ آنکھوں کی ٹھنڈک ہوں صبا لے چل مجھے

اَجنبی رَستوں میں آخر دُھول ہی دیتی ہے ساتھ
جانے والے اَپنے دامن سے لگا لے چل مجھے

بند ہیں اس شہرِ ناپرساں کے دروازے تمام
اَب مرے گھر اَے مری ماں کی دُعا لے چل مجھے

ٹھنڈی گلیوں میں چمکیلی دُھوپ
نیلا موسم، پیلی پیلی دُھوپ

آنسو ٹپکے، بھیگ گئے رُخسار
بادل برسے، ہوگئی گیلی دُھوپ

دِلکش لہجے، ٹھنڈے رسمی بول
سُرخ مکانوں پر برفیلی دُھوپ

بڑھتے ہوئے دُشمن جیسی دوپہر
نیزوں جیسی تیز نکیلی دُھوپ

اُجلی برف پہ کھیلے گوری صبح
گہری جھیل میں تیرے نیلی دُھوپ

سیج پہ لیٹی شوخ، سلونی شام
بدن چرائے گئی **لَجیلی** دُھوپ

ﷺ

وہ اُن دِنوں تو ہمارا تھا، لیکن اَب کیا ہے
پھر اُس سے آج وہی رنجِ بے سبب کیا ہے

تم اُس کا وار بچانے کی فکر میں کیوں ہو
وہ جانتا ہے مسیحائیوں کا ڈھب کیا ہے

دبیز کہر ہے یا نرم دُھوپ کی چادر
خبر نہیں ترے بعد اَے غبارِ شب کیا ہے

دِکھا رہا ہے کسے وقت اَن گنت منظر
اگر میں کچھ بھی نہیں ہوں تو پھر یہ سب کیا ہے

اَب اِس قدر بھی سکوں مت دِکھا بچھڑتے ہوئے
وہ پھر تجھے نہ کبھی مل سکے عجب کیا ہے

میں اَپنے چہرے سے کسی طرح یہ نقاب اُٹھاؤں
سمجھ بھی جا کہ پسِ پردۂ طرب کیا ہے

یہاں نہیں ہے یہ دَستورِ گفتگو، عرفانؔ
فغاں سنے نہ کوئی، حرفِ زیرِ لب کیا ہے

کسی نے دیکھا ہے کل کی ضرورتوں کو اَبھی
بچائے رَکھو پُرانی روایتوں کو اَبھی

جو لوگ کرتے ہیں بے داغ چاہتوں کی تلاش
ترسنے والے ہیں جھوٹی محبتوں کو اَبھی

پھر اِک کمند نے ماں سے چھڑا لیا اُس کو
سمجھ رہا تھا وہ صحرا کی وُسعتوں کو اَبھی

اَکھر رہا ہے بھری دوپہر کا سنّاٹا
شریر پاؤں میسّر نہیں چھتوں کو اَبھی

سنا یہ ہے وہ بہت خوش سمجھ رہا ہے ہمیں
تو اُس نے دُور سے دیکھا ہے شہرتوں کو اَبھی

زمانہ کل انھیں سچائیاں سمجھ لے گا
تم اِک مذاق سمجھتے ہو تہمتوں کو اَبھی

جھلس رہے ہیں کڑی دُھوپ میں شجر میرے
برس رہا ہے کہاں اَبر بے خبر میرے

گرا تو کوئی جزیرہ نہ تھا سمندر میں
کہ پانیوں پہ کھلے بھی بہت تھے پر میرے

اَب اِس کے بعد گھنے جنگلوں کی منزل ہے
یہ وقت ہے کہ پلٹ جائیں ہمسفر میرے

خبر نہیں ہے مرے گھر نہ آنے والے کو
کہ اُس کے قد سے تو اُونچے ہیں بام و در میرے

بہت ہے آئینے جن قیمتوں پہ بک جائیں
یہ پتھروں کا زمانہ ہے، شیشہ گر میرے

حریفِ تیغِ ستم گر تو کر دیا ہے تجھے
اَب اور مجھ سے تو کیا چاہتا ہے سر میرے

ꕥ

قدم اُٹھے تو گلی سے گلی نکلتی رہی
نظر دیئے کی طرح چوکھٹوں پہ جلتی رہی

کچھ ایسی تیز نہ تھی اُس کے انتظار کی آنچ
یہ زندگی ہی مری برف تھی پگھلتی رہی

سروں کے پھول سرِ نوکِ نیزہ ہنستے رہے
یہ فصل سوکھی ہوئی ٹہنیوں پہ پھلتی رہی

ہتھیلیوں نے بچایا بہت چراغوں کو
مگر ہوا ہی عجب زاویے بدلتی رہی

دیارِ دِل میں کبھی صبح کا گجر نہ بجا
بس ایک دَرد کی شب ساری عمر ڈھلتی رہی

میں اَپنے وقت سے آگے نکل گیا ہوتا
مگر زمیں بھی مرے ساتھ ساتھ چلتی رہی

ہر سمت آرزوؤں کے لاشے پڑے ہوئے
کس دَشت میں ہیں شوق کے گھوڑے اڑے ہوئے

معصوم چہرہ، تیز نگاہوں کی زد میں ہے
نیزے ہیں نرم کھیت کے دِل میں گڑے ہوئے

ہم بیچنے کو لائے ہیں ماضی کے پیرہن
کہنہ روایتوں کے نگینے جڑے ہوئے

اپنے لیے تو ہار ہے کوئی، نہ جیت ہے
ہم سب ہیں دُوسروں کی لڑائی لڑے ہوئے

اُن کو خبر نہیں کہ ہے پانی کا کیا مزاج
جو پیڑ ہیں ندی کے کنارے کھڑے ہوئے

ﷻ

تو اُس کا دھیان مرے مصرعِ حسیں پہ نہیں
شکن اَبھی کوئی اَبروئے نکتہ چیں پہ نہیں

مکان چھوڑ گئے لوگ، ڈھونڈتے ہو کسے
کوئی ستارہ اَب اِس بامِ انجمیں پہ نہیں

بہت ملی تھیں دُعائیں فلک نشینی کی
ہمارا کچھ بھی بدن کے سوا زمیں پہ نہیں

اَب ایسے شخص کو قاتل کہیں تو کیسے کہیں
لہو کا کوئی نشاں اُس کی آستیں پہ نہیں

اُداس خشک لبوں پر لرز رہا ہوگا
وہ ایک بوسہ جو اَب تک مری جبیں پہ نہیں

میں جل رہا ہوں حقیقت کی دُھوپ میں کب سے
کسی گماں کا بھی سایہ مرے یقیں پہ نہیں

مری طرف تری موج نوا چلی ہی نہیں
ہوا کبھی سرِ دشتِ بلا چلی ہی نہیں

تمام فیصلے بس ایک شخص کرتا تھا
وہاں یہ بحثِ خطا و سزا چلی ہی نہیں

دِل و زَباں میں کبھی جیسے رابطہ ہی نہ تھا
اُٹھے بھی ہاتھ تو رسمِ دُعا چلی ہی نہیں

یہ مت سمجھ کہ ترے قتل کا خیال نہ تھا
نکل چکی تھی مگر بے وفا چلی ہی نہیں

میں چاہتا تھا کہ کچھ سرکشی کی داد ملے
تو اَب کے شہر میں تیغِ جفا چلی ہی نہیں

بہت خراب تھی شعلہ گروں کی قسمت بھی
مکان اور بھی جلتے، ہوا چلی ہی نہیں

گھلا تصویر میں رنگِ حنا آہستہ آہستہ
بڑھی سر کی طرف تیغِ جفا آہستہ آہستہ

تم اپنی مملکت میں جرم کر دو زندگی، ورنہ
سبھی مانگیں گے اپنا خون بہا آہستہ آہستہ

مجھے اوروں کے سے اَنداز آتے آتے آئیں گے
کہ پتھر بن سکے گا آئینہ آہستہ آہستہ

ہُوا آخر وہ ہم سے ہم سخن، قدرے تکلف سے
چلی صحرا میں بھی ٹھنڈی ہوا آہستہ آہستہ

بگولے یک بیک اُن سونے والوں کو جگاتے ہیں
سلاتی ہے جنہیں بادِ صبا آہستہ آہستہ

ہمیں دُنیا جو دے گی ہم وہیں لوٹائیں گے اُس کو
گنہ بن جائے گی رسمِ وفا آہستہ آہستہ

اَچانک دوستو میرے وطن میں کچھ نہیں ہوتا
یہاں ہوتا ہے ہر اِک حادثہ آہستہ آہستہ

کاش میں بھی کبھی یاروں کا کہا مان سکوں
آنکھ کے جسم پہ خوابوں کی رِدا تان سکوں

میں سمندر ہوں، نہ تُو میرا شناور، پیارے
تُو بیاباں ہے نہ میں خاک تری چھان سکوں

رُوئے دِلبر بھی وہی، چہرۂ قاتل بھی وہی
تُو کبھی آنکھ ملائے تو میں پہچان سکوں

وقت یہ اور ہے، مجھ میں یہ کہاں تاب کہ میں
یاریاں جھیل سکوں، دُشمنیاں ٹھان سکوں

جب ستم ہے یہ تعارف ہی تو کیسا ہو، اگر
میں اُسے جاننے والوں کی طرح جان سکوں

مجھے اُلجھا دیا دانش کدوں نے صرف خوابوں میں
کوئی تعبیر رکھ دو میرے بچوں کی کتابوں میں

طلسم ایسا تو ہو جو خُوبصورت ہو حقیقت سے
ہنر یہ بھی نہیں ہے آج کے افراسیابوں میں

تعلق اِک تعارف تک سمٹ کر رہ گیا آخر
نہ وہ تیزی سوالوں میں نہ وہ تلخی جوابوں میں

مکاں کیسے بھی ہوں، خوابوں کی خاطر کون ڈھاتا ہے
کم اَز کم اِس قدر ہمّت تو تھی خانہ خرابوں میں

ذرا سوچو تو اِس دُنیا میں شاید کچھ نہیں بدلا
وہی کانٹے ببولوں میں، وہی خوشبو گلابوں میں

اَپنے بھولے ہوئے منظر کی طرف لوٹ چلو
گم شدہ تیرو، کسی سر کی طرف لوٹ چلو

تم پرندوں سے زیادہ تو نہیں ہو آزاد
شام ہونے کو ہے، اَب گھر کی طرف لوٹ چلو

اُس سے بچھڑے تو تمھیں کوئی نہ پہچانے گا
تم تو پرچھائیں ہو، پیکر کی طرف لوٹ چلو

ریت کی ہمسفری صرف کناروں تک ہے
اجنبی موجو، سمندر کی طرف لوٹ چلو

کتنے بے مہر ہیں اِس شہر کے قاتل عرفاںؔ
پھر اُسی کوچۂ دِلبر کی طرف لوٹ چلو

سمٹتی دُھوپ تحریرِ حنا سی ہوتی جاتی ہے
سلونی شام جیسے خوں کی پیاسی ہوتی جاتی ہے

تھکے ہونٹوں سے بوسوں کے پرندے اُڑتے جاتے ہیں
ہوس جاڑے کی شاموں کی اُداسی ہوتی جاتی ہے

سکوتِ شب میں تم آواز کا شیشہ گرا دینا
فضا سنسان کمرے کی نِنداسی ہوتی جاتی ہے

کوئی رَکھ دے کسی اِلزام کا تازہ گلاب اِس میں
بچھڑتی چاہتوں کی گود باسی ہوتی جاتی ہے

تو پھر اِک بار یہ چاکِ گریباں سب کو دِکھلا دیں
بہت بدنام اپنی خوش لباسی ہوتی جاتی ہے

غزل کی صحبتوں سے اور کچھ حاصل نہیں، لیکن
غزالوں سے ذرا صورت شناسی ہوتی جاتی ہے

ایک اور دِن شہید ہوا، ہو گئی ہے شام
لشکر سے شب کے شور اُٹھا ہو گئی ہے شام

مدّت ہوئی کہ سر پہ سرابوں کی دُھوپ ہے
دشتِ طلب میں ہم سے خفا ہو گئی ہے شام

لو دے اُٹھا ہے دستِ دُعا پر شفق کا رنگ
تیری ہتھیلیوں پہ حنا ہو گئی ہے شام

میرے لبوں سے مل کے الگ کیا ہوئی وہ زُلف
جلتی دوپہریوں سے جدا ہو گئی ہے شام

عارض کی دُھوپ، زُلف کے سائے، بدن کی آنچ
ہنگامہ بن کے دِل میں بپا ہو گئی ہے شام

غربت کی دھول، کیسے کسی کو دِکھائی دے
میرے برہنہ سر کی رِدا ہو گئی ہے شام

سورج کا خوُن بہنے لگا پھر ترائی میں
پھر دستِ شب میں تیغِ جفا ہو گئی ہے شام

کہیں تو لٹنا ہے پھر نقدِ جاں بچانا کیا
اَب آ گئے ہیں تو مقتل سے بچ کے جانا کیا

اِن آندھیوں میں بھلا کون اِدھر سے گزرے گا
دریچے کھولنا کیسا، دیئے جلانا کیا

جو تیر بوڑھوں کی فریاد تک نہیں سنتے
تو اُن کے سامنے بچوں کا مسکرانا کیا

میں گر گیا ہوں تو اب سینے سے اُتر آؤ
دلیر دشمنو، ٹوٹے مکاں کو ڈھانا کیا

نئی زمیں کی ہوائیں بھی جان لیوا ہیں
نہ لوٹنے کے لیے کشتیاں جلانا کیا

کنارِ آب کھڑی کھیتیاں یہ سوچتی ہیں
وہ نرم رو ہے ندی کا مگر ٹھکانا کیا

پھر جگاتی ہے وہی ٹیس پُرانی بارش
اِس برس بھی ہے اُسی طرح سہانی بارش

سسکیاں بھرتی رہی رات ہوا آنگن میں
رات بھر کہتی رہی کوئی کہانی بارش

آگ بن کر کبھی شریانوں میں بہتا ہوا خون
کبھی آنکھوں سے برستا ہوا پانی بارش

اَب تو یہ پیڑ ٹپکتا ہے مری چھت کی طرح
دو گھڑی روک ذرا اپنی روانی بارش

سبز پانی نے بدل ڈالا ہے منظر کا طلسم
رنگ کوئی ہو، کیے دیتی ہے دَھانی، بارش

چاہنے والی، مرے درد جگانے والی
میری محبوب، مری دشمنِ جانی، بارش

اِس تکلّف سے نہ پوشاکِ بدن گیر میں آ
خواب کی طرح کبھی خواب کی تعبیر میں آ

میں بھی اَے سرخیٔ بے نام تجھے پہچانوں
تُو حنا ہے کہ لہو، پیکرِ تصویر میں آ

اُس کے حلقے میں تگ وتاز کی وسعت ہے بہت
آہوئے شہر، مری باہوں کی زنجیر میں آ

چارہ گر خیر سے خوش ذوق ہے اَے میری غزل
کام اَب تو ہی مرے درد کی تشہیر میں آ

وہ بھی آمادہ بہت دِن سے ہے سننے کے لیے
اَب تو اَے حرفِ طلب معرضِ تقریر میں آ

ایک رنگ آخری منظر کی دَھنک میں کم ہے
موجِ خوں، اُٹھ کے ذرا عرصۂ شمشیر میں آ

ہائے وہ جسم کہ اک جی کی جلن وہ بھی ہے
اور سچ پوچھو تو سرمایۂ فن وہ بھی ہے

اُس کو بانھوں میں گرفتار کرو تو جانیں
تم شکاری ہو تو رَم خوردہ ہرن وہ بھی ہے

ایک دِن تو بھی مری فکر کے تاتار میں آ
تیرا گھر اَے مرے آہوئے ختن، وہ بھی ہے

اُس کی آنکھوں میں بھی رقصاں ہے وہی گرمیٔ شوق
غالباً محرمِ اَسرارِ بدن وہ بھی ہے

لاؤ کچھ دیر کو پہلوئے بتاں میں رُک جائیں
ہم مسافر ہیں، ہمارا تو وطن وہ بھی ہے

اور کچھ راز نہیں راتوں کی بیداری کا
ہم بھی ہیں شیفتۂ شعر و سخن، وہ بھی ہے

لہو رکاب پہ ہے اور شکار زمین میں ہے
مگر کمند ابھی دستِ سبکتگین میں ہے

اُسے بھی فکر ہے اسٹیج تک، پہنچنے کی
جو شخص اَبھی صفِ آخر کے حاضرین میں ہے

جو دیکھ لے وہ برہنہ دِکھائی دینے لگے
عجیب طرح کی تصویر میگزین میں ہے

فقط یہ بڑھتا ہوا دستِ دوستی ہی نہیں
ہمیں قبول ہے وہ بھی جو آستین میں ہے

مٹھائیوں میں ملی کرکراہٹیں جیسے
گماں کی طرح کوئی شے مرے یقین میں ہے

نمو پذیر ہوں میں اَپنی فکر کی مانند
مرا وجود مرے ذہن کی زمین میں ہے

چراغ دینے لگے گا دُھواں، نہ چھوُ لینا
تو میرا جسم کہیں میری جاں نہ چھوُ لینا

زَمیں چھٹی تو بھٹک جاؤ گے خلاؤں میں
تم اڑتے اُڑتے کہیں آسماں نہ چھوُ لینا

نہیں تو برف سا پانی تمھیں جلا دے گا
گلاس لیتے ہوئے اُنگلیاں نہ چھوُ لینا

ہمارے لہجے کی شائستگی کے دھوکے میں
ہماری باتوں کی گہرائیاں نہ چھوُ لینا

اُڑے تو پھر نہ ملیں گے رَفاقتوں کے پرند
شکایتوں سے بھری ٹہنیاں نہ چھوُ لینا

مروّتوں کو محبت نہ جاننا عرفانؔ
تم اپنے سینے سے نوکِ سناں نہ چھوُ لینا

شکوہ کوئی بھی نہ دستِ ستم ایجاد سے ہے
ہم کو جو رنج ہے وہ جرأتِ فریاد سے ہے

داستانوں میں تو ہم نے بھی پڑھا ہے، لیکن
آدمی کا بھی کوئی رِشتہ پری زاد سے ہے

زندہ ہے ذہن میں گزرے ہوئے لمحوں کی مہک
دشت آباد بہت، نکہتِ برباد سے ہے

سچ تو یہ ہے کہ تری نوک پلک کا رِشتہ
آخرِ کار ترے حسنِ خداداد سے ہے

اُس بلندی سے تجھے چاہے میں دِکھلائی نہ دوں
پھر بھی کچھ ربط تو دیوار کا بنیاد سے ہے

زہر کا جام ہو یا منبرِ دانش، عرفانؔ
ابنِ آدم کا جو ورثہ ہے وہ اَجداد سے ہے

ہر اِک تصوِیر کو کھڑکی سے باہر کیسے پھینکو گے
نگاہوں سے جو چپکے ہیں وہ منظر کیسے پھینکو گے

جھٹک کر پھینک دو گے چند اُن چاہے خیالوں کو
مگر کاندھوں پہ یہ رکھا ہوا سَر کیسے پھینکو گے

اگر اِتنا ڈروگے اَپنے سر پر چوٹ لگنے سے
تو پھر تم آم کے پیڑوں پہ پتھر کیسے پھینکو گے

خیالوں کو بیاں کے دائروں میں لاؤ گے کیوں کر
کمندیں بھاگتی پرچھائیوں پر کیسے پھینکو گے

کبھی سچائیوں کی دُھوپ میں بیٹھے نہیں اَب تک
تم اَپنے سر سے یہ خوابوں کی چادر کیسے پھینکو گے

تو پھر کیوں اُس کو آنکھوں میں سجا کر رکھ نہیں لیتے
تم اِس بیکار دُنیا کو اُٹھا کر کیسے پھینکو گے

نرم جھونکے سے یہ اِک زَخم سا کیا لگتا ہے
اَے ہوا، کچھ ترے دامن میں چھپا لگتا ہے

ہٹ کے دیکھیں گے اسے رونقِ محفل سے کبھی
سبز موسم میں تو ہر پیڑ ہرا لگتا ہے

وہ کوئی اور ہے جو پیاس بجھاتا ہے مری
ابر پھیلا ہوا دامانِ دُعا لگتا ہے

اَے لہو میں تجھے مقتل سے کہاں لے جاؤں
اَپنے منظر ہی میں ہر رَنگ بھلا لگتا ہے

ایسی بے رَنگ بھی شاید نہ ہو کل کی دُنیا
پھول سے بچوں کے چہروں سے پتہ لگتا ہے

دیکھنے والو! مجھے اُس سے الگ مت جانو
یوں تو ہر سایہ ہی پیکر سے جدا لگتا ہے

زَرد دَھرتی سے ہری گھاس کی کونپل پھوٹی
جیسے اک خیمہ سرِ دشت بلا لگتا ہے

جنگلوں میں شہر در آئے ہیں خوشحالی لیے
پیڑ گملوں میں سمٹ جائیں گے ہریالی لیے

میری دَھرتی جس پہ برسوں سے گھٹا برسی نہیں
آسماں کو تک رہی ہے کاسۂ خالی لیے

ذہن پر اندیشے اولوں کی طرح گرتے ہوئے
آرزوئیں کھیت کے سبزے کی پامالی لیے

بستیوں پر روشنی کے چند سکّے پھینک کر
ایک بادل جا رہا ہے چاند کی تھالی لیے

شاعروں کو روز البیلے خیالوں کی تلاش
جیسے بچے تتلیوں کی کھوج میں جالی لیے

میں اُس کی آنکھوں کا اک خواب تھا، مگر اِک رات
وہ کچی نیند کی صورت مجھے اُچاٹ گیا

سنا تھا میں نے کہ فطرت خلاء کی دشمن ہے
سو وہ بدن مری تنہائیوں کو پاٹ گیا

مرے گماں نے مرے سب یقیں جلا ڈالے
ذرا سا شعلہ، بھری بستیوں کو چاٹ گیا

لچک کے ملنا تھا اُس تیز دھار سے عرفانؔ
تنے ہوئے تھے تو یہ وار تم کو کاٹ گیا

ہم سوکھے ہوئے پیڑوں کو بیکار بچائیں
اُٹھتے ہوئے تیشوں سے کہو دَھار بچائیں

شاید کہ اُتر آئے سوا نیزے پہ سورج
کل کے لیے کچھ سایۂ دیوار بچائیں

خنجر کی طرح کاٹ بھی ہے تند ہوا میں
اَب سر کی کریں فکر کہ دَستار بچائیں

نفرت کے خزانے میں تو کچھ بھی نہیں باقی
تھوڑا سا گزارے کے لیے پیار بچائیں

اولوں کی طرح ہم پہ برستا رہے موسم
ہم جھومتی شاخوں کی طرح وار بچائیں

ہم سے رُخصت ہمیں ہونے نہیں دیتا کوئی
شہر کی بھیڑ میں کھونے نہیں دیتا کوئی

ہر طرف پرسشِ غم، پرسشِ غم پرسشِ غم
چین سے بوجھ بھی ڈھونے نہیں دیتا کوئی

لوگ دریا میں اُترنے سے ڈراتے ہیں بہت
جسم پانی میں ڈبونے نہیں دیتا کوئی

یہ گزرگاہ کا سناٹا، یہ پُرشور ہوا
کھڑکیاں کھول کے سونے نہیں دیتا کوئی

باغ میں سبزۂ شاداب بہت ہے لیکن
اَوس سے پاؤں بھگونے نہیں دیتا کوئی

سوچتا ہوں کہ محفوظ کرلوں اُسے اَپنے سینے میں لفظ و بیاں کی طرح
تھوڑی ہی دیر میں یہ ملاقات بھی ختم ہو جائے گی داستاں کی طرح

یہ رَفاقت بہت مختصر ہے مری ہمسفر لا مرے ہاتھ میں ہاتھ دے
تو ہوائے سرِ رہ گزر کی طرح، میں کسی نکہتِ رائیگاں کی طرح

حال ظالم شکاری کی صورت مجھے وقت کی زین سے باندھ کر لے چلا
میرا ماضی مرے ساتھ چلتا رہا دُور تک ایک مجبور ماں کی طرح

سنگِ آزار کی بارشیں تیز تھیں اور بچنے کا کوئی طریقہ نہ تھا
رَفتہ رَفتہ سبھی نے سروں پر کوئی بے حسی تان لی سائباں کی طرح

خواہشوں کے سمندر سے اِک موج اُٹھی اور سیلِ بلاخیز بنتی گئی
جسم کشتی کی مانند اُلٹنے لگے، پیرہن اُڑ گئے بادباں کی طرح

اُس ایک شخص کو مجھ سے حجاب کتنا ہے
پڑھا ہوا وہ دِلوں کی کتاب کتنا ہے

حقیقتیں بھی سہانی دِکھائی دیتی ہیں
بسا ہوا مری آنکھوں میں خواب کتنا ہے

وہ مل گیا ہے مگر جانے کب بچھڑ جائے
سکوں بہت ہے مگر اِضطراب کتنا ہے

نہ ہوگا کیا کبھی اُس کے بدن کا چاند طلوع
لہو میں اُترا ہوا آفتاب کتنا ہے

صدائیں اُس کی دِلوں میں اُترتی جاتی ہیں
گدائے شہرِ سخن باریاب کتنا ہے

ہر چند میں قسمت کا سکندر تو نہیں تھا
وہ شخص بھی اِنسان تھا، پتھر تو نہیں تھا

یہ خون میں اِک لہر سی کیا دَوڑ رہی ہے
سایہ جسے سمجھے تھے وہ پیکر تو نہیں تھا

آنکھوں میں ہیں گزری ہوئی راتوں کے خزانے
پہلو میں وہ سرمایۂ بستر تو نہیں تھا

اِتنا بھی نہ کر طنز، تنگ ظرفیٔ دِل پر
قطرہ تھا، بہرحال سمندر تو نہیں تھا

غزلوں میں تو یوں کہنے کا دَستور ہے وَرنہ
سچ مچ مرا محبوب ستم گر تو نہیں تھا

یہ زَخم دِکھاتے ہوئے کیا پھرتے ہو عرفانؔ
اِک لفظ تھا پیارے، کوئی نشتر تو نہیں تھا

قرض دَم توڑتے جذبوں کا اُتارو یارو
لفظ برچھی ہے اَگر تاک کے مارو یارو

دُور ہی دُور سے آواز نہ دے کر رہ جاؤ
بڑھتے ہاتھوں سے بھی یاروں کو پکارو، یارو

اُس ستارے سے اُدھر بھی بہت آبادی ہے
اَپنے باہر بھی ذرا وقت گزارو، یارو

سروِ قامت نہ سہی، سنگِ ملامت ہی سہی
سر ملا ہے تو کسی چیز پہ وارو، یارو

لوگ اِتنے ہی وفادار ہیں جتنے تم ہو
تم نہ جیتو کبھی یہ کھیل، نہ ہارو یارو

۞

نہ جانے اِتنے وفا ناشناس کیسے ہوئے
تمھارے ہوتے ہوئے ہم اُداس کیسے ہوئے

جو خواب میں نظر آتے تو چونک جاتا تھا
وہ حادثے مری آنکھوں کو راس کیسے ہوئے

دِلوں میں اَب وہ پُرانی کدورتیں بھی نہیں
یہ سایہ دار شجر بے لباس کیسے ہوئے

یہ نرم لہجہ تمہارا چلن نہ تھا عرفانؔ
تم آج ایسے زمانہ شناس کیسے ہوئے

ہم سے شاید ہی کبھی اُس کی شناسائی ہو
دِل یہ چاہے ہے کہ شہرت ہو نہ رُسوائی ہو

وہ تھکن ہے کہ بدن ریت کی دیوار سا ہے
دشمنِ جاں ہے، وہ پچھوا ہو کہ پُروائی ہو

ہم وہاں کیا نگہِ شوق کو شرمندہ کریں
شہر کا شہر جہاں اُس کا تماشائی ہو

دَرد کیسا جو ڈبوئے نہ بہا لے جائے
کیا ندی جس میں روانی ہو، نہ گہرائی ہو

کچھ تو ہو جو تجھے ممتاز کرے اوروں سے
جان لینے کا ہنر ہو کہ مسیحائی ہو

تم سمجھتے ہو جسے سنگِ ملامت عرفانؔ
کیا خبر وہ بھی کوئی رسمِ پذیرائی ہو

ﷺ

یورشِ جلوہ ہے آنکھوں کے گنہگاروں پر
ہے ستم گرمیٔ بازار خریداروں پر

رُوپ کی دُھوپ کہاں جاتی ہے معلوم نہیں
شام کس طرح اُتر آتی ہے رُخساروں پر

تو ہی بول، اَے مرے بے جرم لہو کی تحریر
کوئی دھبّہ نہیں چلتی ہوئی تلواروں پر

تم تو خیر آگ کے دریا سے گزر آئے ہو
اور وہ لوگ جو چلتے رہے اَنگاروں پر

شام سنولائے تو پلکوں پہ سجے دَرد کا شہر
آج یہ دُھوپ تو جم سی گئی میناروں پر

کتنا بے رَحم ہے برسات کا موسم عرفاؔن
میں نے کچھ نام لکھے تھے اُنہیں دِیواروں پر

٭

وہ خدا ہے کہ صنم، ہاتھ لگا کر دیکھیں
آج اُس شخص کو نزدیک بلا کر دیکھیں

ایک جیسے ہیں سبھی گل بدنوں کے چہرے
کس کو تشبیہ کا آئینہ دِکھا کر دیکھیں

کیا تعجب کوئی تعبیر دِکھائی دے جائے
ہم بھی آنکھوں میں کوئی خواب سجا کر دیکھیں

جسم کو جسم سے ملنے نہیں دیتی کمبخت
اَب تکلف کی یہ دیوار گرا کر دیکھیں

خیر، دلّی میں تو اوراقِ مصور تھے بہت
لاؤ، اُس شہر کی گلیوں میں بھی جا کر دیکھیں

کون آتا ہے یہاں تیز ہواؤں کے سوا
اپنی دہلیز پہ اِک شمع جلا کر دیکھیں

وہ سمجھتا ہے یہ اندازِ تخاطب کہ نہیں
یہ غزل اُس غزل آراء کو سنا کر دیکھیں

شہر میں گلبدناں، سیم تناں تھے کتنے
راہ زَن دَرپئے نقدِ دِل و جاں تھے کتنے

خوُب ہے سلسلۂ شوق، مگر یاد کرو
دوستو! ہم بھی تو شیدائے بتاں تھے کتنے

کچھ نہ سمجھے کہ خموشی مری کیا کہتی ہے
لوگ دلدادۂ الفاظ و بیاں تھے کتنے

تو نے جب آنکھ جھکائی تو یہ محسوس ہوا
دیر سے ہم تری جانب نگراں تھے کتنے

اَب تری گرمئ گفتار سے یاد آتا ہے
ہم نفس! ہم بھی کبھی شعلہ زَباں تھے کتنے

وقت کے ہاتھ میں دیکھا تو کوئی تیر نہ تھا
رُوح کے جسم پہ زَخموں کے نشاں تھے کتنے

کسی تعبیر نے کھڑکی سے نہ جھانکا، عرفانؔ
شوق کی راہ میں خوابوں کے مکاں تھے کتنے

ہم اہلِ شعر جو حسنِ خیال سے بھی گئے
تو دلبرانِ غزل خط و خال سے بھی گئے

بچھڑ گئے کہیں رَستے میں ہمسفر موسم
گئے دِنوں کے تعاقب میں حال سے بھی گئے

وہ کہہ گیا ہے پھر آئیں گے ہم، اُداس نہ ہو
تو ہم خوشی سے بھی چھُوٹے، ملال سے بھی گئے

وہاں بھی اِس کے سوا اور کچھ نصیب نہ تھا
ختن سے نکلے تو چشمِ غزال سے بھی گئے

وہ ہونٹ پندگروں کو بھی کر گئے خاموش
غریب مشغلۂ قیل و قال سے بھی گئے

کتنے دِلدار تھے اَربابِ ستم دِلّی کے
چین ملتا ہے تو یاد آتے ہیں غم دِلّی کے

کتنی بھولی ہوئی یادوں نے سنبھالا دِل کو
جیسے پردیس میں ہوں دوست بہم دِلّی کے

جانے کیوں کوئی سندیسہ نہیں لاتی پچھوا
کیا ہمیں بھول گئے اہلِ کرم دلّی کے

چاہے جس شہر میں رہ آئیں، مگر رہتے ہیں
زندگی دِلّی کی، دِل دِلّی کا، ہم دِلّی کے

یُوں تو بُت خانہ ہے یہ شہر بھی لیکن عرفانؔ
آج تک پھرتے ہیں آنکھوں میں صنم دِلّی کے

ꕥ

غزل تو خیر ہر اہلِ سخن کا جادُو ہے
مگر یہ نوک پلک میرے فن کا جادوں ہے

کبھی شراب، کبھی انگبیں، کبھی زہراب
وصال کیا ہے کسی کے بدن کا جادُو ہے

وہ بستیوں میں یہ اَنداز بھول جائے گا
ہرن کی شوخیٔ رَفتار بن کا جادُو ہے

بجھیں چراغ تو اس رنگِ رُخ کا راز کھلے
یہ روشنی تو تری اَنجمن کا جادُو ہے

سبک نہ تھا ترا بازوئے تیغ زَن اتنا
ترے ہنر میں مرے بانکپن کا جادُو ہے

مرے خیال میں خوُشبو کے پنکھ کھلنے لگے
ہوائے دَشت کسی خیمہ زَن کا جادُو ہے

موجِ خوں بن کر کناروں سے گزر جائیں گے لوگ
اِتنی زنجیروں میں مت جکڑو، بکھر جائیں گے لوگ

قاتلوں کے شہر میں بھی زندگی کرتے رہے
لوگ شاید یہ سمجھتے تھے کہ مر جائیں گے لوگ

اَن گنت منظر ہیں اور دِل میں لہو دو چار بُوند
رَنگ آخر کتنی تصوِیروں میں بھر جائیں گے لوگ

جسم کی رعنائیوں تک خواہشوں کی بھیڑ ہے
یہ تماشا ختم ہو جائے تو گھر جائیں گے لوگ

جانے کب سے ایک سنّاٹا بسا ہے ذہن میں
اَب کوئی اُن کو پکارے گا تو ڈر جائیں گے لوگ

بستیوں کی شکل و صوُرت مختلف کتنی بھی ہو
آسماں لیکن وہی ہوگا جدھر جائیں گے لوگ

سُرخ رو ہونے کو اِک سیلابِ خوُں دَرکار ہے
جب بھی یہ دَریا چڑھے گا پار اُتر جائیں گے لوگ

دیکھ لے، آج تری بزم میں بھی تنہا ہوں
میں جو گزرے ہوئے ہنگاموں کا خمیازا ہوں

جانے کیا ٹھان کے اُٹھتا ہوں نکلنے کے لیے
جانے کیا سوچ کے دروازے سے لوٹ آتا ہوں

میرے ہر جزو کا ہے مجھ سے الگ ایک وجود
تم مجھے جتنا بگاڑو گے میں بن سکتا ہوں

مجھ میں رَقصاں کوئی آسیب ہے آوازوں کا
میں کسی اُجڑے ہوئے شہر کا سنّاٹا ہوں

اپنا ہی چہرہ اُنہیں مجھ میں دِکھائی دے گا
لوگ تصویر سمجھتے ہیں میں آئینہ ہوں

لمحۂ شوق ہوں، میری کوئی قیمت ہی نہیں
میں میسر تجھے آجاؤں تو مہنگا کیا ہوں

میں جھپٹنے کے لیے ڈُھونڈھ رہا ہوں موقع
اور وہ شوخ سمجھتا ہے کہ شرماتا ہوں

سنو، اِتنی اَفسردہ کیوں ہو، اگر آج ہم کو چھڑاتی بھی ہے چپ رہو
یہی ریل گاڑی بہت دِن کے بچھڑے ہوؤں کو ملاتی بھی ہے چپ رہو

سبھی واقعات اور کردار اِس طرح کی داستانوں میں فرضی سہی
مگر عام سی اِس کہانی میں شاید کوئی بات ذاتی بھی ہے چپ رہو

بچھڑتے ہوئے موسموں کی قطاروں کو آواز دینے سے کیا فائدہ
کہ آتی ہوئی رُت، پرندے بہت اپنے ہمراہ لاتی بھی ہے چپ رہو

کسی شام کو پھر سنیں گے یہی منتظر کان، مانُوس قدموں کی چاپ
سڑک صرف بستی سے باہر ہی جاتی نہیں گھر تک آتی بھی ہے چپ رہو

خفا ہو کے تم سے جدا ہونے والے، اَچانک کہیں پھر ملیں گے کبھی
بہت کچھ یہاں اِختیاری سہی کچھ مگر حادثاتی بھی ہے چپ رہو

ہر جگہ فتنۂ محشر کی علامت ہے وہی
لکھنؤ میں بھی بتوں کا قد و قامت ہے وہی

بات کرنے لگے سناٹے تو معلوم ہُوا
اَب بھی خاموش زَبانوں میں کرامت ہے وہی

کون ہم خانہ خرابوں کو کرے گا برباد
جو اِس آشوب میں غارت ہے سلامت ہے وہی

آستیں پر کوئی دھبّہ تو نہیں ہے، لیکن
اُس کی آنکھوں میں بہرحال ندامت ہے وہی

کم سے کم ایک رَوایت تو اَبھی زِندہ ہے
سر وہی ہوں کہ نہ ہوں، سنگِ ملامت ہے وہی

موجِ خوں ہو کہ ترے شہر کی دِلدار ہَوا
یار، جو سر سے گزر جائے قیامت ہے وہی

ꕤ

بزرگِ وقت، کسی شے کو لازوال بھی کر
تو کیسا شعبدہ گر ہے، کوئی کمال بھی کر

دَرخت ہوں تو کبھی بیٹھ میرے سائے میں
میں سبزہ ہوں تو کبھی مجھ کو پائمال بھی کر

یہ تمکنت کہیں پتھر بنا نہ دے تجھ کو
تُو آدمی ہے، خوشی بھی دِکھا، ملال بھی کر

میں چاہتا ہوں کہ اَب جو بھی جی میں آئے کروں
تجھے بھی میری اِجازت ہے جو خیال بھی کر

پگھل رہی ہیں اس آشوبِ وقت میں صدیاں
وہ کہہ رہا ہے کہ تو فکرِ ماہ و سال بھی کر

نظمیں

صدائے آئینہ فروش

(والقدر خیرہ وشرہ من اللہ تعالیٰ)

خدا کا شکر کرو
تمہارا ذہن، تمہارا بدن، تمہارا وجود
یہ سب تمھارے ہیں
یہ کائنات
یہ اظہارِ ذات کے نیرنگ
تمھاری فکر، تمھاری نظر
تمہارا ذوقِ سفر
رُتوں کے خیمے، پُراسرار خوشبوؤں کے پرند
دُکھوں کا دشت، سکھوں کے ہرے بھرے جنگل
رَفاقتوں کی ہوائیں، رَقابتوں کی گھٹن
ستم کی دُھوپ
وَفاؤں کے سایہ دار شجر
عنایتوں کا گداز اور شکایتوں کی چبھن
لہو کی موج، حنا کی لکیر
سبزے کی ریشمی تحریر

یہ حوصلوں کی توانائیاں
بدن کی تھکن
یہ رَت جگوں کا خمار
مشقتوں کے کڑے کوس، راحتوں کے دیار
جنُوں کی آگ سے رَوشن دَماغ
ستم کدوں میں یہ جلتے ہوئے سروں کے چراغ
طوِیل اور گراں لمحے
مختصر صدیاں
خموشیوں کے سمندر
صداؤں کی ندیاں
مہیب خطروں کے لشکر
اُمید کے پرچم
کبھی وَجود کی لذّت کبھی وَجود کا کرب
تمھارے پاس یہ خوشیاں
تمھارے ساتھ یہ غم
خدا کا شکر کرو

دو پھیلے ہوئے ہاتھوں کی دُعا

دو ہاتھ فضا میں اُٹھے ہوئے
سوکھے ہونٹوں سے بہتی ہوئی
دِل سوز نواؤں کی گنگا
شوریدہ سروں پر چھائی ہوئی
شبنم سے خنک جذبوں کی ردا
'اے میرے خدا'
دو پھیلے ہوئے ہاتھوں کی دُعا
سب راہ کے کانٹے چنتی ہوئی
بادل کی طرح
دُشمن سورج کے نیزوں کے سب دار بدن پر سہتی ہوئی
سب سنتی ہوئی،
سب کہتی ہوئی
ظالم پتھریلے شہروں کی سفاک ہوا سے لڑتے ہوئے
بوجھل بازو زخمی ماتھا
دو پھیلے ہوئے ہاتھوں کی دُعا
صحراؤں میں

برکھا سے دھلے آنگن کی ہوا
دو ہاتھوں کی ٹھنڈک سینے میں
دو ہاتھوں کی نرمی ماتھے پر
ہاتھوں کی سپر
ہاتھوں کے گھنے دلدار شجر
دو ہاتھ کھلے دروازے پر
رستہ تکتے
خودسر پیروں کے پلٹنے کا
دن ڈھلنے کا
دکھ کٹنے کا
دو پھیلے ہوئے ہاتھوں کی دُعا
'اے میرے خدا'

پناہ گاہ

(صہبا وحید کے نام)

تو کیا واقعی تم سمجھتے ہو
ہم ذائقے، رنگ، بو، لمس، آواز کی
ہمد گر کاٹتی، ساتھ چلتی اور آپس میں مل کر سمٹتی ہوئی
ان گنت ہیئتوں میں بدلتی ہوئی
ان لکیروں کو
اک دوسرے سے الگ کر کے
پہچان سکتے نہیں؟
اب ذرا اپنا سگریٹ میری طرف بھی بڑھاؤ
بڑی دیر سے چار مینار کا جان لیوا دھواں
رگ و پے میں چنگاریاں بھر رہا ہے
نہ دو خیر،
لیکن عجب بات ہے،
کہ سگریٹ تم پی رہے ہو مگر
سرمئی تلخیاں میرے کام و دہن میں اترتی چلی جا رہی ہیں

یار، ادھر اس طرح سے نہ دیکھو
اگر وہ ادھر آ گئی
تو دونوں کا ہیجان سب بھانپ لے گی
تو ثابت ہوا
ضابطوں اور عقیدوں کے باوصف
تم بھی وہی ہو
جو ہم ہیں
وہی ٹیڑھی میڑھی سی، اقلیدسی خواہشیں
وہی اجنبی اور پراسرار گہرائیاں
اب تو کمبخت سگریٹ دے دے، بہت مختصر رہ گیا ہے
ترے ہونٹ جلنے لگے ہیں
سن رہا ہے!
'وارڈر، وارڈر، اس کو سگریٹ کس نے دیا؟
ہاتھ سے چھین کر پھینک دو

ایک اُجڑی بستی کا نوحہ

وہ شوخ چشم، مشک بدن کون لے گیا
میرے تتار تیرے ہرن کون لے گیا
صبحِ وطن کے روپ کی لالی کہاں گئی
شامِ وطن کا سانولا پن کون لے گیا
گلیاں خموش، راہ گزاریں اداس ہیں
کوچہ نوردیوں کی لگن کون لے گیا
اب چاند کوئی بام سے ہوتا نہیں طلوع
غرفوں سے جھانکنے کا چلن کون لے گیا
جلتی دوپہریوں میں نکل کر کدھر کو جاؤں
وہ میرے باغ وہ میرے بن کون لے گیا
گھر کی فضا میں گرم ہوا کس نے گھول دی
انگنائیوں سے مست پون کون لے گیا
جو روز جھانکتی تھی کواڑوں کی اوٹ سے
اے بند کھڑکیو، وہ کرن کون لے گیا
وہ دل نواز لوگ کہاں جا کے بس گئے
میری رفاقتوں کے چمن کون لے گیا

عارض کی دھوپ، زلف کے سائے کہاں گئے
آنکھوں سے خواب دل سے جلن کون لے گیا
چہروں سے چاہتوں کی چمک کس نے چھین لی
سینوں سے رنجشوں کی چبھن کون لے گیا
دریائے سوتھ، تیری روانی کدھر گئی
موجِ حریفِ گنگ و جمن کون لے گیا
وہ رتجگوں کے چاہنے والے کہاں گئے
ہنگامہ ہائے شعر و سخن کون لے گیا
جسم بتاں سے کس نے چرالی سپردگی
دستِ صنم تراش سے فن کون لے گیا
بدلے میں دے کے مجھ کو یہ انجان صورتیں
میرے رقیب میرے سجن کون لے گیا

کلچر

نر نشتر ناچ رہے ہیں پیر'
بدن میں جاگ رہے ہیں ناگ
رگوں میں تیر رہے ہیں تیر
سلگتے سناٹے میں،
رات کو جیسے سن سن کرے سمیر
نظر میں ڈنک،
لبوں پر آگ،
دلوں میں کالے پیلے زہر
مگر سب پوشاکیں بے داغ
مگر سب مدرائیں گمبھیر!

اختتامیہ

مجھ کو لکھنا اگر آجائے تو کیا کیا لکھوں
کبھی اپنا کبھی دُنیا کا سراپا لکھوں

گم نہ ہوجائے یہ منظر کہیں تعبیروں میں
آنکھ کھل جائے تو اس خواب کا چہرا لکھوں

عرصہ دہر میں معنی کے سوا کیا ڈھونڈوں
صفحۂ وقت پہ لفظوں کے سوا کیا لکھوں

سب ہی بسمل ہیں مری طرح تو کیا طنز کروں
کوئی قاتل ہو تو میں اس کو مسیحا لکھوں

انگلیاں خامۂ سوزاں کی طرح جلنے لگیں
اس ہتھیلی پہ اگر حرف تمنا لکھوں

جو مرا دکھ ہے وہ ہر شخص کا دکھ لگتا ہے
میں کسے غیر کہوں اور کسے اپنا لکھوں

ریت پر دھوپ کوئی عکس تو دکھلائے کہ میں
ایک بوسہ سرِ پیشانی صحرا لکھوں

میں وہیں خوش ہوں جہاں تو نے اگایا ہے مجھے
اب اسی دشت پہ اک پیڑ کا سایا لکھوں

چاکِ پیراہن یوسف تو لکھا ہے سب نے
میں کبھی نارسیِ دستِ زلیخا لکھوں

اس بلکتی ہوئی دھرتی کی بشارت ہے یہی
مسکراتے ہوئے بچوں کا ہمکنا لکھوں

رخصتی رات کی لکھتا ہوں نہ جانے کب سے
اب نکلتے ہوئے خورشید کا سہرا لکھوں

آگ سوچی ہے تو گلزار بھی تخلیق کروں
زخم لکھے ہیں تو کچھ ان کا مداوا لکھوں

اے خدا تو مجھے لکھنے کی توانائی دے
اور میں کاغذ پہ ترا نام ہمیشہ لکھوں

میں یہ کیوں سوچوں کہ اک موج مٹا دے گی اسے
ریگِ ساحل پہ کوئی نقشِ کفِ پا لکھوں

اپنے بچوں کو کوئی تحفہ تو دیتا جاؤں
اپنی آنکھوں میں سمائی ہوئی دُنیا لکھوں

شبِ درمیاں

مجموعۂ دوم

اپنے پیاروں کے نام

طلوع ہونے کو ہے پھر کوئی ستارۂ غیب
وہ دیکھ پردۂ افلاک ہٹتا جاتا ہے

چڑیوں پھولوں مہتابوں کا
مرا منظر نامہ خوابوں کا

آنکھوں میں لوح خزانوں کی
شانوں پر بوجھ خرابوں کا

یا نصرت آج کمانوں کی
یا دائم رنگ گلابوں کا

اِک اِسم کی طاہر چادر میں
طے موسم دُھوپ عذابوں کا

کبھی بادل چھت کی چھاؤں میں آ
کبھی ناتا توڑ طنابوں کا

یہی بستی میرے پرکھوں کی
یہی رَستہ ہے سیلابوں کا

مرے پتھر ہونٹ حکایت ہیں
میں حرف تری محرابوں کا

خواب میں بھی میری زنجیرِ سفر کا جاگنا
آنکھ کیا لگنا کہ اِک سودائے سر کا جاگنا

اَگلے دِن کیا ہونے والا تھا کہ اَب تک یاد ہے
انتظارِ صبح میں وہ سارے گھر کا جاگنا

بستیوں سے شب نوردوں کا چلا جانا مگر
رات بھر اَب بھی چراغِ رہ گزر کا جاگنا

آخری اُمید کا مہتاب جل بجھنے کے بعد
میرا سو جانا مرے دیوار و دَر کا جاگنا

پھر ہواؤں سے کسی امکان کی ملنا نوید
پھر لہو میں آرزوئے تازہ تر کا جاگنا

ایک دِن اُس لمس کے اَسرار کھلنا جسم پر
ایک شب اِس خاک میں برق و شرر کا جاگنا

اُس کا حرفِ مختصر بیداریوں کا سلسلہ
لفظ میں معنی کا، معنی میں اثر کا جاگنا

بے نوا پتّے بھی آیاتِ نمو پڑھتے ہوئے
تم نے دیکھا ہے کبھی شاخِ شجر کا جاگنا

یک بیک ہر روشنی کا ڈوب جانا اور پھر
آسماں پر اک طلسمِ سیم و زر کا جاگنا

(شہریار کے نام)

دلوں سے درد کا احساس گھٹتا جاتا ہے
یہ کشتگاں کا قبیلہ سمٹتا جاتا ہے

کھلے پروں پہ فضا تنگ ہوتی جاتی ہے
اور آسمان زمینوں میں بٹتا جاتا ہے

ہزار قرب کے امکان بڑھتے جاتے ہیں
مگر وہ ہجر کا رشتہ جو کٹتا جاتا ہے

افق میں ڈوبتا جاتا ہے شامیانۂ زر
سوادِ شام بدن سے لپٹتا جاتا ہے

طلوع ہونے کو ہے پھر کوئی ستارۂ غیب
وہ دیکھ پردۂ افلاک ہٹتا جاتا ہے

اب اپنے زخم کو اپنی زباں بناؤں گا میں
یہ ایک فاصلۂ درمیاں گھٹاؤں گا میں

اسی سفر کا شجر ہے وہ پھر ملے گا مجھے
اسی زمین کا موسم ہوں لوٹ آؤں گا میں

کبھی کبھی تجھے دیکھوں گا تیری آنکھوں سے
کبھی کبھی ترے ہونٹوں سے مسکراؤں گا میں

کبھی کبھی کسی دُھن میں تجھے پکاروں گا
کبھی کبھی کسی بن میں الکھ جگاؤں گا میں

غرورِ جاں میں بھی رکھوں گا چاہتوں کا بھرم
کبھی کبھی ترے احسان بھی اٹھاؤں گا میں

مرے لہو کو یہی موجِ تشنگی ہے بہت
کنارِ جو ابھی خیمہ نہیں لگاؤں گا میں

اب ایک سنگ اس آئینے سے تراشوں گا
تجھے پھر اک ہنر رائیگاں دکھاؤں گا میں

یہی رہے گا تماشا مرے چراغوں کا
ہوا بجھاتی رہے گی جلائے جاؤں گا میں

میں چاہتا ہوں یہیں سارے فیصلے ہو جائیں
کہ اس کے بعد یہ دُنیا کہاں سے لاؤں گا میں

دیکھیے کس صبح نصرت کی خبر سنتا ہوں میں
لشکروں کی آہٹیں تو رات بھر سنتا ہوں میں

خیر، اب میری فصیلِ شہر بھی کیا دور ہے
جنگلوں تک آچکا پیکِ سحر سنتا ہوں میں

اے پرندو، یاد کرتی ہے تمھیں پاگل ہوا
روز اک نوحہ سرِ شاخِ شجر سنتا ہوں میں

کوئی نیزہ سرفرازی دے تو کچھ آئے یقیں
خشک ٹہنی پر بھی آتے ہیں ثمر سنتا ہوں میں

لاؤ، اس حرفِ دُعا کا بادباں لیتا چلوں
سخت ہوتا ہے سمندر کا سفر سنتا ہوں میں

زوالِ شب میں کسی کی صدا نکل آئے
ستارہ ڈوبے ستارہ نما نکل آئے

عجب نہیں کہ یہ دریا نظر کا دھوکا ہو
عجب نہیں کہ کوئی راستہ نکل آئے

یہ کس نے دستِ بریدہ کی فصل بوئی تھی
تمام شہر میں نخلِ دُعا نکل آئے

بڑی گھٹن ہے، چراغوں کا کیا خیال کروں
اب اس طرف کوئی موجِ ہوا نکل آئے

خدا کرے صفِ سر دادگاں نہ ہو خالی
جو میں گروں تو کوئی دوسرا نکل آئے

تیرا سراپا میرا تماشا، کوئی تو برجِ زوال میں تھا
رات چراغِ ساعتِ ہجراں روشن طاقِ وصال میں تھا

میری چشمِ تحیر آگے اور ہی نقش ہویدا تھے
چہرہ اپنے وہم میں تھا' آئینہ اپنے خیال میں تھا

عقدۂ جاں بھی رمزِ جفر ہے' جتنا جتنا غور کیا
جو بھی جواب تھا میرا پنہاں میرے حرف سوال میں تھا

تیر "ہی' زنجیر "ہی' پر ہوئے بیاباں کہتی ہے
اور بھی کچھ وحشت کے علاوہ شاید پائے غزال میں تھا

ورنہ ہم ابدال بھلا کب ترکِ قناعت کرتے ہیں
ایک تقاضا رنج سفر کا خواہش مال و منال میں تھا

تیغِ ستم کے گرد ہمارے خالی ہاتھ حمائل تھے
اب کے برس بھی ایک کرشمہ اپنے دستِ کمال میں تھا

در و دیوار میں کچھ تازہ ہوا حل کردے
کوئی رُت آئے اور اس شہر کو جنگل کردے

پس نظارہ نکلتا ہے تماشا کیا کیا
آنکھ وہ شے ہے کہ انسان کو پاگل کردے

میں وہ طائر ہوں کہ ہے تیر کی زد سے باہر
اب یہ ضد چھوڑ مجھے آنکھ سے اوجھل کردے

ہے کوئی شخص مرے دشتِ زیاں کا سفری
ہے کوئی شخص جو اس دھوپ کو بادل کردے

ایک رنگ آج بھی تصویرِ ہنر میں کم ہے
موجِ خوں آ' مرا دیوان مکمل کردے

دروازوں پر دن بھر کی تھکن تحریر ہوئی
مرے شہر کی شب ہر چوکھٹ کی زنجیر ہوئی

سب دھوپ اتر گئی ٹوٹی ہوئی دیواروں سے
مگر ایک کرن میرے خوابوں میں اسیر ہوئی

مرا سونا گھر مرے سینے سے لگ کر روتا ہے
مرے بھائی، تمھیں اس بار بہت تاخیر ہوئی

ہمیں رنج بہت تھا دشت کی بے امکانی کا
لو غیب سے پھر اک شکل ظہور پذیر ہوئی

کوئی حیرت میرے لہجے کی پہچان بنی
کوئی چاہت میرے لفظوں کی تاثیر ہوئی

اس درد کے قاتل منظر کو الزام نہ دو
یہ تو دیکھنے والی آنکھوں کی تقصیر ہوئی

کسی لشکر سے کہیں بہتا پانی رُکتا ہے
کبھی جوئے رواں کسی ظالم کی جاگیر ہوئی

پھر لوح پہ لٹنے والے خزانے لکھے گئے
مجھے اب کے برس بھی دولتِ جاں تقدیر ہوئی

تم ہمیں ایک دن دشت میں چھوڑ کر چل دیئے تھے تمھیں کیا خبر یا اخی
کتنے موسم لگے ہیں ہمارے بدن پر نکلنے میں یہ بال و پر یا اخی

شب گزیدہ دیاروں کے ناقہ سواروں میں مہتاب چہرہ تمہارا نہ تھا
خاک میں مل گئے راہ تکتے ہوئے سب خمیدہ کمر بام و در یا اخی

جنگ کا فیصلہ ہو چکا ہے تو پھر میرے دل کی کمیں گاہ میں کون ہے
اک شقی کاٹتا ہے طنابیں مرے خیمہ خواب کی رات بھر یا اخی

یہ بھی اچھا ہوا تم اس آشوب سے اپنے سرسبز بازو بچا لے گئے
یوں بھی کوئے زیاں میں لگانا ہی تھا ہم کو اپنے لہو کا شجر یا اخی

نہر اس شہر کی بھی بہت مہرباں ہے مگر اپنا رہوار مت روکنا
ہجرتوں کے مقدر میں باقی نہیں اب کوئی قریہ معتبر یا اخی

زرد پتوں کے ٹھنڈے بدن اپنے ہاتھوں پہ لے کر ہوا نے شجر سے کہا
اگلے موسم میں تجھ پر نئے برگ و بار آئیں گے تب تلک صبر کر، یا اخی

دھنک سے پھول سے برگِ حنا سے کچھ نہیں ہوتا
بدن صحرا ہوئے آب و ہوا سے کچھ نہیں ہوتا

بہت کچھ دوستو، بسمل کے چپ رہنے سے ہوتا ہے
فقط اس خنجرِ دستِ جفا سے کچھ نہیں ہوتا

اگر وسعت نہ دیجے وحشتِ جاں کے علاقے کو
تو پھر آزادیِ زنجیرِ پا سے کچھ نہیں ہوتا

کوئی کونپل نہیں اس ریت کی تہ میں تو کیا نکلے
یہاں اے سادہ دل کالی گھٹا سے کچھ نہیں ہوتا

ازل سے کچھ خرابی ہے کمانوں کی سماعت میں
پرندو! شوخیِ صوت و صدا سے کچھ نہیں ہوتا

چلو، اب آسماں سے اور کوئی رابطہ سوچیں
بہت دن ہو گئے حرفِ دُعا سے کچھ نہیں ہوتا

ﮪﮫ

اب زباں خنجرِ قاتل کی ثنا کرتی ہے
ہم وہی کرتے ہیں جو خلقِ خدا کرتی ہے

پھر کوئی رات بجھا دیتی ہے میری آنکھیں
پھر کوئی صبح دریچے مرے وا کرتی ہے

ایک پیمانِ وفا خاک بسر ہے سرِ شام
خیمہ خالی ہوا تنہائی عزا کرتی ہے

ہو کا عالم ہے گرفتاروں کی آبادی میں
ہم تو سنتے تھے کہ زنجیر صدا کرتی ہے

کیسی مٹی ہے کہ دامن سے لپٹتی ہی نہیں
کیسی ماں ہے کہ جو بچوں کو جدا کرتی ہے

اب نمودار ہو اس گرد سے اے ناقہ سوار
کب سے بستی ترے ملنے کی دُعا کرتی ہے

غزل کسی کے نام انتساب کے لیے نہیں
یہ خط ضرور ہے مگر جواب کے لیے نہیں

اب اس زمیں پہ شہ سوار لوٹ کر نہ آئیں گے
سو یہ سفر غبارِ ہم رکاب کے لیے نہیں

یہ ساعتِ وصال کس جتن سے ہاتھ آئی ہے
متاعِ دست برد ہے حساب کے لیے نہیں

نکل رہی ہیں طاق و در سے سایہ سایہ صورتیں
سنو! یہ بام سیرِ ماہتاب کے لیے نہیں

میں کیا بتاؤں جاگتا ہوں رات رات کس لیے
نہیں، کسی کی چشمِ نیم خواب کے لیے نہیں

تو اور کوئی راز ہے مرے سخن کا' صاحبو!
کہ یہ عذاب جاں فقط ثواب کے لیے نہیں

یہ شہرِ ذات بہت ہے، اگر بنایا جائے
تو کائنات کو کیوں دردِ سر بنایا جائے

ذرا سی دیر کو رک کر کسی جزیرے پر
سمندروں کا سفر مختصر بنایا جائے

اب ایک خیمہ لگے دشمنوں کی بستی میں
دُعائے شب کو نشانِ سحر بنایا جائے

یہی کٹے ہوئے بازو علم کیے جائیں
یہی پھٹا ہوا سینہ سپر بنایا جائے

سنا یہ ہے کہ وہ دریا اتر گیا آخر
تو آؤ، پھر اسی ریتی پہ گھر بنایا جائے

عجب مصاف سکوت و سخن میں جاری ہے
کسے وسیلۂ عرضِ ہنر بنایا جائے

سکوتِ خوف یہاں کو بہ کو پکارتا ہے
نہ اس کی تیغ نہ میرا لہو پکارتا ہے

میں اپنی کھوئی ہوئی لوح کی تلاش میں ہوں
کوئی طلسم مجھے چار سو پکارتا ہے

وہ مجھ میں بولنے والا تو چپ ہے برسوں سے
یہ کون ہے جو ترے روبرو پکارتا ہے

ندائے کوہ بہت کھینچتی ہے اپنی طرف
مرے ہی لہجے میں وہ حیلہ جو پکارتا ہے

ہمارا عہد ہے بے برگ و بار شاخوں سے
اگرچہ قافلۂ رنگ و بو پکارتا ہے

کہ جیسے میں سرِ دریا گھرا ہوں نیزوں میں
کہ جیسے خیمۂ صحرا سے تو پکارتا ہے

ترے افق میں نئے رنگ ڈھالنے آیا
میں اب کے اور ہی شیشے اچھالنے آیا

اسی کے وار نے ہشیار تر کیا مجھ کو
مرا عدو ہی مری تیغ اجالنے آیا

میں گر چکا تھا کہ نصرت کا رہوار لیے
مجھے مصاف سے کوئی نکالنے آیا

پھر اک رفیق ملا بے اماں مسافت میں
ہوا کا جھونکا بدن کو سنبھالنے آیا

میں شب اداس بہت تھا تو مہرباں موسم
گلے میں بازوئے مہتاب ڈالنے آیا

یہ چراغ کشتہ نہ جانے کب سے پڑے ہیں راہ گزار میں
مگر آج تک کوئی شہ سوار چھپا ہوا ہے غبار میں

میں کہاں گلاب شجر کروں، میں کشادہ سینہ کدھر کروں
کوئی نیزہ میرے یمین میں، کوئی تیغ میرے یسار میں

مجھے اس طلسم سرائے شب میں عجیب کام دیے گئے
نہ جلوں شکستہ فصیل پر، نہ بجھوں ہوا کے حصار میں

انھیں کیا خبر کہ دلاوری کوئی شرطِ فتح و ظفر نہیں
کہ بکھرتی صف کے پیادگاں، نہ شمار میں، نہ قطار میں

کوزہ گر پھر اسی مٹی میں ملاتا ہے مجھے
دیکھیے اب کے وہ کیا چیز بناتا ہے مجھے

میں تو اس دشت میں خود آیا تھا کرنے کو شکار
کون یہ زین سے باندھے لیے جاتا ہے مجھے

خاک پر جب بھی کوئی تیر گرا دیتا ہے
دستِ دلدار کوئی بڑھ کے اٹھاتا ہے مجھے

ساعتے چند کروں مشقِ گراں جانی بھی
جاں سپاری کا ہنر تو بہت آتا ہے مجھے

دولتِ سر ہوں، سو ہر جیتنے والا لشکر
طشت میں رکھتا ہے، نیزے پہ سجاتا ہے مجھے

بادبانوں کی طرف دیکھنے والا میں کون
کشتیاں کس کی ہیں، سفاک ہوا کس کی ہے

کس نے اس ریت پہ گلبرگ بچھا رکھے ہیں
یہ زمیں کس کی ہے، یہ موجِ صبا کس کی ہے

کس نے بھیجا ہے غبارِ شبِ ہجرت ہم کو
کیا خبر اپنے سروں پر یہ رِدا کس کی ہے

کون بجھتے ہوئے منظر میں جلاتا ہے چراغ
سرمئی شام، یہ تحریرِ حنا کس کی ہے

کیسے آشوب میں زندہ ہے مرادوں کی طرح
جانے بھاگوں بھری بستی پہ دُعا کس کی ہے

زمیں پر شورِ محشر روز و شب ہوتا ہی رہتا ہے
ہم اپنے گیت گائیں یہ تو سب ہوتا ہی رہتا ہے

یہ ہم نے بھی سنا ہے عالمِ اسباب ہے دُنیا
یہاں پھر بھی بہت کچھ بے سبب ہوتا ہی رہتا ہے

مسافر رات کو اس دشت میں بھی رک ہی جاتے ہیں
ہمارے دل میں بھی جشنِ طرب ہوتا ہی رہتا ہے

کوئی شے طشت میں ہم سر سے کم قیمت نہیں رکھتے
سو اکثر ہم سے نذرانہ طلب ہوتا ہی رہتا ہے

ﷻ

اب کے برس کیا موسم ہے دل جنگل کی ویرانی کا
نا کوئی طائر سمتِ شجر کا، نا کوئی برگ نشانی کا

صبح تلک جینا تھا سو ہم نے بات کو کیا کیا طول دیا
اگلی رات کو پھر سوچیں گے اگلا موڑ کہانی کا

اور کسی کی ملک ہے بھائی، جس پر دونوں قائم ہیں
تکیہ میری فقیری کا اور تخت تری سلطانی کا

جسم کا شیشہ کاجل کرتی کالی رات خرابی کی
آنکھوں کی محراب میں روشن، چہرہ اک سیدانی کا

پسِ حصار خبر آتی جاتی رہتی ہے
ہوا ادھر سے اُدھر آتی جاتی رہتی ہے

پرند لوٹ بھی آئیں خلاء سے شاخوں پر
کہ فصلِ برق و شرر آتی جاتی رہتی ہے

یہاں بھی دل میں دیئے جلتے بجھتے رہتے ہیں
ہمارے گھر بھی سحر آتی جاتی رہتی ہے

غبار میں کوئی ناقہ سوار ہو شاید
سو راستے پہ نظر آتی جاتی رہتی ہے

دُعا کرو کہ سلامت رہے شجر کا بدن
بہارِ برگ و ثمر آتی جاتی رہتی ہے

خاک سے لہر سی اٹھتی ہے لہو کی صورت
اب کے شاید ہو یہی میرے نمو کی صورت

کس طرح راہ بدل دے گا یہ چھوٹا ہوا تیر
میں اگر دیکھ بھی لوں اپنے عدو کی صورت

اب بھی سنیے تو اک آسیبِ صدا باقی ہے
شہر ویران نہیں وادیِ ہو کی صورت

زندگی، تیری کرامت ہے کہ ہر زخم کے بعد
کوئی حیلہ نکل آتا ہے رفو کی صورت

آج اس لذتِ یکجائی سے ہولیں سیراب
کل پھر ایجاد کریں گے من و تو کی صورت

ꕥ

عرضِ وفا تو فرض ہے ناچار کرتے ہیں
فریاد ہم بہت پسِ دیوار کرتے ہیں

دو چار حرف لکھ کے ہم اپنے گمان میں
اس کو شریکِ لذت آزار کرتے ہیں

میرے خیال، اب ترا بچنا محال ہے
لوگوں کے لفظ ذہن پہ یلغار کرتے ہیں

اپنے سوا بھی رنج تماشا کریں، تو چل
کچھ دیر سیرِ کوچہ و بازار کرتے ہیں

خود ہی اسے ضرورتِ بیعت نہیں رہی
اب آپ کیا ارادۂ انکار کرتے ہیں

تجھ سے ملے تو ہم نے یہ جانا کہ آجکل
آہو شکاریوں کو گرفتار کرتے ہیں

کچھ دن پرند پرورشِ بال و پر کریں
بے صرفہ کیوں ہواؤں سے پیکار کرتے ہیں

آشفتگاں کو رمز و اشارت کا کیا دماغ
یہ لوگ کس زبان میں گفتار کرتے ہیں

ایک آسیب ہے ٹوٹے ہوئے گھر کا وارث
کس کو آواز لگاتا ہے کھنڈر کا وارث

پھر کوئی خیمہ کسی اذنِ عقوبت کا شکار
پھر کوئی نیزہ کسی دولتِ سر کا وارث

کب مرے قریۂ ظلمات پہ ہوگا روشن
میرا مہتاب، مرے دیدۂ تر کا وارث

جانے اس دشت میں بھٹکے گا اکیلا کب تک
میرا ناقہ مری جاگیرِ سفر کا وارث

رفتگاں وعدہ شکن ابرِ گریزاں کی طرح
اور اک طائرِ مجروح شجر کا وارث

حکم ہے مجھ کو خرابوں کی نگہبانی کا
میں کسی موسمِ بے برگ و ثمر کا وارث

طلسمات تھا شہ سواروں کا شہر
کہ زندہ جہاں لوگ مرنے کو تھے

کرامت کوئی ہونے والی تھی رات
فقیر اس گلی سے گزرنے کو تھے

ادھر تیر چلنے کو تھے بے قرار
ادھر سارے مشکیزے بھرنے کو تھے

ذرا کشتگاں صبر کرتے تو آج
فرشتوں کے لشکر اترنے کو تھے

سمندر ادا فہم تھا، رک گیا
کہ ہم پاؤں پانی پہ دھرنے کو تھے

اگر ان کی بولی سمجھتا کوئی
تو دیوار و در بات کرنے کو تھے

ہوا نے ٹھکانے لگایا ہمیں
ہم اک چیخ تھے اور بکھرنے کو تھے

کشتی تو اپنی خود ہی جلا دی، بستی ہماری دریا کنارے
دریا سے پوچھو، رات یہ ہم نے کیسے گزاری دریا کنارے

برفیلی رُت نے جب بھی تمھاری مٹّی کا دانہ پانی چرایا
دیکھو پرندو' رب نے تمھاری روزی اتاری دریا کنارے

تم بھی مسافر کتنے دلاور' ہم بھی مسافر کیسے شناور
آندھی کے پیچھے جنگل سے ناتا' دریا سے یاری دریا کنارے

ریتی کے پیلے دامن پہ ہم بھی رنگِ حنا سے بکھرے پڑے ہیں
موجِ بہاراں' آئے گی کب تک تیری سواری دریا کنارے

تمثیل سمجھو یا استعارہ اتنا سا لوگو، قصہ ہمارا
آنکھوں میں اپنی پھولوں سے چہرے، چہروں کی کیاری دریا کنارے

ﷲ

تول مت مجھ کو کہ پاسنگ بہت ہے مجھ میں
میں بھی سونا ہوں مگر زنگ بہت ہے مجھ میں

آؤ میں تم کو تمھارے کئی چہرے دکھلاؤں
آئنہ خانہ ہوں، نیرنگ بہت ہے مجھ میں

میرا دشمن مرے سینے سے اترتا ہی نہیں
غالباً حوصلۂ جنگ بہت ہے مجھ میں

اس نے کیا سوچ کے چھیڑا تھا، میں کیا بول اٹھا
تار کوئی غلط آہنگ بہت ہے مجھ میں

اتنی افسردہ نہ ہو کوچۂ قاتل کی ہوا
چھو کے تو دیکھ، ابھی رنگ بہت ہے مجھ میں

پکارتا ہے مگر دھیان میں نہیں آتا
عجیب حرف ہے امکان میں نہیں آتا

بس ایک نام ہے اپنا نشاں، جو یاد نہیں
اور ایک چہرہ جو پہچان میں نہیں آتا

میں گوشہ گیر ہوں صدیوں سے اپنے حجرے میں
مصافِ بیعت و پیمان میں نہیں آتا

مجھے بھی حکم نہیں شہر سے نکلنے کا
مرا حریف بھی میدان میں نہیں آتا

میں اس ہجوم میں کیوں اس قدر اکیلا ہوں
کہ جمع ہو کے بھی میزان میں نہیں آتا

مرے خدا، مجھے اس آگ سے نکال کہ تو
سمجھ میں آتا ہے، ایقان میں نہیں آتا

پھول چہروں پہ سویروں کا سماں جیسا ہے
سارا منظر مرے خوابوں کے جہاں جیسا ہے

کیسا موسم ہے کوئی پیاس کا رشتہ بھی نہیں
میں بیاباں ہوں، نہ وہ ابرِ رواں جیسا ہے

تو یہاں تھا تو بہت کچھ تھا اسی شہر کے پاس
اب جو کچھ ہے وہ مرے قریۂ جاں جیسا ہے

جان بچنے پہ یہ شکرانہ ضروری ہے، مگر
جانتا ہوں ہنرِ چارہ گراں جیسا ہے

جوئے مہتاب تو میلی نہیں ہوتی، شاید
آج کچھ میری ہی آنکھوں میں دھواں جیسا ہے

ﷻ

رائیگاں ہوگئے لمحے ترے پاس آنے کے
دکھ ابھی تازہ ہیں اوروں سے بچھڑ جانے کے

آنکھ سورج کی کرن دیکھ کے ڈرنے والی
خواب پیڑوں کی گھنی چھاؤں میں ستانے کے

دل ہو یا آنکھ بس اک رات کا ڈیرا اپنا
ہم تو بنجارے، نہ بستی کے، نہ ویرانے کے

لوٹ کر آئے تو سنسان لگا شہر تمام
اب کبھی اس کو سفر پر نہیں پہنچانے کے

سنو، کہ بول رہا ہے وہ سر اتارا ہوا
ہمارا مرنا بھی جینے کا استعارہ ہوا

یہ سرخ پھول سا کیا کھل رہا ہے نیزے پر
یہ کیا پرندہ ہے شاخِ شجر پہ دارا ہوا

ابھی زمیں پہ نشاں تھے عذاب رفتہ کے
پھر آسمان پہ ظاہر وہی ستارہ ہوا

میں ڈر رہا تھا وہ خنجر نہ ہو چھپائے ہوئے
ردا ہٹی تو وہی زخم آشکارا ہوا

یہ موج موج کا اک ربط درمیاں ہی سہی
تو کیا ہوا میں اگر دوسرا کنارہ ہوا

ہوں مشتِ خاک مگر کوزہ گر کا میں بھی ہوں
سو منتظر اسی لمس ہنر کا میں بھی ہوں

کبھی ہوائے سرِ شاخسار ادھر بھی دیکھ
کہ برگِ زرد ہوں لیکن شجر کا میں بھی ہوں

یہ تیز روشنیوں کا دیار ہے، ورنہ
چراغ تو کسی تاریک گھر کا میں بھی ہوں

تمھارے زخموں سے میرا بھی ایک رشتہ ہے
لہو نہیں ہوں مگر چشمِ تر کا میں بھی ہوں

مجھے کھنچی ہوئی تلوار سونپنے والے
میں کیا کروں کہ طرفدار سر کا میں بھی ہوں

اب آ گئی ہے سحر اپنا گھر سنبھالنے کو
چلوں، کہ جاگا ہوا رات بھر کا میں بھی ہوں

گہر برسانے والے، موجِ باراں بھیج دے کوئی
خزاں کی رت میں بھی ابرِ بہاراں بھیج دے کوئی

پرندے تھک چکے ہیں اڑتے اڑتے آسمانوں میں
انھیں بھی اب نویدِ شاخساراں بھیج دے کوئی

بہت دن سے غبار اٹھا نہیں ویران راہوں پر
خرابوں میں گروہِ شہسواراں بھیج دے کوئی

مری بستی کے سارے رہنے والے سرکشیدہ ہیں
تو پھر کس کو کلاہ شہر یاراں بھیج دے کوئی

جو اوروں کے دکھوں کا بار اٹھائے پھرتے رہتے ہیں
اب ان شانوں کو دستِ غمگساراں بھیج دے کوئی

جدھر بھی دیکھئے دل کی حریف دُنیا ہے
یہ کون شعبدہ گر ہے، یہ کیا تماشا ہے

ذرا بدن کسی موجِ رواں کو سونپ کے دیکھ
کنارِ آب مری جان سوچتا کیا ہے

تو کون ہیں یہ مرے ساتھ چلنے والے لوگ
وہ کہہ رہا تھا کہ ہر آدمی اکیلا ہے

رفاقتوں کو ذرا سوچنے کا موقع دو
کہ اس کے بعد گھنے جنگلوں کا رستہ ہے

خدا رکھے تری کھیتی ہری بھری، لیکن
تو اس پہ اتنا بھروسہ نہ کر، یہ دریا ہے

سرحدیں اچھی کہ سرحد پہ نہ رکنا اچھا
سوچیے آدمی اچھا کہ پرندہ اچھا

آج تک ہیں اسی کوچے میں نگاہیں آباد
صورتیں اچھی، چراغ اچھے، دریچہ اچھا

ایک چلو سے بھرے گھر کا بھلا کیا ہوگا
ہم کو بھی نہر سے پیاسا پلٹ آنا اچھا

پھول چہروں سے بھی پیارے تو نہیں ہیں جنگل
شام ہوجائے تو بستی ہی کا رستہ اچھا

رات بھر رہتا ہے زخموں سے چراغاں دل میں
رفتگاں، تم نے لگا رکھا ہے میلہ اچھا

جا کے ہم دیکھ چکے، بند ہے دروازۂ شہر
ایک رات اور یہ رُکنے کا بہانہ اچھا

جو گرتا نہیں ہے اسے کوئی پامال کرتا نہیں
سو وہ سر بریدہ بھی پشتِ فرس سے اترتا نہیں

کبھی زرد ریتی، کبھی خشک شاخوں پہ ہنستا ہوا
ہمارا لہو کس قدر سخت جاں ہے کہ مرتا نہیں

بس اب اپنے پیاروں کو، اپنے دُلاروں کو یکجا کرو
سنو، اس طرف سے فرشتوں کا لشکر گزرتا نہیں

سماعت کہ جنگل کا انعام تھا اک سزا بن گئی
اگر میں وہ انجان چیخیں نہ سنتا تو ڈرتا نہیں

تری تیغ تو میری ہی فتح مندی کا اعلان ہے
یہ بازو نہ کٹتے اگر میرا مشکیزہ بھرتا نہیں

اے ہوا، کل تیری راہوں پر نشاں میرا بھی تھا
کارواں میں کچھ غبارِ کارواں میرا بھی تھا

اب خیال آتا ہے سب کچھ راکھ ہو جانے کے بعد
کچھ نہ کچھ تو سائباں در سائباں میرا بھی تھا

اس کی آنکھوں میں نہ جانے عکس تھا کس کا مگر
انگلیوں پر ایک لمس رائیگاں میرا بھی تھا

کیوں تعاقب کر رہی ہے تشنگی، اے تشنگی
کیا کوئی خیمہ سرِ آبِ رواں میرا بھی تھا

جان پر کب کھیلتا ہے کوئی اوروں کے لیے
ایک بچہ دشمنوں کے درمیاں میرا بھی تھا

شہر کے ایوان اپنی مٹھیاں کھولیں ذرا
اس زمیں پر ایک ٹکڑا آسماں میرا بھی تھا

میں نے جس کو اگلی نسلوں کے حوالے کر دیا
یار سچ پوچھو تو وہ بارِ گراں میرا بھی تھا

تمام جلنا جلانا فسانہ ہوتا ہوا
چراغ لمبے سفر پر روانہ ہوتا ہوا

عجب گداز پرندے بدن میں اڑتے ہوئے
اسے گلے سے لگائے زمانہ ہوتا ہوا

ہری زمین سلگنے لگی تو راز کھلا
کہ جل گیا وہ شجر شامیانہ ہوتا ہوا

نظر میں ٹھہری ہوئی ایک روشنی کی لکیر
افق پہ سایۂ شب بیکرانہ ہوتا ہوا

رقابتیں مرا عہدہ بحال کرتی ہوئی
میں جان دینے کے فن میں یگانہ ہوتا ہوا

ایک خط آج اگلے زمانوں کے نام
اک غزل دشت کے ساربانوں کے نام

ایک خیمہ زمیں پر کھجوروں کے پاس
ایک نیزہ بلند آسمانوں کے نام

ایک حرفِ خبرؔ ساریہ کے لیے
چشمِ بیدار کالی چٹانوں کے نام

نہر کے نام جاگیرِ خوں، دوستو
دولتِ جاں کڑکتی کمانوں کے نام

تشنگی میرے سوکھے گلے کا نصیب
دودھ کی چھاگلیں میہمانوں کے نام

میری آنکھیں مرے آشیانوں کی سمت
میرے پر میری اونچی اڑانوں کے نام

کتنی موجوں پہ میرے سفینے رواں
کتنے ساحل مرے بادبانوں کے نام

ایک پودا مرے کوئے جاں کا نشاں
ایک محراب میرے مکانوں کے نام

سلطنت، کھلنے والی کمندوں کا اجر
اپنے بچوں کا سکھ بے زبانوں کے نام

آج جو آگ سے آزمائے گئے
کل کی ٹھنڈک ان آشفتہ جانوں کے نام

لکھ رہی ہیں سلگتی ہوئی اُنگلیاں
دھوپ کے شہر میں سائبانوں کے نام

دیکھیے خون میں کیا اٹھتا ہے طغیانی سا
سر پہ چھایا تو ہے کچھ ابر پریشانی سا

ہاتھ میں موجِ ہوا پاؤں تلے ریگِ رواں
سرو ساماں ہے بہت، بے سرو سامانی سا

سیکھ لی کس نے مری شکرگزاری کی ادا
ریت پر ایک نشاں اور ہے پیشانی سا

یہ زمیں اِتنی پُراَسرار بنانے والے
کوئی عالم مری آنکھوں کو بھی حیرانی سا

وہ کسی ساعتِ حاصل سا وصال آمادہ
میں کسی لمحۂ نایاب کا زندانی سا

اک نہ اک دیپ سے روشن رہی کالی دُنیا
میں بجھا تو مرے بچوں نے اجالی دُنیا

دام تو آج کے بازار میں لگتے تھے بہت
میں نے کل کے لیے تھوڑی سی بچالی دُنیا

جب اسے سکہ زر جان کے پھیلایا ہاتھ
جانے کس شخص نے مٹھی میں چھپا لی دُنیا

وہ خدا ہے اسے معلوم ہے انسان کا ظرف
دل میں رکھ دی، کسی جھولی میں نہ ڈالی دُنیا

لے گئے سارے دیئے اگلے زمانوں کے بزرگ
خیر، ہم لوگوں نے طاقوں میں سجا لی دُنیا

تو وہی ہے، مرے اجداد کی ٹھکرائی ہوئی
مجھ سے اقرارِ وفا مانگنے والی دُنیا

خوف بھی، امتحان بھی، ہم بھی
بحر بھی، بادبان بھی، ہم بھی

آتے جاتے ہزارہا سیلاب!
ساحلوں پر مکان بھی، ہم بھی

ایک ہی دھوپ کی حفاظت میں
دشت بھی، سائبان بھی، ہم بھی

ہر جگہ ایک دوسرے کے حریف
بیکراں آسمان بھی، ہم بھی

آخرِ کار معرکہ فیصل
ریزہ ریزہ چٹان بھی، ہم بھی

سب کسی انتظار میں زندہ
رات بھی، داستان بھی، ہم بھی

تو انھیں یاد آئے گی اے جوئبار اگلے برس
اب تو لوٹے گی پرندوں کی قطار اگلے برس

اور کچھ دن اس سے ملنے کے لیے جاتے رہو
بستیاں بس جائیں گی دریا کے پار اگلے برس

تم تو سچے ہو مگر دل کا بھروسہ کچھ نہیں
بجھ نہ جائے یہ چراغِ انتظار اگلے برس

پہلے ہم پچھلی رتوں کے درد کا کرلیں حساب
اس برس کے سارے زخموں کا شمار اگلے برس

میں نئے موسم میں برگِ تازہ بن کر آؤں گا
پھر ملیں گے اے ہوائے شاخسار اگلے برس

شاخ کے بعد زمیں سے بھی جدا ہونا ہے
برگ افتادہ! ابھی رقصِ ہوا ہونا ہے

ہم تو بارش ہیں خرابے کی ہمیں اگلے برس
در و دیوار کے چہرے پہ لکھا ہونا ہے

سر اگر سر ہے تو نیزوں سے شکایت کیسی
دل اگر دل ہے تو دریا سے بڑا ہونا ہے

کچھ تو کرنا ہے کہ پتھر نہ سمجھ لے سیلاب
ورنہ اس ریت کی دیوار سے کیا ہونا ہے

جو سر پہ کل تھا وہی آسماں ابھی تک ہے
یہ میرے ساتھ کا بچہ جواں ابھی تک ہے

کسی جزیرے پہ شاید مجھے بھی چھینک آئے
سمندروں پہ ہوا حکمراں ابھی تک ہے

یہاں سے پیاسوں کے خیمے تو اٹھ گئے کب کے
یہ کیوں رکی ہوئی جوئے رواں ابھی تک ہے

تو رہزنوں کو بھی توفیقِ خواب دے یارب
کہ دشتِ شب میں مرا کارواں ابھی تک ہے

میں کس طرح مرے قاتل گلے لگاؤں تجھے
یہ تیر تیرے مرے درمیاں ابھی تک ہے

تمام معرکے اب مختصر کروں گا میں
یہ ایک سینہ کہاں تک سپر کروں گا میں

وہی عصا کا خدا ہے، وہی سمندر کا
وہ مرحلہ کوئی دے گا تو سر کروں گا میں

کوئی دُعا ہوں، کسی اور سے معاملہ ہے
صدا نہیں کہ سماعت میں گھر کروں گا میں

پرانی خوشبوؤ! اب میرے ساتھ ساتھ نہ آؤ
یہاں سے اگلی رتوں کا سفر کروں گا میں

وہ اک کھنڈر ہے، مگر راستے میں پڑتا ہے
سو ایک رات وہاں بھی بسر کروں گا میں

اجاڑ دشت میں کچھ زندگی تو پیدا ہو
یہ ایک چیخ یہاں بھی شجر کروں گا میں

یہ تو صحرا ہے یہاں ٹھنڈی ہوا کب آئے گی
یار، تم کو سانس لینے کی ادا کب آئے گی

کوچ کرنا چاہتے ہیں پھر مری بستی کے لوگ
پھر تری آواز اے کوہِ ندا کب آئے گی

نسلِ تازہ، میں تجھے کیا تجربے اپنے بتاؤں
تیرے بڑھتے جسم پر میری قبا کب آئے گی

سر برہنہ بیبیوں کے بال چاندی ہوگئے
خیمے پھر استادہ کب ہوں گے ردا کب آئے گی

طاق میں کب تک جلے گا یہ چراغِ انتظار
اس طرف شب گشت لوگوں کی صدا کب آئے گی

میری مٹی میں بھی کچھ پودے نمو آمادہ ہیں
تو مرے آنگن تک اے کالی گھٹا کب آئے گی

ہم اپنے ذہن کی آب و ہوا میں زندہ ہیں
عجب درخت ہیں، دشتِ بلا میں زندہ ہیں

گزرنے والے جہازوں کو کیا خبر ہے کہ ہم
اسی جزیرۂ بے آشنا میں زندہ ہیں

گلی میں ختم ہوا قافلے کا شور، مگر
مسافروں کی صدائیں سرا میں زندہ ہیں

مجھے ہی کیوں ہو کسی اجنبی پکار کا خوف
سبھی تو دامنِ کوہِ ندا میں زندہ ہیں

خدا کا شکر، ابھی میرے خواب ہیں آزاد
مرے سفر مری زنجیرِ پا میں زندہ ہیں

ہوائے کوفۂ نا مہرباں کو حیرت ہے
کہ لوگ خیمۂ صبر و رضا میں زندہ ہیں

چھپانے سے کیا فائدہ لکھنے والے
کہ لکھ دیں گے سب ماجرا لکھنے والے

بہت بے اماں پھر رہے ہیں مسافر
کہاں ہیں خطوں میں دُعا لکھنے والے

ہمیں سرکشی کا سلیقہ عطا کر
مقدر میں تیغِ جفا لکھنے والے

مجھے کوئی جاگیرِ وحشت بھی دینا!
مرے نام زنجیر پا لکھنے والے

زمیں پر بھی سبزے کی تحریر لکھ دے
سمندر پہ کالی گھٹا لکھنے والے

سلامت رہیں بے ہوا بستیوں میں
پرندے، پیامِ ہوا لکھنے والے

رکھنا یا فہرست میں تم مرا نام نہ رکھنا
مجھ کو اس الجھن سے کوئی کام نہ رکھنا

سارے بوسے خاک میں مل گئے آتے آتے
اب کے ہوا کے ہاتھ میں یہ پیغام نہ رکھنا

شب کے مسافر اور پھر ایسی شب کے مسافر
دیکھ ہماری آس چراغِ شام نہ رکھنا

ورنہ خالی ہوجائیں گے سارے خزانے
آئندہ کسی سر پہ کوئی انعام نہ رکھنا

ایسے شور کے شہر میں اتنا مدھم لہجہ
اونچا سننے والوں پر الزام نہ رکھنا

میں چاہوں مرے دل کا لہو کسی کام آجائے
موسم چاہے چہروں کو گلفام نہ رکھنا

ﷻ

اک ذرا خم ہو کے میں پیشِ ستم گر بچ گیا
میری پگڑی گر گئی لیکن مرا سر بچ گیا

زندہ رہنے کی خوشی کس لاش سے مل کر مناؤں
کس کھنڈر کو جا کے مژدہ دوں مرا گھر بچ گیا

پیاس کے صحرا میں بچوں پر جو کچھ بیتی نہ پوچھ
ہاں خدا کا شکر، بازوئے برادر بچ گیا

سچ تو یہ ہے دوستو، بیکار ہیں سارے حصار!
لوگ گھر میں لٹ گئے، میں گھر کے باہر بچ گیا

چاہیے کوئی نہ کوئی راستہ سیلاب کو
سر پھری دیوار آخر بہ گئی، در بچ گیا

زندگی کا مول وہ بھی اس سے کم کیا مانگتے
میں بھی اپنے قاتلوں کو جان دے کر بچ گیا

روشنیوں کے مالک اب ہم کو رستے کا اشارا دے
کالی رات دیا دے کوئی، جنگل کوئی تارا دے

جانے کب سے جلنے والے، ڈوبنے والے، سوچتے ہیں
شاید کوئی آگ میں کیاری، پانی میں گلیارا دے

سوکھے ہوئے دریا کے کنارے، پیڑ کھڑے ہیں ڈِھیر دَھرے
بادل چادر سایہ کرے، یا لہر کوئی چمکارا دے

اُجلی لڑکی دُنیا میں بڑی کالک ہے، پر ایسا ہو
مانگ میں تیری جگنو چمکیں، لونگ تری لشکارا دے

رُکنا ہو یا چلنا ہو، کوئی فکر نہیں بنجارے کو
بنجارن نئے چھپر چھائے، کوچ میں پوت سہارا دے

کوئی بجلی ان خرابوں میں گھٹا روشن کرے
اے اندھیری بستیو! تم کو خدا روشن کرے

ننھے ہونٹوں پر کھلیں معصوم لفظوں کے گلاب
اور ماتھے پر کوئی حرفِ دُعا روشن کرے

زرد چہروں پر بھی چمکے، سرخ جذبوں کی دھنک
سانولے ہاتھوں کو بھی رنگِ حنا روشن کرے

ایک لڑکا شہر کی رونق میں سب کچھ بھول جائے
ایک بڑھیا روز چوکھٹ پر دیا روشن کرے

خیر، اگر تم سے نہ جل پائیں وفاؤں کے چراغ
تم بجھانا مت جو کوئی دوسرا روشن کرے

آگ جلتی چھوڑ آئے ہو تو اب کیا فکر ہے
جانے کتنے شہر یہ پاگل ہوا روشن کرے

دل ہی فانوسِ وفا، دل ہی خس و خارِ ہوس
دیکھنا یہ ہے کہ اس کا قرب کیا روشن کرے

یا تو اس جنگل میں نکلے چاند تیرے نام کا
یا مرا ہی لفظ میرا راستہ روشن کرے

ﷺ

مرے شانوں پہ دو لکھنے والے، تحریر سرِ دیوار لکھیں
مرے دل کی گواہی درج کریں، مرے ہونٹوں کا اقرار لکھیں

میں نے تو یہ جنگ نہیں چھیڑی، مرا کام تو لڑتے رہنا ہے
آنے والے مرے کھاتے میں، کل جیت لکھیں یا ہار لکھیں

وہی نوحہ بیتی باتوں کا، وہی نغمہ آتی راتوں کا
جب کوچ کریں ہر بار سنیں، جب خیمہ لگے ہر بار لکھیں

میں ضدی لڑکا ماضی کے گرتے ہوئے گھر سے بھاگا ہوا
مجھے پچھلے موسم خط بھیجیں، مجھے گزری راتیں پیار لکھیں

یہ تپتا دشت بسانے میں، اوپر والے مرا ہاتھ بٹا
کچھ سایہ مرے اشعار بنیں کچھ سایہ ترے اشجار لکھیں

حرف ہوں، اور پر اسرار بنا دے مجھ کو
کبھی مرہم کبھی تلوار بنا دے مجھ کو

تو نے صحرا میں اگایا ہے تو کچھ کام بھی لے
میں تنک سایہ ہوں، چھتنار بنا دے مجھ کو

بارشِ سنگ ہی جب میرا مقدر ہے، تو پھر
اے خدا، شاخِ ثمردار بنا دے مجھ کو

کوئی سچ میرے سلگتے ہوئے سینے میں بھی ڈال
آگ ہی آگ ہوں، گلزار بنا دے مجھ کو

میں کہاں تک دلِ سادہ کو بھٹکنے سے بچاؤں
آنکھ جب اٹھے گنہگار بنا دے مجھ کو

باڑھ میں بہتی ہوئی شاخ کا مصرف کیا ہے
ڈوبتے ہاتھ کی پتوار بنا دے مجھ کو

جیسے کاغذ پہ کوئی اسم مرادوں والا
میں بگڑ جاؤں وہ ہر بار بنا دے مجھ کو

ﷺ

سپردگی میں بھی انداز دسترس کا ہے
یہ کاروبارِ محبت اسی کے بس کا ہے

بھلی لگے گی نہ جانے کدھر لہو کی لکیر
کہ سارا کھیل ہی منظر میں پیش و پس کا ہے

یہاں کسی کا وفادار کیوں رہے کوئی
کہ جو وفا کا صلہ ہے وہی ہوس کا ہے

میں جانتا ہوں کہ تو ایک شعلہ ہے، لیکن
بدن میں ڈھیر بہت دن سے خار و خس کا ہے

دونوں اپنے کام کے ماہر' دونوں بڑے ذہین
سانپ ہمیشہ پھن لہرائے اور سنپیرا بین

گرگ وہاں کوئی سر نہیں کرتا آہو پر بندوق
اس بستی کو جنگل کہنا' جنگل کی توہین

سوختگاں کی بزمِ سخن میں صدر نشیں آسیب
چیخوں کے صد غزلوں پر سناٹوں کی تحسین

فتنۂ شب نے ختم کیا سب آنکھوں کا آزار
سارے خواب حقیقت بن گئے سارے وہم یقین

ہم بھی پتھر' تم بھی پتھر سب پتھر ٹکراؤ
ہم بھی ٹوٹیں' تم بھی ٹوٹو' سب ٹوٹیں' آمین

(صہبا وحید کے نام)

صدائے شام سر آب جو ہے کتنی دیر
یہ بازگشت بھی اے دشتِ ہو ہے کتنی دیر

بدن دریدہ شجر، مہربان سوزنِ برگ
مگر یہ زحمتِ دستِ رفو ہے کتنی دیر

وہ ابر پھر کبھی آیا ادھر تو کیا حاصل
میں سبزہ ہوں مری تابِ نمو ہے کتنی دیر

مرے زوال کے ساتھی، مرے ستارۂ ہجر
افق کے آخری منظر میں تو ہے کتنی دیر

پھر اک عجیب تماشا رہے گا صدیوں تک
یہ کارزارِ کمان و گلو ہے کتنی دیر

نکل چلو کہ یہی وقت ہے رہائی کا
ہوا کی لہر بدن کا لہو ہے کتنی دیر

غبارِ شب مرے چہرے پہ چھایا جاتا ہے
یہ آئینہ بھی ترے روبرو ہے کتنی دیر

اس آشوب میں کیا انہونی سوچ رہا ہوں
دُنیا چپ ہو جائے تو اپنے آپ سے بولوں

تیر کوئی مرے رستے کاٹ دے اس سے پہلے
چار دشائیں اپنے پروں میں آج سمولوں

حال تو پوچھے چارہ گر کا دستِ گریزاں
دستک ہو تو سینے کا دروازہ کھولوں

تھک گیا لمبی رات میں تنہا جلتے جلتے
سورج نکلے اور محراب سے رُخصت ہو لوں

سرِ تسلیم ہے خم اذنِ عقوبت کے بغیر
ہم تو سرکار کے مداح ہیں خلعت کے بغیر

سر برہنہ ہوں تو کیا غم ہے کہ اب شہر میں لوگ
برگزیدہ ہوئے دستارِ فضیلت کے بغیر

دیکھ تنہا مری آواز کہاں تک پہنچی
کیا سفر طے نہیں ہوتے ہیں رفاقت کے بغیر

ریت پر تھک کے گرا ہوں تو ہوا پوچھتی ہے
آپ اس دشت میں کیوں آئے تھے وحشت کے بغیر

سجے سجائے صحیفے خراب کرتے ہیں
یہ کون ہیں جو لہو کو کتاب کرتے ہیں

پرند جھیلوں پہ آتے ہیں لوٹنے کے لیے
سبھی رکے ہوئے لشکر رکاب کرتے ہیں

بہت غرور ہے اے آبجو، تو آج تجھے
ہم اپنی تشنہ لبی سے سراب کرتے ہیں

اسی زمین سے آتی ہے اپنے خوں کی مہک
سنو، یہیں کہیں خیمے طناب کرتے ہیں

چراغ آخرِ شب ہیں سو اپنے بچوں کو
ہم آنے والی سحر انتساب کرتے ہیں

روح کے معجزوں کا زمانہ نہیں جسم ہی کچھ کرامات کرتے رہیں
اپنے ہونے کا اعلان کرتے رہیں' اپنے ہونے کا اثبات کرتے رہیں

برف رت آگئی پھر نئی بستیوں سے نئی ہجرتوں نے پکارا ہمیں
لیکن اس بار پردیس جاتے ہوئے راستوں پر نشانات کرتے رہیں

پھر کوئی تشنہ لب تیر اس دشت میں ہم تک آیا ہے طے کر کے کتنا سفر
اے رگِ جاں کی جوئے رواں، ہم بھی کچھ میہماں کی مدارات کرتے رہیں

ایک ہی پیڑ پر سانپ اور آدمی ساتھ رہتے ہیں سیلاب اترنے تلک
ہمسفر ہے اگر دشمنِ جاں تو کیا' راہ سنسان ہے' بات کرتے رہیں

جان لینے کا ویسا سلیقہ ابھی لشکرِ دشمناں میں کسی کو نہیں
آؤ اب اپنے خیموں میں واپس چلیں دوستوں سے ملاقات کرتے رہیں

جلنے سے رہائی دے تو جانوں
اے چاند، دکھائی دے تو جانوں

تنہا نہیں نواحِ شب میں
آہٹ ہی سنائی دے تو جانوں

کیا زندہ ہے زخم کھانے والا
اک بار دہائی دے تو جانوں

دکھ دل سے بڑا نہیں ہے، معبود
تو دل کو سمائی دے تو جانوں

اوروں کا لہو لٹانے والے
کچھ اپنی کمائی دے تو جانوں

اے ذہن میں بسنے والی دُنیا
آنکھوں کو دکھائی دے تو جانوں

ناچیز بھی خوباں سے ملاقات میں گم ہے
مجذوب ذرا سیر مقامات میں گم ہے

کیا شمع جلاتا ہے کہ اے دولتِ شب تاب
کل صبح کا سورج تو تری گات میں گم ہے

کھلتے ہی نہیں لمس پہ اس جسم کے اسرار
سیاح عجب شہرِ طلسمات میں گم ہے

میں ڈوب گیا جب ترے پیکر میں تو ٹوٹا
یہ وہم کو تو خود ہی مری ذات میں گم ہے

یا حسن ہی اس شہر میں کافر نہیں ہوتا
یا عشق یہاں عزتِ سادات میں گم ہے

دست عصائے معجزہ گر بھی اسی کا ہے
گہرے سمندروں کا سفر بھی اسی کا ہے

میرے جہاز اسی کی ہواؤں سے ہیں رواں
میری شناوری کا ہنر بھی اسی کا ہے

لشکر زمیں پہ جس نے اتارے ہیں رات کے
کھلتا ہوا نشان قمر بھی اسی کا ہے

آب رواں اسی کے اشارے سے ہے سراب
بادل کے پاس گنجِ گہر بھی اسی کا ہے

وہ خشک ٹہنیوں سے اگاتا ہے برگ و بار
موسم تمام اس کے شجر بھی اسی کا ہے

منظر میں جتنے رنگ ہیں نیرنگ اسی کے ہیں
حیرانیوں میں ذوق نظر بھی اسی کا ہے

بس اپنا اپنا فرض ادا کر رہے ہیں لوگ
ورنہ سناں بھی اس کی ہے سر بھی اسی کا ہے

تیغِ ستم کو جس نے عطا کی ہیں مہلتیں
فریاد کشتگاں میں اثر بھی اسی کا ہے

تیرا یقین سچ ہے مری چشم اعتبار
سب کچھ فصیلِ شب کے ادھر بھی اسی کا ہے

مجرم ہوں اور خرابۂ جاں میں اماں نہیں
اب میں کہاں چھپوں کہ یہ گھر بھی اسی کا ہے

خود کو چراغ راہ گزر جانتا ہوں میں
لیکن چراغِ راہ گزر بھی اسی کا ہے

سب لقب پاک ہیں سب نام ہیں نامی تیرے
روشنی لکھتی ہے اسمائے گرامی تیرے

حرف حق تیرے حوالے سے اجالے کا سراغ
لفظ پائندہ ترے نقش دوامی تیرے

اذن معبود کا مقصود بھی نصرت تیری
مصحف نور کے آیات بھی حامی تیرے

سب ستارہ نظراں، خوش ہنراں، چارہ گراں
پیک تیرے، سفری تیرے، پیامی تیرے

بے اماں قریوں پہ دائم تیری رحمت کا نزول
حبشی تیرے، حجازی ترے، شامی تیرے

تو غزالوں کو کمندوں سے بچانے والا
سارے سلطان غلامانِ قیامی تیرے

کشت سرسبز ترے فیض کی ہریالی سے
دشت میں نخلِ نمودار تمامی تیرے

میرے الفاظ فقط عجز بیاں کا اقرار
کعب و حسان ترے، سعدی و جامی تیرے

نوریاں مدح سرا خاک نہادوں کی مثال
کہیں محسن، کہیں جبریل سلامی تیرے

سب تری مملکت جود و کرم میں آباد
حکم نافذ مرے قوسین مقامی تیرے

آپ بیتی

تب بے کراں تھا آسماں
تب چاند روشن تھا بہت
سینے میں تھی جوئے رواں
آنکھوں میں جلتے تھے دیئے
زینے اترتی تھی ہوا
ماتھے پر اپنے لمس کا
صندل لگانے کے لیے
شب کو فقیروں کی صدا
کرتی تھی جادو کا اثر
سب کا بھلا، سب کا بھلا
اور اب جو دیکھا دھیان سے
سب دشت چھوٹے کر دیئے
سب نقش دھندلے کر دیئے
سب رنگ پھیکے کر دیئے

سب خواب جھوٹے کر دیئے
یا وسعتِ زنجیر نے
یا چاند کی تسخیر نے
یا حسرتِ تعبیر نے

کاوہ، اے کاوہ!

کاوہ، تو نے سنا
ماؤں کی دودھیا لوریاں
دھول میں اٹ گئیں
اور گہواروں کی ریشمی ڈوریاں
کٹ گئیں
چاند رتھ جل گیا
نیند کی اجلی پریوں کے پر
ٹوٹ کر گر گئے
اور ننھے بدن
مٹھیوں میں دبائے ہوئے اپنی مٹّی کی چڑیاں
دماوند کی کالی چٹان پر
ریزہ ریزہ ہوئے
کاوہ، تو نے سنا
اصفہاں،
اپنی تقدیر پر نوحہ گر
ہر طرف سر بریدہ بدن

سارے لاشوں کو گھوڑوں کی ٹاپوں سے پامال کرتا ہوا
لشکرِ اہرمن
قصر میں مرگِ انبوہ کا جشن
شانوں پہ پھنکارتے سانپ
صرف ایک شب کے لیے
پھر شکم سیر و آسودہ و مطمئن
کاوہ' تو نے سنا'
رات کے لشکری
آنکھ کی پتلیاں تک چرا لے گئے
جو نوید طلوعِ سحر تھے
وہ سر
لوگ نوکِ سناں پر سجا لے گئے

ابھی رات درمیاں ہے

یہ عجب مسافتیں ہیں
یہ عجب مصافِ جاں ہے
کہ میں سیکڑوں برس سے
اسی دشت ماریہ میں
سرِ نہرِ شب کھڑا ہوں
وہی اک چراغِ صحرا
وہی اک طنابِ خیمہ
وہی ایک نخلِ تنہا
نہ فرشتگاں کے لشکر
نہ بشارتوں کے طائر
وہی اگلے دن کی آہٹ
یہ ستارہ ہے کہ نیزہ
یہ دُعا ہے یا دھواں ہے
مگر اک صدا مسلسل
یہ کہاں سے آرہی ہے

ابھی رات درمیاں ہے

ابھی رات درمیاں ہے

شہرِ خوف

گلی میں خوف
دریچوں میں خوف
آنکھ میں خوف
فصیلِ شہر پہ سفاک وقت ٹھہرا ہوا
سماعتوں میں پراسرار آہٹوں کا ہجوم
ابھی وہ آئیں گے
میرے شکستہ زینے سے
اور اس مکان کے سارے چراغ سارے گلاب
مری کتابیں، مرے خواب، میری تصویریں
مرے یقیں
مری ناممکنات کی دُنیا
دھواں بنا دیں گے
عجیب زہر لہو میں اترتا جاتا ہے
مگر یہ بچہ جو سوتے میں مسکراتا ہے

شکرانہ

اگر میں چاہوں
تو ان خوش نوا پرندوں کو
ابھی نشانہ کروں
اگر بڑھاؤں میں اپنا یہ دستِ نیزہ نما
تو نیم رس گلِ مریم
صلیب ہو جائے

یہ بچیاں
جو گھروندے سجائے بیٹھی ہیں
اگر میں چاہوں تو پل بھر میں بین کرنے لگیں
تو کیوں
پرندوں کو میں نے ہدف بنایا نہیں
ہزار برگ کوئی دار پر چڑھایا نہیں
کوئی گھروندہ کبھی خاک میں ملایا نہیں
تباہ کرنے کی طاقت
عجیب نعمت ہے
میں اپنے آپ سے ہر بار سرخرو نکلا

مجھے شام ہوئی جنگل میں

جب دھوپ سنہری جاگی
میں قریہ جاں سے نکلا
آنکھوں میں چھپا اک منظر
بازو پہ بندھی دو آنکھیں
پیروں سے لگی اک چوکھٹ
مٹھی میں دبی اک خوشبو
بارش میں دھلی اک بستی
چندا سے ملا اک رستہ
مرے تلووں نے پی ڈالے
سب اوس کے موتی قطرے
موسم کی صدا کے پیچھے
سایہ سا، مکاں سے نکلا
پھر منظر بدلا پل میں
مجھے شام ہوئی جنگل میں

ایک نظم: نئے چاند کے نام

مرادوں والی بی بیوں کی گودیاں ہری رہیں
کلائیوں میں چاہتوں کی چوڑیاں بھری رہیں
زمیں سے آسمان تک
گل ہزار برگ والے راستے کھلے رہیں
سپید، سبز، شہپروں کے طائروں کا
پھر مرے نواح میں نزول ہو
لبوں پہ حرف لازوال کے چراغ بھی جلیں
اگر مرے نصیب کی سیاہ شب کو طول ہو
مری امید کی علامتوں کے زندہ جسم پر
قبائے رنگ اسی طرح سجی رہے
گھروں میں روشنی رہے
سروں پہ چاند تاروں والی ٹوپیاں دھری رہیں
مرادوں والی بی بیوں کی گودیاں ہری رہیں

نئی صبحوں کی بشارت

مرے آنگن چڑیاں چار
کہ جن کے سبز، سنہرے پروں میں چمکے
بابل کی توقیر
میں وہ زندہ تقدیر
کہ میرے نام
سچے آقا کا سلام
میرے پیچھے زندہ چڑیوں کی دشمن کالی صدیاں
مرے آگے نور کی ندیاں
مرے آنگن چڑیاں چار
کہ جن سے دل کا پتھر موم
مری آنکھوں میں مہتاب
مرے شانوں کے شجر شاداب
مری دیواروں پر برکت والی روشنیوں کا نزول

مرے ہاتھوں اجلے پھول
مرے پورب پچھّم، اتر، دکھن
صبحوں کی چہکار
سہانے گاؤں کریں آثار
مرے آنگن چڑیاں چار

سوال

میں کس ڈالی کا سرخ پرندہ
کس ٹہنی پر چہکوں
میں کن ہونٹوں کا اجلا بوسہ
کن ماتھوں پر مہکوں
میں کس بادل کا ٹھنڈا سایہ
کس صحرا لہراؤں
میں کس آنگن کا سرکش پودا
کس مٹّی مرجھاؤں
میں کن ہاتھوں کا سچا سونا
کس کے قرض اتاروں
میں کن آنکھوں کا پہلا تارا
کن راتوں سے ہاروں
میں کس دریا کا پیارا لہرا
کس کی پیاس بجھاؤں
میں کس جنگل کا تنہا رستہ
کس بستی کو جاؤں

اس شیشۂ جاں کے پیچھے

یہی اچھا ہے
کہ اس شیشۂ جاں کے پیچھے
دور کی دھند میں لپٹے ہوئے منظر دیکھیں
فاصلے آنکھوں کو بہلاتے رہیں
یہی اچھا ہے
کہ اس ریگِ رواں کے پیچھے
جھیل میں پیڑوں کی پرچھائیں نظر آتی رہے
ہونٹ شرمندہ نہ ہوں
سرمئی دھول کے اس پار
پراسرار ستارے چمکیں
چہرے مہتاب لگیں
لمس کی لوح کبھی ہاتھ نہ آئے
کہ نہ ٹوٹے یہ طلسم
یہی اچھا ہے کہ اس شیشۂ جاں کے پیچھے

سوچو

قاتلوں کو بری کرنے والی عدالت کا
کیا جرم ہے؟
اپنے خاموش ہونٹوں کو
اپنی لرزتی ہوئی انگلیوں سے چھوؤ
اور یہ سوچو
کہ وہ کون سی شے ہے
جو ان میں پیوست ہے
سوزنِ خوف
یا بخیۂ مصلحت
یا فقط تیرِ بے رشتگی
اس گلوئے بریدہ سے
اس خون اگلتی ہوئی ناف سے
واقعی کیا تمہارا
کہیں کوئی رشتہ نہیں
سوچ لو!
قاتلوں کو بری کرنے والی عدالت کا کیا جرم ہے

منظر

رکا ہوا ہے یہ صحرا میں قافلہ کیسا
اور ایک شور سا خیموں میں ہے بپا کیسا
اسیر کس نے کیا موج موج پانی کو
کنارِ آب ہے پہرہ لگا ہوا ہے کیسا
ابھی سیاہ، ابھی سیم گوں، ابھی خوں بار
افق افق سے یہ منظر گریز پا کیسا
یہ چیخ ہے کہ علم کیا بلند ہوتا ہے
یہ جل رہا ہے ہوا میں چراغ سا کیسا
یہ لوگ دشتِ جفا میں کسے پکارتے ہیں
یہ بازگشت سناتی ہے مرثیہ کیسا
وہ مہربان اجازت تو دے رہا ہے مگر
اب آ گئے ہیں تو مقتل سے لوٹنا کیسا
یہ ایک صف بھی نہیں ہے، وہ ایک لشکر ہے
یہاں تو معرکہ ہوگا، مقابلہ کیسا

سلگتی ریت میں جو شاخ شاخ دفن ہوا
رفاقتوں کا شجر تھا ہرا بھرا کیسا

یہ سرخ بوند سی کیا گھل رہی ہے پانی میں
یہ سبز عکس ہے آنکھوں میں پھیلتا کیسا

کھڑا ہے کون اکیلا حصارِ غربت میں
گھرا ہوا ہے اندھیروں میں آئینہ کیسا

یہ ریگ زرد ردا ہے برہنہ سر کے لیے
اجاڑ دشت میں چادر کا آسرا کیسا

سیاہ نیزوں پہ سورج ابھرتے جاتے ہیں
سوادِ شام ہے منظر طلوع کا کیسا

تجھے بھی یاد ہے اے آسماں کہ پچھلے برس
مری زمین پہ گزرا ہے سانحہ کیسا

ایک نظم

عمیر ابونفیر
تمہارا چہچہاتا، بولتا ممولا کیا ہوا
یہاں سیاہ آندھیوں میں
نیلگوں افق کے اس طرف
ہزار ہا ہزار خوش نوا طیور
کھو گئے
خلاء کا رزق ہو گئے
سو اب تم اپنے نو دمیدہ بال و پر پہ دھیان دو
کہ آج کوئی مہرباں
کسی سے پوچھنے نہ آئے گا
عمیر ابونفیر
تمہارا چہچہاتا بولتا ممولا کیا ہوا

نیا قصیدہ

آئینہ چمکے تو ہوتا ہے سراپا روشن
دل جو روشن ہے مری جان تو دُنیا روشن
کم سے کم اب کسی شب خون کا خطرہ تو نہیں
کردیا جلتے ہوئے خیموں نے صحرا روشن
ایک تعویذ کو موجوں کے حوالے کرکے
دور تک مجھ کو نظر آتا تھا دریا روشن
میں سر رہ گزرِ وقت کھڑا ہوں کب سے
اپنی آنکھوں میں کیے خواب تماشا روشن
کہنہ محراب میں افسردہ چراغوں کا دھواں
سرمئی شام میں صبحوں کا پھریرا روشن
کتنی گم گشتہ صداؤں سے خرابے آباد
خاک خاموش میں صدیوں کا دفینہ روشن

موجِ خوں نیلے سمندر کا سفر کرتی ہوئی
دجلہ روشن کبھی اس رنگ سے گنگا روشن
جاگتی راتوں میں لہراتے ہوئے حمد کے گیت
طاقِ مسجد میں کسی دل کی تمنا روشن
شب کا لوبان سلگتا ہوا دالانوں میں
خانقاہوں میں خیالوں کا سویرا روشن
زرد چہروں پہ بھی انجان اُمیدوں کی دھنک
سانولے ہاتھوں پہ بھی مہندی کا لکھا روشن
جیسے فانوس کسی شمع کو حلقے میں لیے
پیار کی باہوں میں اک چاند سا چہرہ روشن
چھت پہ مہتاب نکلتا ہوا سرگوشی کا
اور پازیب کی جھنکار سے زینہ روشن
اجنبی دھوپ میں جلتے ہوئے رشتوں کے شجر
گھر کے آنگن میں مناجات کا پودا روشن
کانپتے ہاتھوں میں دلدار دُعاؤں کے چراغ
اور اشکوں کے ستاروں سے مصلّیٰ روشن
سر پھری لہروں سے لڑتے ہوئے بازو تھک جائیں
پھر بھی آنکھوں میں رہے کوئی جزیرہ روشن
گھر میں خوابیدہ نکلتے ہوئے سورج کی نوید
میز پر کاپیاں، بستر پہ کھلونا روشن

کل کی دُنیا کی بنا ڈال رہا ہے کوئی
ننھے ہاتھوں میں ہے مٹی کا گھروندا روشن

اے خدا حزن و ہزیمت کے اندھیروں سے پناہ
میرے ہاتھوں میں رہے لفظ کا نیزہ روشن

چاہِ ظلمت میں کوئی اور مسافر نہ گرے
میری ہی چیخ کرے اوروں کا رستہ روشن

آنکھیں ایسی ہوں کہ جل جائیں سیاہی کے ورق
انگلیاں ایسی کہ تحریر کا سینہ روشن

درد ایسا کہ ستاروں سے زیادہ بیدار
حرف ایسا کہ جو سورج سے زیادہ روشن

آؤ اب بند کریں کالی کتابیں ساری
رحل پر ہونے کو ہے سبز صحیفہ روشن

سیرِ سیارگاں

مہرباں قاتل کا ممنونِ کرم ہونے کو ہوں
اے غرورِ جاں مدد کرنا کہ خم ہونے کو ہوں

اے خدا کٹنے کو ہے تجھ سے زمیں کا رابطہ
دیکھ میں دستِ دُعا ہوں اور قلم ہونے کو ہوں

سچ ہے کہ اپنے جی سے گزرنا نہیں ہے سہل
خیر اس کے بعد مرحلۂ جاں نہیں کوئی

یہ لو سنبھال کے رکھنا اگر چراغ ہو تم
یہ رات ہے تو خدا اس کو طول بھی دے گا

ڈھکی ہوئی ہے گلابوں کی پتیوں سے زمیں
سنو یہ کون سی رت ہے برہنہ پائی کی

سن اے ہرے بھرے موسم، میں تجھ سے کیا مانگوں
کہ تو نہیں مرے بچوں کو پالنے والا

تمام دشت یہاں وحشتوں سے خالی ہیں
کہ بستیوں نے بہت سرحدیں بڑھالی ہیں

وہ دیکھو پانی پہ اک شاخِ سبز بہتی ہے
تو بے کراں نہیں ہوتا کوئی سمندر بھی

میرے بازوئے بریدہ کا کنایہ بھی سمجھ
دیکھ تجھ کو مری بیعت نہیں ملنے والی

ہم تہی دستوں کے ہاتھوں میں نہ چادر ہے نہ خاک
بی بیو، تم نے کس امید پہ سر کھولا ہے

کیا عجب ہے کہ ہوس روح کو کر دے کندن
جسم اس آگ میں جل جائے گا، جل جانے دے

سات سماوات

مجموعۂ سوم

(مہرباں سورجوں کے لیے)

''نیچے ہوا دُور تک پھیلی ہوئی تھی اور اوپر پانی ٹھاٹھیں مار رہا تھا۔ اس ہوا نے پانی کو یوں متھا جیسے دہی کے مشکیزے کو متھا جاتا ہے اور اسے ڈھکیلتی ہوئی تیزی سے چلی، جس طرح خلا میں چلتی ہے، اور پانی کے اوّل کو آخر پر اور ساکن کو متحرک پر پلٹانے لگی، یہاں تک کہ اس متلاطم پانی کی سطح بلند ہوگئی اور وہ تہ بہ تہ ہوکر کف دینے لگا۔

اللہ نے وہ کف کھلی ہوا اور بسیط فضا کی طرف اٹھایا اور اس سے سات سماوات بنائے۔''

(حضرت علی کرم اللہ وجہہ)

زیر افلاک ستاروں کا سفر جاری ہے
اب کے نکلیں گے ہم اے شامِ زوال اور کہیں

نبضِ عالم میں رواں تیری حرارت ہی تو ہے
کہ یہ عالم ترے ہونے کی بدولت ہی تو ہے

تیرے ہی پیک ہیں سب سچے صحیفوں والے
ان کا آنا ترے آنے کی بشارت ہی تو ہے

ہم تو اک دھوپ کا صحرا تھے جہاں اوس نہ پھول
ہم پہ برسا یہ ترا ابر عنایت ہی تو ہے

پیش کرتا ہے یہی داورِ محشر کے حضور
میرا سرمایہ ترے نام سے نسبت ہی تو ہے

اس فقیری میں کبھی سر نہیں جھکنے پاتا
میرا تکیہ ترا بازوئے حمایت ہی تو ہے

میں بھی گریاں ہوں اسی چوبِ شجر کی مانند
جس میں بھی جاگ اٹھے دردِ محبت ہی تو ہے

ജന്ദ

نقشِ ظفر تھا لوح ازل پر لکھا ہوا
تلوار کاٹ سکتی تھی کیوں کر لکھا ہوا

صحرا کو شاد کام کیا اس کی موج نے
تھا سرنوشت میں جو سمندر لکھا ہوا

تابندہ ہے دلوں میں لہو روشنائی سے
دُنیا کے نام نامۂ سرور لکھا ہوا

مجرائیوں کے قدموں سے لپٹی ہوئی زمین
پیشانیوں پہ بختِ سکندر لکھا ہوا

رستہ بدل کے معرکۂ صبر و جور میں
کس نے بدل دیا ہے مقدر لکھا ہوا

پانی پہ کس کے دستِ بریدہ کی مہر ہے
کس کے لیے ہے چشمۂ کوثر لکھا ہوا

ہے خاک پر یہ کون ستارہ بدن شہید
جیسے ورق پہ حرفِ منور لکھا ہوا

نیزے سے ہے بلند صدائے کلامِ حق
کیا اوج پر ہے مصحفِ اطہر لکھا ہوا

روشن ہے ایک چہرہ بیاضِ خیال پر
لو دے رہا ہے بیتِ ثناگر لکھا ہوا

سرمہ ہے جب سے خاک درِ بوتراب کی
آنکھوں میں ہے قبالۂ منظر لکھا ہوا

فہرستِ چاکراں میں سلاطیں کے ساتھ ساتھ
میرا بھی نام ہے سرِ دفتر لکھا ہوا

اور اس کے آگے خانۂ احوالِ ذات میں
ہے مدح خوانِ آلِ پیمبر لکھا ہوا

سب نام دستِ ظلم، تری دسترس میں ہیں
لیکن جو نام ہے مرے اندر لکھا ہوا

میں اور سیلِ گریۂ خدا ساز بات ہے
قسمت میں تھا خزینۂ گوہر لکھا ہوا

یاد آتی ہوئی خوشبو کی طرح زندہ ہم
کسی گزرے ہوئے موسم کے نمائندہ ہم

اڑ گئے آنکھ سے سب لمحۂ موجود کے رنگ
رہ گئے نقش گرِ رفتہ و آئندہ ہم

حرفِ ناگفتہ کا خواہاں کوئی ملتا ہی نہیں
اور اسی گوہرِ ارزاں کے فروشندہ ہم

ایسے آشوب میں دکھ دینے کی فرصت کس کو
ہیں بہت لذتِ آزار سے شرمندہ ہم

اس اندھیرے میں کہ پل بھر کا چمکنا بھی محال
رات بھر زندہ و رخشندہ و تابندہ ہم

اپنا اس حرف و حکایت میں ہنر کچھ بھی نہیں
بولنے والا کوئی اور نگارندہ ہم

زمیں سے اُٹھ کے مری خاکِ جاں کہاں جائے
یہ نامراد تہِ آسماں کہاں جائے

ہوائے درد کا رخ ہے مرے ہی گھر کی طرف
صدائے گریۂ ہمسایگاں کہاں جائے

کوئی طلب نہیں کرتا محبتوں کا صلہ
مگر حسابِ دل دوستاں کہاں جائے

غبارِ تیرہ شبی بھر گیا ہے آنکھوں میں
یہیں چراغ جلے تھے دھواں کہاں جائے

اگر میں فرض نہ کر لوں کہ سن رہا ہے کوئی
تو پھر مرا سخنِ بے زباں کہاں جائے

شمعِ تنہا کی طرح، صبح کے تارے جیسے
شہر میں ایک ہی دو ہوں گے ہمارے جیسے

چھو گیا تھا کبھی اس جسم کو اک شعلۂ درد
آج تک خاک سے اڑتے ہیں شرارے جیسے

حوصلے دیتا ہے یہ ابرِ گریزاں کیا کیا
زندہ ہوں دشت میں ہم اس کے سہارے جیسے

سخت جاں ہم سا کوئی تم نے نہ دیکھا ہوگا
ہم نے قاتل کئی دیکھے ہیں تمھارے جیسے

دیدنی ہے مجھے سینے سے لگانا اس کا
اپنے شانوں سے کوئی بوجھ اتارے جیسے

اب جو چمکا ہے یہ خنجر تو خیال آتا ہے
تجھ کو دیکھا ہو کبھی نہر کنارے جیسے

اس کی آنکھیں ہیں کہ اک ڈوبنے والا انساں
دوسرے ڈوبنے والے کو پکارے جیسے

ڈوبتی شام پرندوں کی نوا بھی خاموش
دل میں سناٹا تو باہر کی فضا بھی خاموش

دیکھتے دیکھتے دروازے نظر سے اوجھل
بولتے بولتے نقشِ کفِ پا بھی خاموش

رات کی رات وہی رنگ ترنگوں کی پکار
صبح تک خون بھی خاموش، حنا بھی خاموش

شہرِ خوابیدہ میں فریاد، نہ عکسِ فریاد
آخری سلسلۂ صوت و صدا بھی خاموش

فرض سے عہدہ بر آ کوئی نہ ہونے پایا
سرِ تسلیم بھی چپ، تیغ جفا بھی خاموش

کون ہے تیرگیِ شام کا مجرم کہ یہاں
ہے چراغوں کی طرح موجِ ہوا بھی خاموش

آج تک اہلِ ستم ہی سے شکایت تھی مجھے
اب مرے باب میں ہیں اہلِ وفا بھی خاموش

اب دُعائیں نہ صحیفے سرِ دُنیائے خراب
میں بھی خاموش ہوا' میرا خدا بھی خاموش

مال کیا پاس ترے ہمت عالی بھی نہیں
اتنا خالی تو مرا کاسۂ خالی بھی نہیں

سرِ شوریدہ کو تہذیب سکھا بیٹھا ہوں
ورنہ دیوار مجھے روکنے والی بھی نہیں

خیمۂ شب میں عجب حشرِ عزا برپا ہے
اور ابھی رات چراغوں نے اجالی بھی نہیں

اور ہی شرط ہے پرواز کی، دیکھا تم نے
اب تو وہ مسئلۂ بے پر و بالی بھی نہیں

رات دن شعروں میں تمثال گری کرتا ہوں
طاقِ دل میں کوئی تصویر خیالی بھی نہیں

نقشِ پا ڈھونڈنے والوں پہ ہنسی آتی ہے
ہم نے ایسی تو کوئی راہ نکالی بھی نہیں

گیا تھا دل کی طرف کاروانِ گمشدگاں
اور اب وہاں بھی نہیں ہے نشانِ گمشدگاں

ابھی ابھی جو ستارے مرے کنار میں تھے
چمک رہے ہیں سرِ آسمانِ گمشدگاں

سرائے وہم میں کس کو پکارتا ہوں میں
یہ نیم شب، یہ سکوت مکانِ گمشدگاں

عجب خلائے سخن ہے سماعتوں کے ادھر
یہ کون بول رہا ہے زبانِ گمشدگاں

میں اپنی کھوئی ہوئی بستیوں کو پہچانوں
اگر نصیب ہو سیرِ جہانِ گمشدگاں

جب یہ عالم ہو تو لکھیے لب و رخسار پہ خاک
اڑتی ہے خانۂ دل کے در و دیوار پہ خاک

تو نے مٹّی سے اُلجھنے کا نتیجہ دیکھا
ڈال دی میرے بدن نے تری تلوار پہ خاک

ہم نے مدت سے الٹ رکھا ہے کاسہ اپنا
دستِ دادار ترے درہم و دینار پہ خاک

پتلیاں گرمیِ نظارہ سے جل جاتی ہیں
آنکھ کی خیر میاں، رونقِ بازار پہ خاک

جو کسی اور نے لکھا ہے اسے کیا معلوم
لوحِ تقدیر بجا، چہرۂ اخبار پہ خاک

چار دیوارِ عناصر کی حقیقت کتنی
یہ بھی گھر ڈوب گیا دیدۂ خوں بار پہ خاک

پائے وحشت نے عجب نقش بنائے تھے یہاں
اے ہوائے سرِ صحرا تری رفتار پہ خاک

یہ غزل لکھ کے حریفوں پہ اڑا دی میں
جم رہی تھی مرے آئینہ اشعار پہ خاک

یہ بھی دیکھو کہ کہاں کون بلاتا ہے تمھیں
محضرِ شوق پڑھو، محضر سرکار پہ خاک

آپ کیا نقدِ دو عالم سے خریدیں گے اسے
یہ تو دیوانے کا سر ہے سر پندار پہ خاک

رات اک شہر نے تازہ کیے منظر اپنے
نیند آنکھوں سے اُڑی کھول کے شہپر اپنے

تم سرِ دشت و چمن مجھ کو کہاں ڈھونڈتے ہو
میں تو ہر رت میں بدل دیتا ہوں پیکر اپنے

یہی ویرانہ بچا تھا تو خدا نے آخر
رکھ دیے دل میں مرے سات سمندر اپنے

روز وہ شخص صدا دے کے پلٹ جاتا ہے
میں بھی رہتا ہوں بہت جسم سے باہر اپنے

کس قدر پاسِ مروت ہے وفاداروں کو
میرے سینے میں چھپا رکھے ہیں خنجر اپنے

کوئی سلطان نہیں میرے سوا میرا شریک
مسندِ خاک پہ بیٹھا ہوں برابر اپنے

فلک پہ جاتی ہوئی ماہتابی رہ گئی ہے
ہماری خاک میں کوئی خرابی رہ گئی ہے

بس اب کے اس کی نگاہِ دگر پہ فیصلہ ہے
میں گم تو ہو چکا ہوں بازیابی رہ گئی ہے

چمک گیا تھا کبھی بندِ پیرہن اس کا
بدن سے لپٹی ہوئی بے حجابی رہ گئی ہے

غبارِ شب کے ادھر کچھ نہ کچھ تو ہے روشن
میں جاگتا ہوں ذرا نیم خوابی رہ گئی ہے

سمیٹنا ہی تو ہے ساز و برگِ خانۂ دل
اس ایک کام میں اب کیا شتابی رہ گئی ہے

۵۵۵۵

تجھ کو بھی اے ہوائے شب جی کا زیاں بہت ہوا
بجھ تو گیا مگر چراغ شعلہ فشاں بہت ہوا

رختِ سفر اُٹھا گیا کون سرائے خواب سے
رات پھر اس نواح میں گریۂ جاں بہت ہوا

موسمِ گل سے کم نہ تھا موسمِ انتظار بھی
شاخ پہ برگِ آخری رقص کناں بہت ہوا

کوئی افق تو ہو کہ ہم جس کی طرف پلٹ سکیں
شام ہوئی تو یہ خیال دل پہ گراں بہت ہوا

سروں کو ربط رہا ہے سناں سے پہلے بھی
گزر چکے ہیں یہ لشکر یہاں سے پہلے بھی

یہ پہلی چیخ نہیں ہے ترے خرابے میں
کہ حشر اُٹّھے ہیں میری فغاں سے پہلے بھی

ہماری خاک پہ صحرا تھا مہربان بہت
ہوائے کوفۂ نامہرباں سے پہلے بھی

بجھا چکے ہیں پرانی رفاقتوں کے چراغ
بچھڑنے والے شبِ درمیاں سے پہلے بھی

ہمیں نہیں ہیں ہلاکِ وفا کہ لوگوں پر
چلے ہیں تیر صفِ دوستاں سے پہلے بھی

خرابہ ایک دن بن جائے گھر ایسا نہیں ہوگا
اچانک جی اُٹھیں وہ بام و در ایسا نہیں ہوگا

وہ سب اک بجھنے والے شعلۂ جاں کا تماشا تھا
دوبارہ ہو وہی رقصِ شرر ایسا نہیں ہوگا

وہ ساری بستیاں وہ سارے چہرے خاک سے نکلیں
یہ دُنیا پھر سے ہو زیر و زبر ایسا نہیں ہوگا

مرے گم گشتگاں کو لے گئی موجِ رواں کوئی
مجھے مل جائے پھر گنجِ گہر ایسا نہیں ہوگا

خرابوں میں اب ان کی جستجو کا سلسلہ کیا ہے
مرے گردوں شکار آئیں ادھر ایسا نہیں ہوگا

ہیولے رات بھر محراب و در میں پھرتے رہتے ہیں
میں سمجھا تھا کہ اپنے گھر میں ڈر ایسا نہیں ہوگا

میں تھک جاؤں تو بازوئے ہوا مجھ کو سہارا دے
گروں تو تھام لے شاخِ شجر ایسا نہیں ہوگا

کوئی حرفِ دُعا میرے لیے پتوار بن جائے
بچا لے ڈوبنے سے چشمِ تر ایسا نہیں ہوگا

کوئی آزار پہلے بھی رہا ہوگا مرے دل کو
رہا ہوگا مگر اے چارہ گر ایسا نہیں ہوگا

بحدِّ وسعتِ زنجیر گردش کرتا رہتا ہوں
کوئی وحشی گرفتارِ سفر ایسا نہیں ہوگا

بدایوں تیری مٹّی سے بچھڑ کر جی رہا ہوں میں
نہیں اے جانِ من، بارِ دگر ایسا نہیں ہوگا

الٹ گیا ہے ہر اک سلسلہ نشانے پر
چراغ گھات میں ہیں اور ہوا نشانے پر

غزل میں اس کو ستم گر کہا تو روٹھ گیا
چلو، یہ حرفِ ملامت لگا نشانے پر

میں اپنے سینے سے شرمندہ ہونے والا تھا
کہ آگیا کوئی تیرِ جفا نشانے پر

خدا سے آخری رشتہ بھی کٹ نہ جائے کہیں
کہ اب کے ہے مرا دستِ دُعا نشانے پر

وہ شعلہ اپنی ہی تیزی میں جل بجھا ورنہ
رکھا تھا خیمۂ صبر و رضا نشانے پر

میں انتظار میں ہوں کون اسے شکار کرے
بہت دنوں سے ہے میری نوا نشانے پر

احوال اس چراغ کا گھر نے کہا نہیں
دستک جو دی تو سایۂ در نے کہا نہیں

پائے طلب کنارِ زمیں تک پہنچ گئے
میں رک گیا تو وحشتِ سر نے کہا نہیں

دستِ رفو نے سینے کے سب زخم سی دیئے
اندر کا حال نازِ ہنر نے کہا نہیں

خوش تھی ہوا کہ راہ کا ہر سنگ ہٹ گیا
تب سر اٹھا کے خاکِ گزر نے کہا نہیں

نوکِ سناں نے بیعتِ جاں کا کیا سوال
سر نے کہاں قبول، نظر نے کہا نہیں

مدت سے اک سکوت ہمارا نشان تھا
ہم حرف زن ہوئے تو اثر نے کہا نہیں

فقیری میں یہ تھوڑی سی تن آسانی بھی کرتے ہیں
کہ ہم دستِ کرم دُنیا پہ ارزانی بھی کرتے ہیں

درِ روحانیاں کی چاکری بھی کام ہے اپنا
بتوں کی مملکت میں کارِ سلطانی بھی کرتے ہیں

جنوں والوں کی یہ شائستگی طرفہ تماشا ہے
رفو بھی چاہتے ہیں چاک دامانی بھی کرتے ہیں

مجھے کچھ شوقِ نظّارہ بھی ہے پھولوں کے چہروں کا
مگر کچھ پھول چہرے میری نگرانی بھی کرتے ہیں

جو سچ پوچھو تو ضبطِ آرزو سے کچھ نہیں ہوتا
پرندے میرے سینے میں پر افشانی بھی کرتے ہیں

ہمارے دل کو اک آزار ہے ایسا نہیں لگتا
کہ ہم دفتر بھی جاتے ہیں غزل خوانی بھی کرتے ہیں

بہت نوحہ گری کرتے ہیں دل کے ٹوٹ جانے کی
کبھی آپ اپنی چیزوں کی نگہبانی بھی کرتے ہیں

احوال ترا شامِ بدن میں بھی وہی ہے
باطن کی چمک سانولے پن میں بھی وہی ہے

وحشت کے لیے شہر مناسب نہیں ورنہ
آہو تو مری جان ختن میں بھی وہی ہے

آباد نہیں اس سے فقط وصل کی بستی
وہ پھول ہے اور ہجر کے بن میں بھی وہی ہے

اک موج سے شاداب ہیں یہ دونوں کنارے
جو ہے مرے من میں ترے تن میں بھی وہی ہے

یہ راز کھلا روزنِ زنداں کی بدولت
سورج میں ہے جو بات کرن میں بھی وہی ہے

مٹّی ہی میں ملنا ہے تو اس شہر سے کیوں جائیں
مٹّی تو میاں ارضِ وطن میں بھی وہی ہے

تنہا ہوں سو اے میرے حریفو مری پہچان
رن میں بھی وہی بزمِ سخن میں بھی وہی ہے

مصافِ دشت تماشا نہیں ٹھہر جاؤ
اور اس کے آگے بھی دریا نہیں ٹھہر جاؤ

سوادِ شب میں کسی سمت کا سراغ کہاں
یہ سیمیا ہے ستارہ نہیں ٹھہر جاؤ

تم اس حریف کو پامال کر نہیں سکتے
تمھاری ذات ہے دُنیا نہیں ٹھہر جاؤ

یہ ہُو کا وقت، یہ جنگل گھنا، یہ کالی رات
سنو یہاں کوئی خطرہ نہیں ٹھہر جاؤ

ہوا رکے تو وہی اک صدا سنائی دے
''انیس دم کا بھروسا نہیں ٹھہر جاؤ''

اسی کمال کی کرتے تھے آرزو ہم لوگ
بجھے چراغ تو ٹھہرے ستارہ جُو ہم لوگ

تو شانِ شعلہ گراں میں نشانِ سوختگان
ہیں اپنے اپنے قبیلے کی آبرو ہم لوگ

ابھی سے راستہ کیوں روکنے لگی دُنیا
کھڑے ہوئے ہیں ابھی اپنے رُوبرو ہم لوگ

دریدہ پیرہنِ جاں ہے دیکھیے کیا ہو
نفس کے تار سے کرتے تو ہیں رفُو ہم لوگ

جنوں کے فیض سے چرچا بتوں میں وحشت کا
خدا کے فضل سے موضوعِ گفتگو ہم لوگ

بام و در پر ایک سنّاٹا عزا کرتا تھا رات
کیسا نالہ وہ فقیرِ بے نوا کرتا تھا رات

شہرِ ہُو میں ایک ویرانی کا لشکر صف بہ صف
ہر طرف تاراج بازار و سرا کرتا تھا رات

اس خرابی کے مکاں میں ایک سایہ، ایک نقش
ہم کلامی مجھ سے بے صوت و صدا کرتا تھا رات

اک غبارِ ساعتِ رفتہ کسی محراب سے
میرے چہرے میرے آگے رونما کرتا تھا رات

طاقِ تنہائی سے اٹھتا تھا چراغوں کا دھواں
اور مرے ہونے سے مجھ کو آشنا کرتا تھا رات

وہم دکھلاتا تھا مجھ کو روشنی کی تیرگی
وہم ہی میرے اندھیرے پر جلا کرتا تھا رات

روشنی کے ایک ربطِ رائیگاں کے باوجود
اک خلا آنکھوں سے منظر کو جدا کرتا تھا رات

تھا مرے باطن میں کوئی قصہ گو، وہ کون تھا
مجھ سے اک طرفہ حکایت ماجرا کرتا تھا رات

ہو گیا تھا تاجِ سر میرے لیے سودائے سر
سایۂ شب سر بسر کارِ ہما کرتا تھا رات

زہر شب میں کوئی دارو کارگر ہوتی نہ تھی
ہاں مگر اک زہر شب جو فائدہ کرتا تھا رات

جسم میں میرا لہو درویشِ گرداں کی طرح
لحظہ لحظہ پائے کوبی جا بجا کرتا تھا رات

زرد پتوں کے بکھرنے کی خبر دیتا ہوا
رقص میرے صحن میں پیکِ ہوا کرتا تھا رات

میں کوئی گوشہ گزیں، ترکِ وفا کا نوحہ گر
دیر تک تحریر تعویذِ وفا کرتا تھا رات

کیا بشارت غرفۂ حیرت سے کرتی تھی نزول
کیا کرامت میرا حرفِ نارسا کرتا تھا رات

بند میرے کھولتا تھا کوئی آ کر خواب میں
جاگتے میں پھر مجھے بے دست و پا کرتا تھا رات

رنگ روشن تھا سوادِ جاں میں اک تصویر کا
ایک چہرہ میری آنکھیں آئینہ کرتا تھا رات

مجھ کو اپنا ہی گماں ہوتا تھا ہر تمثال پر
کوئی مجھ سے کاروبارِ سیمیا کرتا تھا رات

صبح سورج نے اسی حجرے میں پھر پایا مجھے
میں کہاں تھا کیا خبر عرفانؔ کیا کرتا تھا رات

انھیں کی شہ سے انھیں مات کرتا رہتا ہوں
ستم گروں کی مدارات کرتا رہتا ہوں

یہاں کوئی نہیں سنتا حدیثِ دل زدگاں
مگر میں اور طرح بات کرتا رہتا ہوں

بھلا یہ عمر کوئی کاروبارِ شوق کی ہے
بس اک تلافیِ مافات کرتا رہتا ہوں

یہ کائنات مرے بال و پر کے بس کی نہیں
تو کیا کروں سفرِ ذات کرتا رہتا ہوں

یہیں پہ وارِ حریفاں اٹھانا پڑتا ہے
یہیں حسابِ مساوات کرتا رہتا ہوں

عجب نہیں کسی کوشش میں کامراں ہوجائیں
محبتوں کی شروعات کرتا رہتا ہوں

ہمیشہ کاسۂ خالی چھلکتا رہتا ہے
فقیر ہوں سو کرامات کرتا رہتا ہوں

سخت ہے مرحلۂ رزق بھی ہم جانتے ہیں
پر اسے معرکۂ عشق سے کم جانتے ہیں

آج تک ان کی خدائی سے ہے انکار مجھے
میں تو اک عمر سے کافر ہوں، صنم جانتے ہیں

ان کمندوں میں گرفتار نہ ہوں گے کہ غزال
زخم خوردہ ہیں مگر شیوۂ رم جانتے ہیں

یہی اک دھوپ کا ٹکڑا، یہی اک کوزۂ خاک
ہم اسے دولتِ اسکندر و جم جانتے ہیں

جانتے سب ہیں کہ ہم رکھتے ہیں خم طرفِ کلاہ
اور کیوں رکھتے ہیں، یہ اہلِ ستم جانتے ہیں

وحشت کے ساتھ دشت مری جان چاہیے
اس عیش کے لیے سر و سامان چاہیے

کچھ عشق کے نصاب میں کمزور ہم بھی ہیں
کچھ پرچۂ سوال بھی آسان چاہیے

تجھ کو سپردگی میں سمٹنا بھی ہے ضرور
سچا ہے کاروبار تو نقصان چاہیے

اب تک کس انتظار میں بیٹھے ہوئے ہیں لوگ
امید کے لیے کوئی امکان چاہیے

ہوگا یہاں نہ دست و گریباں کا فیصلہ
اس کے لیے تو حشر کا میدان چاہیے

آخر ہے اعتبارِ تماشا بھی کوئی چیز
انسان تھوڑی دیر کو حیران چاہیے

جاری ہیں پائے شوق کی ایذا رسانیاں
اب کچھ نہیں تو سیرِ بیابان چاہیے

سب شاعراں خریدۂ دربار ہوگئے
یہ واقعہ تو داخلِ دیوان چاہیے

ملکِ سخن میں یوں نہیں آنے کا انقلاب
دو چار بار نون کا اعلان چاہیے

اپنا بھی مدتوں سے ہے رقعہ لگا ہوا
بلقیسِ شاعری کو سلیمان چاہیے

خاک میں اس کی اگر خون بھی شامل ہے تو کیا
یہ مرا گھر بھی تو ہے کوچۂ قاتل ہے تو کیا

دل پہ چل جائے تو جادو ہے تری عشوہ گری
صرف گردن میں ترا ہاتھ حمائل ہے تو کیا

آنکھ ہر لحظہ تماشائے دگر چاہتی ہے
عکس تیرا ہی سرِ آئنۂ دل ہے تو کیا

ساری آوازوں کا انجام ہے چپ ہوجانا
نعرۂ ہُو ہے تو کیا، شورِ سلاسل ہے تو کیا

عشق میں جان کہ تن کوئی تو کندن بن جائے
ورنہ یہ راکھ ہی اس آگ کا حاصل ہے تو کیا

میرے اندر ابھی محفوظ ہے اک لوحِ طلسم
اک طلسم اور ابھی میرے مقابل ہے تو کیا

زمیں پہ ہوگا کہیں آسماں ہمارا بھی
یہی خیال تھا آئندگاں ہمارا بھی

خبر نہیں کہ ہمیں بھی ہوا کہاں لے جائے
کھلا ہوا ہے ابھی بادباں ہمارا بھی

بہت ہے یہ بھی کہ موجوں کے روبرو کچھ دیر
رہا ہے ریگِ رواں پر نشاں ہمارا بھی

یہ تیر اگر کبھی دونوں کے بیچ سے ہٹ جائے
تو کم ہو فاصلۂ درمیاں ہمارا بھی

اُسی سفر پہ نکلتے ہیں رفتگاں کی طرح
اب انتظار کریں بستیاں ہمارا بھی

سوادِ قریۂ نامہرباں میں یاد آیا
کہ لکھنؤ میں ہے اک مہرباں ہمارا بھی

سوائے خاک مری دسترس میں کچھ بھی نہیں
کہ فرق حاصلِ عشق و ہوس میں کچھ بھی نہیں

یہ کون مجھ کو پسِ جشنِ شب پکارتا ہے
وہ ہوک ہے کہ صدائے جرس میں کچھ بھی نہیں

میں کارِ عشق سے ترکِ وفا سے باز آیا
سب اس کے ہاتھ میں ہے میرے بس میں کچھ بھی نہیں

ذرا سے لمسِ شرر نے عجب کمال کیا
میں سوچتا تھا مرے خار و خس میں کچھ بھی نہیں

نوائے درد پہ آتا ہے رنگ صدیوں میں
ابھی مرے سخنِ نیم رس میں کچھ بھی نہیں

حلقۂ بے طلباں رنجِ گراں باری کیا
اُٹھ کے چلنا ہی تو ہے، کوچ کی تیاری کیا

ایک کوشش کہ تعلق کوئی باقی رہ جائے
سو تیری چارہ گری کیا، میری بیماری کیا

تجھ سے کم پر کسی صورت نہیں راضی ہوتا
دِل ناداں نے دِکھا رکھی ہے ہشیاری کیا

قید خانے سے نکل آئے تو صحرا کا حصار
ہم سے ٹوٹے گی یہ زنجیرِ گرفتاری کیا

وہ بھی طرفہ سخن آراء ہیں، چلوں یوں ہی سہی
اتنی سی بات پہ یاروں کی دل آزاری کیا

بیکراں رات میں تو انجمن آراء ہے کہ ہم
اے زمیں تو اس اندھیرے کا ستارا ہے کہ ہم

اُس نے پوچھا تھا کہ سر بیچنے والا ہے کوئی
ہم نے سر نامۂ جاں نذر گزارا ہے کہ ہم

کیا خبر کون زوالِ شبِ ہجراں دیکھے
ہاں، چراغِ شبِ ہجراں کا اشارا ہے کہ ہم

تو ادھر کس کو ڈبونے کے لیے آئی تھی
دیکھ اے موج بلاخیز، کنارا ہے کہ ہم

آج تک معرکۂ صبر و ستم جاری ہے
کون جانے یہ تماشا اُسے پیارا ہے کہ ہم

زوالِ شامِ ہجراں کا اشارہ دیکھتا ہوں میں
چراغوں کے بدن کو پارہ پارہ دیکھتا ہوں میں

متاعِ جاں لٹا دینے سے کچھ حاصل نہیں ہوتا
تو کیوں سود و زیاں کا گوشوارہ دیکھتا ہوں میں

تمنا کا نتیجہ اپنے سر لینا نہیں اچھا
ذرا ٹھہرو عزیزو، استخارہ دیکھتا ہوں میں

مری خاکِ بدن آخر اسی مٹی کا حصہ ہے
سو کشتی کھولتا ہوں اور کنارہ دیکھتا ہوں میں

غبارِ شب کے پیچھے روشنی ہے لوگ کہتے ہیں
اگر یوں ہے تو یہ منظر دوبارہ دیکھتا ہوں میں

اندھیروں میں کچھ ایسے خواب بھی دکھلائی دیتے ہیں
کہ جیسے آسماں پر اک ستارہ دیکھتا ہوں میں

ﷺ

ندی سے پھول نہ گنجِ گہر نکلتا ہے
جو طشتِ موج اٹھاتا ہوں سر نکلتا ہے

لہو میں غرق ہمارے بدن کو سہل نہ جان
یہ آفتاب ہے اور ڈوب کر نکلتا ہے

جراحتیں مجھے کارِ رفو سکھاتی ہیں
مرا عدو ہی مرا چارہ گر نکلتا ہے

زمین پھر بھی کشادہ ہے بال و پر کے لیے
کہ آسمان تو حدِّ نظر نکلتا ہے

ذرا جو بند ہوں آنکھیں تو شب کے زنداں میں
عجیب سلسلۂ بام و در نکلتا ہے

اٹھو یہ منظرِ شب تاب دیکھنے کے لیے
کہ نیند شرط نہیں خواب دیکھنے کے لیے

عجب حریف تھا میرے ہی ساتھ ڈوب گیا
مرے سفینے کو غرقاب دیکھنے کے لیے

وہ مرحلہ ہے کہ اب سیلِ خوں پہ راضی ہیں
ہم اس زمین کو شاداب دیکھنے کے لیے

جو ہو سکے تو ذرا شہ سوار لوٹ کے آئیں
پیادگاں کو ظفریاب دیکھنے کے لیے

کہاں ہے تو کہ یہاں جل رہے ہیں صدیوں سے
چراغ، دیدہ و محراب دیکھنے کے لیے

جسم کی رسمیات اور دل کے معاملات اور
بیعتِ دست ہاں ضرور، بیعتِ جاں نہیں نہیں

درد کی کیا بساط ہے جس پہ یہ پیچ و تاب ہو
دیکھ عزیز صبر صبر، دیکھ میاں نہیں نہیں

ہم فقراء کا نام کیا، پھر بھی اگر کہیں لکھو
لوحِ زمیں تلک تو خیر، لوحِ زماں نہیں نہیں

دونوں تباہ ہو گئے، ختم کرو یہ معرکے
اہلِ ستم نہیں نہیں، دل زدگاں نہیں نہیں

گرمیٔ شوق کا صلہ دشت کی سلطنت غلط
چشمۂ خوں کا خوں بہا جوئے رواں نہیں نہیں

ساعتِ وصل بھی عمر گزراں سے کم ہے
کیا سمندر ہے کہ اک موج رواں سے کم ہے

ہے بہت کچھ مری تعبیر کی دُنیا تجھ میں
پھر بھی کچھ ہے کہ جو خوابوں کے جہاں سے کم ہے

جان کیا دیجیے اس دولتِ دُنیا کے لیے
ہم فقیروں کو جو اک پارۂ ناں سے کم ہے

وادیِ ہو میں پہنچتا ہوں بیک جستِ خیال
دشتِ افلاک مری وحشتِ جاں سے کم ہے

میں وہ بسمل ہوں کہ بچنا نہیں اچھا جس کا
ویسے خطرہ ہنرِ چارہ گراں سے کم ہے

پھر ایک جھونکا وہاں سے لگا کے لائے مجھے
پھر اک کرن اسی کوچے میں لے کے جائے مجھے

صدا کی لہر کسی اور شہر تک لے جائے
کچھ اور بات ہو کچھ اور یاد آئے مجھے

اسی کا خانۂ ویراں، اسی کا طاقِ ابد
میں اک چراغ ہوں چاہے جہاں جلائے مجھے

یہ اس کا دل ہے کہ گم گشتگاں کی بستی ہے
کہاں چھپا ہوں کہ وہ بھی نہ ڈھونڈ پائے مجھے

اب اس کے آگے تو گرداب ہے خموشی کا
میں لفظ بھول رہا ہوں کوئی بچائے مجھے

کھیل سب آنکھوں کا ہے سارا ہنر آنکھوں کا ہے
پھر بھی دُنیا میں خسارہ سر بہ سر آنکھوں کا ہے

ہم نہ دیکھیں گے تو یہ منظر بدل جائیں گے کیا
دیکھنا ٹھہرا تو کیا نفع و ضرر آنکھوں کا ہے

سوچنا کیا ہے ابھی کارِ نظر کا ماحصل
ہم تو یوں خوش ہیں کہ آغازِ سفر آنکھوں کا ہے

رفتہ رفتہ سارے چہرے درمیاں سے ہٹ گئے
ایک رشتہ آج بھی باقی مگر آنکھوں کا ہے

راستہ کیا کیا چراغوں کی طرح تکتے تھے لوگ
سلسلہ آنکھوں میں تا حدِ نظر آنکھوں کا ہے

تھک چکے دونوں تماشہ گاہِ عالم دیکھ کر
آؤ سو جائیں کہ ان آنکھوں میں گھر آنکھوں کا ہے

بہت دنوں تو رہا اپنا نکتہ چیں بھی میں
پھر اپنے آپ پہ کرنے لگا یقیں بھی میں

مری طرف ہی رواں ہے مری کمندِ ہوس
یہاں غزال بھی میں ہوں سبکتگیں بھی میں

عذاب مجھ سے مجھی پر اترتے رہتے ہیں
فرازِ عرش بھی میں، پستیِ زمیں بھی میں

اب اپنے آپ کو کس طرح بے بہا کہیے
نگیں شناس بھی میں، دانۂ نگیں بھی میں

گدا و شاہ سے میرا تپاک ایک سا ہے
کہ کج کلاہ بھی میں، بوریا نشیں بھی میں

مجھے وہ آنکھ نہ دیکھے تو میں ہی سب سے خراب
وہ انتخاب جو کر لے تو بہتریں بھی میں

وہ جو اک شرط تھی وحشت کی اُٹھا دی گئی کیا
میری بستی کسی صحرا میں بسادی گئی کیا

وہی لہجہ ہے مگر یار ترے لفظوں میں
پہلے اک آگ سی جلتی تھی، بجھا دی گئی کیا

جو بڑھی تھی کہ کہیں مجھ کو بہا کر لے جائے
میں یہیں ہوں تو وہی موج بہادی گئی کیا

پاؤں میں خاک کی زنجیر بھلی لگنے لگی
پھر مری قید کی میعاد بڑھادی گئی کیا

دیر سے پہنچے ہیں ہم دور سے آئے ہوئے لوگ
شہر خاموش ہے، سب خاک اُڑا دی گئی کیا

ختم ہو جنگ خرابے پہ حکومت کی جائے
آخری معرکۂ صبر ہے عجلت کی جائے

ہم نہ زنجیر کے قابل ہیں نہ جاگیر کے اہل
ہم سے انکار کیا جائے نہ بیعت کی جائے

مملکت اور کوئی بعد میں ارزانی ہو
پہلے میری ہی زمیں مجھ کو عنایت کی جائے

یا کیا جائے مجھے خوش نظری سے آزاد
یا اسی دشت میں پیدا کوئی صورت کی جائے

ہم عبث دیکھتے ہیں غرفۂ خالی کی طرف
یہ بھی کیا کوئی تماشا ہے کہ حیرت کی جائے

گھر بھی رہیے تو چلے آتے ہیں ملنے کو غزال
کاہے کو بادیہ پیمائی کی زحمت کی جائے

اپنی تحریر تو جو کچھ ہے سو آئینہ ہے
رمز تحریر مگر کیسے حکایت کی جائے

ایسا تو نئیں کہ ان سے ملاقات نئیں ہوئی
جو بات میرے دل میں تھی وہ بات نئیں ہوئی

بہتر یہ ہے کہ وہ تنِ شاداب ادھر نہ آئے
برسوں سے میرے شہر میں برسات نئیں ہوئی

پیشِ ہوس تھا خوانِ دو عالم سجا ہوا
اس رزق پر مگر بسر اوقات نئیں ہوئی

تیرے بغیر بھی غمِ جاں ہے وہی کہ نئیں
نکلا نہ ماہتاب تو کیا رات نئیں ہوئی

ہم کون پیرِ دل زدگاں ہیں کہ عشق میں
یاراں بڑے بڑوں سے کرامات نئیں ہوئی

کیا سہل اس نے بخش دیا چشمۂ حیات
جی بھر کے سیرِ وادیِ ظلمات نئیں ہوئی

میرے جنوں کو ایک خرابے کی سلطنت
یہ تو کوئی تلافیِ مافات نئیں ہوئی

اپنا نسب بھی کوئے ملامت میں بار ہے
لاکھ اپنے پاس عزتِ سادات نئیں ہوئی

یاقوتِ لب تو کارِ محبت کا ہے صلہ
اجرت ہوئی حضور یہ سوغات نئیں ہوئی

کب تک یہ سوچ سوچ کے ہلکان ہو جیسے
اب تک تری طرف سے شروعات نئیں ہوئی

سر ہونے دو یہ کارِ جہاں عیش کریں گے
ہم لوگ بھی اے دل زدگاں عیش کریں گے

کچھ عرض کریں گے تب و تابِ خس و خاشاک
آجا، کہ ذرا برقِ بتاں عیش کریں گے

اب دل میں شرر کوئی طلب کا، نہ ہوس کا
اس خاک پہ کیا خوش بدناں عیش کریں گے

کچھ دور تو بہتے چلے جائیں گے بھنور تک
کچھ دیر سرِ آبِ رواں عیش کریں گے

اس آس پہ سچائی کے دن کاٹ رہے ہیں
آتی ہے شبِ وہم و گماں عیش کریں گے

ہشیار ہیں تو ہم کو بہک جانا چاہیے
بے سمت راستہ ہے، بھٹک جانا چاہیے

دیکھو کہیں پیالے میں کوئی کمی نہ ہو
لبریز ہو چکا تو چھلک جانا چاہیے

حرفِ رجز سے یوں نہیں ہوتا کوئی کمال
باطن تک اس صدا کی دھمک جانا چاہیے

گرتا نہیں مصاف میں بسمل کسی طرح
اب دستِ نیزہ کار کو تھک جانا چاہیے

طے ہو چکے سب آبلہ پائی کے مرحلے
اب یہ زمیں گلابوں سے ڈھک جانا چاہیے

شاید پسِ غبار تماشا دکھائی دے
اس رہ گزر پہ دور تلک جانا چاہیے

کام اس شکوۂ تنہائی سے کیا چلتا ہے
تو اکیلا ہے کہ دُنیا سے جدا چلتا ہے

رنگ آسان ہیں پہچان لیے جاتے ہیں
دیکھنے سے کہیں خوشبو کا پتا چلتا ہے

لہر اُٹھّے کوئی دل میں تو کنارے لگ جائیں
یہ سمندر ہے یہاں حکمِ ہوا چلتا ہے

پاؤں میں خاک کی زنجیر پڑی ہے کب سے
ہم کہاں چلتے ہیں نقشِ کفِ پا چلتا ہے

شہر در شہر دواں ہے مری فریاد کی گونج
مجھ سے آگے مرا رہوارِ صدا چلتا ہے

اس خرابے میں بھی ہوجائے گی دُنیا آباد
ایک معمورہ پسِ سیلِ بلا چلتا ہے

|

عکس کیا آئینہ داروں کو دکھاؤں تیرا
پہلے تمثال کوئی ڈھونڈ کے لاؤں تیرا

کون پاسکتا ہے کھوئی ہوئی خوشبو کا سراغ
کن ہواؤں سے پتا پوچھنے جاؤں تیرا

تو مرے عشق کی دُنیائے زیاں کا سچ ہے
کیوں کسی اور کو افسانہ سناؤں تیرا

پچھلے موسم میں تری خوش بدنی یاد کروں
راکھ کے ڈھیر میں اک پھول کھلاؤں تیرا

تو مجھے کتنے ہی چہروں میں نظر آتا ہے
کوئی پوچھے تو میں کیا نام بتاؤں تیرا

تم جو عرفان یہ سب دردِ نہاں لکھتے ہو
کون ہے جس کے لیے نامۂ جاں لکھتے ہو

جانتے ہو کہ کوئی موج مٹا دے گی اسے
پھر بھی کیا کیا سرِ ریگِ گزراں لکھتے ہو

جس کے حلقے کا نشاں بھی نہیں باقی کوئی
اب تک اس رشتے کو زنجیرِ گراں لکھتے ہو

یہ بھی کہتے ہو کہ احوال لکھا ہے جی کا
اور یہ بھی کہ حدیثِ دگراں لکھتے ہو

یہ بھی لکھتے ہو کہ معلوم نہیں ان کا پتا
اور خط بھی طرفِ گمشدگاں لکھتے ہو

|

سایہ نکلے گا جو پیکر نظر آتا ہے تمھیں
وہم ٹھہرے گا جسے سروِ رواں لکھتے ہو

اتنی مدت تو سلگتا نہیں رہتا کچھ بھی
اور کچھ ہوگا جسے دل کا دھواں لکھتے ہو

کوئی دلدار نہیں تھا تو جتاتے کیا ہو
کیا چھپاتے ہو اگر اس کا نشاں لکھتے ہو

تم جو لکھتے ہو وہ دُنیا کہیں ملتی ہی نہیں
کون سے شہر میں رہتے ہو، کہاں لکھتے ہو

زندہ رہنا تھا سو جاں نذرِ اجل کر آیا
میں عجب عقدۂ دشوار کو حل کر آیا

میں نے کی تھی صفِ اعدا سے مبارز طلبی
تیر لیکن صفِ یاراں سے نکل کر آیا

تو نے کیا سوچ کے اس شاخ پہ وارا تھا مجھے
دیکھ میں پیرہن برگ بدل کر آیا

یہ ہوس ہو کہ محبت ہو، مگر چہرے پر
اک نیا رنگ اسی آگ میں جل کر آیا

جام تہی لہرایا ہم نے
کیسا جشن منایا ہم نے

رات ہوا کے ساتھ نکل کر
حلقۂ در کھڑکایا ہم نے

چپ گلیوں میں دیں آوازیں
شہر میں شور مچایا ہم نے

خاک تھے لیکن لہر میں آ کر
رقصِ جنوں فرمایا ہم نے

دیکھیں کب ہوں عشق میں کندن
راکھ تو کردی کایا ہم نے

ا

عمرِ شرر بیکار نہ گزری
پل بھر تو چمکایا ہم نے

سب کو نشانہ کرتے کرتے
خود کو مار گرایا ہم نے

تم سے ملے تو خود سے زیادہ
تم کو اکیلا پایا ہم نے

اپنے سر کی آن پہ واری
پاؤں سے لپٹی مایا ہم نے

اے شبِ ہجراں، اب تو اجازت
اتنا ساتھ نبھایا ہم نے

ﷺ

درد کی شب گزر گئی تیرے خیال کے بغیر
اب کے بجھا چراغِ ہجر، بادِ وصال کے بغیر

وقت کے ساتھ طے کیے ہم نے عجیب مرحلے
کچھ مہ و سال کے بہ فیض، کچھ مہ و سال کے بغیر

میرے سکوت نے عیاں رنجِ کہن کیا نہیں
میں نے سخن کیا نہیں پرسشِ حال کے بغیر

تیغِ ستم کے سامنے ہاتھ کو ڈھال کر دیا
ہم نے کمال کردیا دستِ کمال کے بغیر

چار طرف رمیدہ خو، پائے ہوا، صدائے ہو
میرے بغیر لکھنؤ، دشت غزال کے بغیر

ﷺ

منظر وہی، پیکر وہی، دیکھیں کوئی پیاسا بھی ہے
لشکر بھی ہے، خنجر بھی ہے، پہرا بھی ہے، دریا بھی ہے

پیروں میں ہے زنجیر کیوں، ہے خاک دامن گیر کیوں
رخصت بھی ہے، مہلت بھی ہے، ناقہ بھی ہے، رستہ بھی ہے

کچھ رقص کر، کچھ ہائے ہو، اے دل ہمیں دکھلا کہ تُو
قیدی بھی ہے، وحشی بھی ہے، زخمی بھی ہے، زندہ بھی ہے

آشفتگاں، کیا چاہیے اس حرف کے کشکول میں
نعرہ بھی ہے، نالہ بھی ہے، نغمہ بھی ہے، نوحہ بھی ہے

صدیوں سے ہے اک معرکہ لیکن یہ سرکارِ وفا
قائم بھی ہے، دائم بھی ہے، برحق بھی ہے، برپا بھی ہے

نخلِ مراد کے لیے فصلِ دُعا بھی چاہیے
تابِ نمو تو ہم میں ہے، آب و ہوا بھی چاہیے

کم نظرانِ شہر کو وحشتِ جاں نظر تو آئے
چاکِ جگر بہت ہوا، چاکِ قبا بھی چاہیے

سہل نہیں کہ ہاتھ آئے اس کے وصال کا گلاب
دستِ ہوس بھی چاہیے، بختِ رسا بھی چاہیے

کچھ نہ ملے تو کوچہ گرد، لوٹ کے گھر تو آسکیں
پاؤں میں کوئی حلقۂ عہدِ وفا بھی چاہیے

تھا کہیں اک حاصلِ رنجِ سفر جیسا بھی تھا
ان خرابوں سے تو اچھا تھا وہ گھر جیسا بھی تھا

اب تو یہ پرچھائیاں پہچان میں آتیں نہیں
ان میں اک چہرہ چراغِ بام و در جیسا بھی تھا

دل کی بے رنگی سے بہتر تھی لہو کی ایک بوند
وہ بھی اک سرمایہ تھا اے چشمِ تر جیسا بھی تھا

خاک تھا اپنا بدن آخر بکھرنا تھا اسے
ہاں مگر اس خاک میں کچھ گنجِ زر جیسا بھی تھا

کچھ ہواؤں کا بھی اندازہ نہ تھا پہلے ہمیں
اور کچھ سر میں غرورِ بال و پر جیسا بھی تھا

کون مانے گا کہ اس ترکِ طلب کے باوجود
پہلے ہم لوگوں میں کچھ سودائے سر جیسا بھی تھا

میرا جسم اور کہیں، میرا خیال اور کہیں
مجھ کو لے جائے گی، یہ موجِ وصال اور کہیں

زیرِ افلاک ستاروں کا سفر جاری ہے
اب کے نکلیں گے ہم اے شامِ زوال اور کہیں

دور تک آئینے ویران ہیں آنکھوں کی طرح
ڈھونڈنے جایئے اپنے مہ و سال اور کہیں

کچھ اسی دشت پہ موقوف نہیں تیرِ ستم
زندگی ہے تو ہدف ہوں گے غزال اور کہیں

اس سے اک حرفِ دل آزار کا رشتہ ہی سہی
یوں بھی ہوتی ہے کہاں پرسشِ حال اور کہیں

|

بساط رقص جو گردِ سفر بچھانے لگی
وہی جرس کی صدا پھر کہیں سے آنے لگی

عجیب موج ہے، دشمن کہوں کہ دوست کہوں
زمین کاٹ رہی تھی کہ گل کھلانے لگی

سدا کہیں کوئی بے آشنا نہیں رہتا
مجھے ہوائے مسافت گلے لگانے لگی

میں بے کنار سمجھنے کو تھا سمندر کو
کہ ایک شاخ سرِ آب جگمگانے لگی

دُعائے شامِ دل آزردگاں بھی کیا شے ہے
چراغ جلنے لگے، رات مسکرانے لگی

ابھی کھلا بھی نہ تھا رختِ شوق دلّی میں
کہ پھر ہمیں کششِ لکھنؤ بلانے لگی

ن موج خوں پہ، نہ تیغِ جفا پہ لکھیں گے
اب اک سخن ترے رنگِ حنا پہ لکھیں گے

ترا ہی ذکر کریں گے لبِ سکوت سے ہم
ترا ہی نام بیاضِ صدا پہ لکھیں گے

عبارتیں جو ستاروں پہ ہم کو لکھنا تھیں
تری جبینِ ستارہ نما پہ لکھیں گے

سفینہ ڈوب چکے گا تو روئدادِ سفر
کسی جزیرۂ بے آشنا پہ لکھیں گے

بیاں کریں گے نہ کوئی سبب اداسی کا
جو کچھ بھی لکھیں گے آب و ہوا پہ لکھیں گے

ۿ

اب کے صحرا میں عجب بارش کی ارزانی ہوئی
فصلِ امکاں کو نمو کرنے میں آسانی ہوئی

پیاس نے آبِ رواں کو کر دیا موجِ سراب
یہ تماشا دیکھ کر دریا کو حیرانی ہوئی

سر سے سارے خوان خوشبو کے بکھر کر رہ گئے
خاکِ خیمہ تک ہوا پہنچی تو دیوانی ہوئی

دور تک اڑنے لگی گردِ صدا زنجیر کی
کس قدر دیوارِ زنداں کو پشیمانی ہوئی

تم ہی صدیوں سے یہ نہریں بند کرتے آئے ہو
مجھ کو لگتی ہے تمھاری شکل پہچانی ہوئی

خرابہ تھا مگر ایسا نہیں تھا
عزیزو، میرا گھر ایسا نہیں تھا

اندھیرا تھا مری گلیوں میں لیکن
پسِ دیوار و در ایسا نہیں تھا

زمیں نامہرباں اتنی نہیں تھی
فلک حدِ نظر ایسا نہیں تھا

کوئی اُونچا نہیں اُڑتا تھا، پھر بھی
کوئی بے بال و پر ایسا نہیں تھا

قفس میں جس طرح چپ ہے یہ طائر
سرِ شاخِ شجر ایسا نہیں تھا

۱

کوئی آزار تھا پہلے بھی دل کو
مگر اے چارہ گر، ایسا نہیں تھا

نہیں تھا میں بھی اتنا بے تعلق
کہ تو بھی بے خبر ایسا نہیں تھا

اس انجامِ سفر پر کیا بتاؤں
کہ آغازِ سفر ایسا نہیں تھا

مرے خوابوں کے دریا خشک ہو جائیں
نہیں، اے چشمِ تر، ایسا نہیں تھا

یہ آسودہ جو ہے، میری ہوس ہے
مرا سودائے سر ایسا نہیں تھا

ایک طریقہ یہ بھی ہے جب جینا اک ناچاری ہو
ہاتھ بندھے ہوں سینے پر، دل بیعت سے انکاری ہو

جشنِ ظفر ایک اور سفر کی ساعت کا دیباچہ ہے
خیمۂ شب میں رقص بھی ہو اور کوچ کی بھی تیاری ہو

دائم ہے سلطانی ہم شہزادوں خاک نہادوں کی
برق و شرر کی مسند ہو یا تختِ بادِ بہاری ہو

ہم تو رات کا مطلب سمجھیں، خواب، ستارے، چاند، چراغ
آگے کا احوال وہ جانے جس نے رات گزاری ہو

چشمِ طلب کو منظرِ شب میں اکثر ایسا لگتا ہے
خاکِ گزر کے پیچھے جیسے پیکِ سحر کی سواری ہو

اے مرے طائر جاں کس کی طرف دیکھتا ہے
ناوکِ کور کماں کس کی طرف دیکھتا ہے

ہم کسے اپنے سوا عشق میں گردانتے ہیں
دلِ بے مایہ یہاں کس کی طرف دیکھتا ہے

بانوئے ناقہ نشیں دیکھ کے چہرہ تیرا
بندۂ خاک نشاں کس کی طرف دیکھتا ہے

میں تو اک منظرِ رفتہ ہوں مجھے کیا معلوم
اب جہانِ گزراں کس کی طرف دیکھتا ہے

ہم سب آئینہ در آئینہ در آئینہ ہیں
کیا خبر کون، کہاں، کس کی طرف دیکھتا ہے

اس کے بسمل ہیں سو ہم دیکھتے ہیں اس کی طرف
وہ شہِ چارہ گراں کس کی طرف دیکھتا ہے

جنگل میں بھی بستی کے سے آثار نکل آئے
کس سمت رہا ہو کے گرفتار نکل آئے

میدان میں ہر چند میں تنہا تھا مگر خیر
لوٹا تو بہت میرے مددگار نکل آئے

پھر ہم پہ ستم ہو کہ پئے حلقۂ یاراں
کچھ حیلۂ مدّاحیِ سرکار نکل آئے

اندیشۂ جاں خیمے کی دیوار تلک ہے
کچھ بھی نہیں ہوگا اگر اک بار نکل آئے

بازار میں آئے ہیں تو کیوں مول گھٹائیں
شاید کوئی اپنا بھی خریدار نکل آئے

ꕥ

پھر وہم دلِ یار کم آگاہ میں آیا
لو، ایک نیا سنگِ گراں راہ میں آیا

دُنیا نے تو آغوشِ ہوس کی تھی کشادہ
کچھ میں ہی نہ اس حلقۂ کوتاہ میں آیا

دل سکۂ زر تھا کہیں مقتل میں ہوا گم
اک کاسۂ سر نذرِ شہنشاہ میں آیا

اک درد نیا سینۂ پُرشور میں جاگا
ایک اور رجز خواں صفِ جنگاہ میں آیا

کچھ نہ کچھ بھول تو ہو جاتی ہے انسان جو ہیں
یاد وہ بھی نہیں آتا ہے پریشان جو ہیں

صرف اتنا کہ بڑی چیز ہے ملنا دل کا
ہم کوئی بات سمجھتے نہیں ناداں جو ہیں

رونقِ شہر سے مایوس نہ ہو بانوئے شہر
خاک اڑانے کو ترے بے سر و سامان جو ہیں

خیر دُنیا مری وحشت کے لیے تنگ سہی
اور یہ عرصۂ باطن میں بیابان جو ہیں

اے شبِ دربدری آنکھ میں روشن کیا ہے
کچھ ستارے کہ سرِ مطلعِ امکان جو ہیں

اگلے موسم میں ہماری کوئی پہچان تو ہو
ان کو محفوظ رکھیں تارِ گریبان جو ہیں

رات کی رات فقیروں کی بھی دلداری کر
دائم آباد زمیں، ہم ترے مہمان جو ہیں

جشنِ مہتاب گرفتار بھی کر سکتے ہیں
روشنی روزنِ دیوار بھی کر سکتے ہیں

یوسفِ شہر، تجھے تیرے قبیلے والے
دام لگ جائیں تو بازار بھی کر سکتے ہیں

ایک شکل اور بھی ہے چپ کھڑے رہنے کے سوا
آپ اس جرم کا اقرار بھی کر سکتے ہیں

دفن کردی گئی جس خاک میں بستی میری
شہر اسی خاک سے آثار بھی کر سکتے ہیں

فتح کے نشّے میں یہ بات نہ بھولو کہ وہ لوگ
پھر پلٹ آئیں تو یلغار بھی کر سکتے ہیں

جی دکھایا ترے لہجے نے تو معلوم ہوا
کس طرح لفظ کو تلوار بھی کر سکتے ہیں

اپنی وحشت کی سنو اذن و اجازت پہ نہ جاؤ
دار پر جاؤ مگر اوروں کی دعوت پہ نہ جاؤ

کتنے ہی دشت و دمن مجھ میں پڑے پھرتے ہیں
صاحبو کوہکن و قیس کی شہرت پہ نہ جاؤ

لاکھ راس آئے مگر کام ہے نادانی کا
تم مرے ماحصلِ کارِ محبت پہ نہ جاؤ

ظرفِ منعم سے بڑا ہے مرا دامانِ طلب
اپنی زر مہریں گنو میری ضرورت پہ نہ جاؤ

اور اک جست میں دیوار سے ٹکرائے گا سر
قید پھر قید ہے زنجیر کی وسعت پہ نہ جاؤ

ہُو کے صحراؤں میں ان لوگوں کی یاد آتی ہے
ہم سے گھر میں بھی جو کہتے تھے کھلی چھت پہ نہ جاؤ

ہم بندگاں تو نذرِ وفا ہونے والے ہیں
پھر آپ لوگ کس کے خدا ہونے والے ہیں

اس طرح مطمئن ہیں مرے شب گزیدگاں
جیسے یہ سائۂ ظلِّ ہما ہونے والے ہیں

بے چارے چارہ سازئ آزار کیا کریں
دو ہاتھ ہیں سو محوِ دُعا ہونے والے ہیں

اک روز آسماں کو بھی تھکنا ضرور ہے
کب تک زمیں پہ حشر بپا ہونے والے ہیں

ہم پہلے تشنگی کی حدوں سے گزر تو جائیں
سارے سراب آبِ بقا ہونے والے ہیں

لگتا نہیں ہے دل کو جفا کا کوئی جواز
نامہرباں، یہ تیر خطا ہونے والے ہیں

ہم دل میں لکھ رہے ہیں حسابِ ستم گراں
کچھ دن میں سب کے قرض ادا ہونے والے ہیں

ان راستوں میں دل کی رفاقت ہے اصل چیز
جو صرف ہم سفر ہیں جدا ہونے والے ہیں

اچھا نہیں غزل کا یہ لہجہ مرے عزیز
بس چپ رہو کہ لوگ خفا ہونے والے ہیں

در و دیوار کی زد سے نکلنا چاہتا ہوں میں
ہوائے تازہ تیرے ساتھ چلنا چاہتا ہوں میں

وہ کہتے ہیں کہ آزادی اسیری کے برابر ہے
تو یوں سمجھو کہ زنجیریں بدلنا چاہتا ہوں میں

نمو کرنے کو ہے میرا لہو قاتل کے سینے سے
وہ چشمہ ہوں کہ پتھر سے ابلنا چاہتا ہوں میں

بلند و پستِ دُنیا فیصلہ کرنے نہیں دیتے
کہ گرنا چاہتا ہوں یا سنبھلنا چاہتا ہوں میں

محبت میں ہوس کا سا مزا ملنا کہاں ممکن
وہ صرف اک روشنی ہے جس میں جلنا چاہتا ہوں میں

روشنی میں لوگ اعلانِ وفاداری کریں
شمع گل ہوتے ہی سب چلنے کی تیاری کریں

جب ہمیں بے مول ہاتھ آنے لگیں سچائیاں
کیا ضرورت ہے کہ خوابوں کی خریداری کریں

یہ زمیں پھر پاؤں کی زنجیر ہوجانے کو ہے
وحشتیں اب کوئی فرمانِ سفر جاری کریں

تو میسر ہے تو تجھ پر شعر کیوں لکھیں کوئی
تجھ سے فرصت ہو تو ہم یہ شغلِ بیکاری کریں

ملالِ دولتِ بردہ پہ خاک ڈالتے ہیں
ہم اپنی خاک سے پھر گنجِ زر نکالتے ہیں

میں اپنے نقدِ ہنر کی زکات بانٹتا ہوں
مرے ہی سکے مرے ہم سخن اچھالتے ہیں

بڑھا کے میرے معانی پہ لفظ کا زنگار
مرے حریف مرے آئنے اجالتے ہیں

سجا کے آئنہ حرف پیشِ آئینہ
ہم اک کرن سے ہزار آفتاب ڈھالتے ہیں

عذابِ جاں ہے عزیزو خیالِ مصرعِ تر
سو ہم غزل نہیں لکھتے عذاب ٹالتے ہیں

عشق نامہ

مجموعۂ چہارم

خدا کے خزانوں کے نام

"۔۔۔۔۔حوّا جب زمین پر آئیں تو اپنے سنوارے ہوئے گیسوؤں کو کھولا۔ خدا نے ایک ہوا بھیجی جس نے اس خوشبو کو مغرب و مشرق تک پہنچا دیا۔ تمام خوشبوؤں کی اصل اسی سے ہے۔۔۔۔۔"

(امام جعفر صادق)

جامِ ہر ذرّہ ہے سرشارِ تمنا مجھ سے
کس کا دل ہوں کہ دو عالم سے لگایا ہے مجھے
(غالبؔ)

۔

خانۂ درد ترے خاک بہ سر آگئے ہیں
اب تو پہچان کہ ہم شام کو گھر آگئے ہیں

جان و دل کب کے گئے ناقہ سواروں کی طرف
یہ بدن گرد اڑانے کو کدھر آگئے ہیں

رات دن سوچتے رہتے ہیں یہ زندانیِ ہجر
اس نے چاہا ہے تو دیوار میں در آگئے ہیں

اس کے ہی ہاتھ میں ہے شاخِ تعلق کی بہار
چھو لیا ہے تو نئے برگ و ثمر آگئے ہیں

ہم نے دیکھا ہی تھا دُنیا کو ابھی اس کے بغیر
لیجیے بیچ میں پھر دیدۂ تر آگئے ہیں

اتنا آسان نہیں فیصلۂ ترکِ سفر
پھر مری راہ میں دو چار شجر آگئے ہیں

نیند کے شہر طلسمات میں دیکھیں کیا ہے
جاگتے میں تو بہت خواب نظر آگئے ہیں

اس نے کیا دیکھا کہ ہر صحرا چمن لگنے لگا
کتنا اچھا اپنا من، اپنا بدن لگنے لگا

جنگلوں سے کون سا جھونکا لگا لایا اسے
دل کہ جگنو تھا چراغِ انجمن لگنے لگا

اس کے لکھے لفظ پھولوں کی طرح کھلتے رہے
روز ان آنکھوں میں بازارِ سمن لگنے لگا

اوّل اوّل اس سے کچھ حرف و نوا کرتے تھے ہم
رفتہ رفتہ رائیگاں کارِ سخن لگنے لگا

جب قریب آیا تو ہم خود سے جدا ہونے لگے
وہ حجابِ درمیانِ جان و تن لگنے لگا

ہم کہاں کے یوسفِ ثانی تھے لیکن اس کا ہاتھ
ایک شب ہم کو بلائے پیرہن لگنے لگا

تیرے وحشی نے گرفتاری سے بچنے کے لیے
رم کیا اتنا کہ آہوئے ختن لگنے لگا

ہم بڑے اہلِ خرد بنتے تھے یہ کیا ہو گیا
عقل کا ہر مشورہ دیوانہ پن لگنے لگا

کر گیا روشن ہمیں پھر سے کوئی بدرِ منیر
ہم تو سمجھے تھے کہ سورج کو گہن لگنے لگا

تیرے تن کے بہت رنگ ہیں جانِ من، اور نہاں دل کے نیرنگ خانوں میں ہیں
لامسہ، شامہ، ذائقہ، سامعہ، باصرہ سب مرے راز دانوں میں ہیں

اور کچھ دامنِ دل کشادہ کرو، دوستو، شکرِ نعمت زیادہ کرو
پیڑ، دریا، ہوا، روشنی، عورتیں، خوشبوئیں سب خدا کے خزانوں میں ہیں

ناقۂ حسن کی ہم رکابی کہاں، خیمۂ ناز میں باریابی کہاں
ہم تو اے بانوئے کشورِ دلبری، پاسداروں میں ہیں ساربانوں میں ہیں

میرے اندر بھی ہے ایک شہرِ دگر، میرے مہتاب اک رات ادھر سے گزر
کیسے کیسے چراغ ان دریچوں میں ہیں، کیسے کیسے قمر ان مکانوں میں ہیں

اک ستارہ ادا نے یہ کیا کر دیا، میری مٹی سے مجھ کو جدا کر دیا
ان دنوں پاؤں میرے زمیں پر نہیں اب مری منزلیں آسمانوں میں ہیں

لپٹ سی داغِ کہن کی طرف سے آتی ہے
جب اک ہوا ترے تن کی طرف سے آتی ہے

میں تیری منزلِ جاں تک پہنچ تو سکتا ہوں
مگر یہ راہ بدن کی طرف سے آتی ہے

یہ مشک ہے کہ محبت مجھے نہیں معلوم
مہک سی میرے ہرن کی طرف سے آتی ہے

پہاڑ چپ ہیں تو اب ریگ زار بولتے ہیں
ندائے کوہ ختن کی طرف سے آتی ہے

کسی کے وعدۂ فردا کے برگ و بار کی خیر
یہ آگ ہجر کے بن کی طرف سے آتی ہے

جگنوں کے کھوئے ہوؤں کو پکارتا ہے یہ کون
صدا تو خاکِ وطن کی طرف سے آتی ہے

شہاب چہرہ کوئی گم شدہ ستارہ کوئی
ہوا طلوع افق پر مرے دوبارہ کوئی

اُمیدواروں پہ کھلتا نہیں وہ بابِ وصال
اور اس کے شہر سے کرتا نہیں کنارہ کوئی

مگر گرفت میں آتا نہیں بدن اس کا
خیال ڈھونڈتا رہتا ہے استعارہ کوئی

کہاں سے آتے ہیں یہ گھر اُجالتے ہوئے لفظ
چھپا ہے کیا مری مٹی میں ماہ پارہ کوئی

بس اپنے دل کی صدا پر نکل چلیں اس بار
کہ سب کو غیب سے ملتا نہیں اشارہ کوئی

گماں نہ کر کہ ہوا ختم کارِ دل زدگاں
عجب نہیں کہ ہو اس راکھ میں شرارہ کوئی

اگر نصیب نہ ہو اس قمر کی ہم سفری
تو کیوں نہ خاکِ گزر پر کرے گزارہ کوئی

۞

ہم سے وہ جانِ سخن ربطِ نوا چاہتی ہے
چاند ہے اور چراغوں سے ضیا چاہتی ہے

اُس کو رہتا ہے ہمیشہ مری وحشت کا خیال
میرے گم گشتہ غزالوں کا پتا چاہتی ہے

میں نے اتنا اسے چاہا ہے کہ وہ جانِ مراد
خود کو زنجیرِ محبت سے رہا چاہتی ہے

چاہتی ہے کہ کہیں مجھ کو بہا کر لے جائے
تم سے بڑھ کر تو مجھے موجِ فنا چاہتی ہے

روح کو روح سے ملنے نہیں دیتا ہے بدن
خیر، یہ بیچ کی دیوار گرا چاہتی ہے

ہم پرندوں سے زیادہ تو نہیں ہیں آزاد
گھر کو چلتے ہیں کہ اب شام ہوا چاہتی ہے

ہم نے ان لفظوں کے پیچھے ہی چھپایا ہے تجھے
اور انھیں سے تری تصویر بنا چاہتی ہے

سو ہم نذرِ فراموشی یہ سب اشعار کر دیں گے
وہ ہم سے کہہ رہا ہے کیا مجھے بیمار کر دیں گے

وہی سچ ہے جو آنکھوں سے ہویدا ہوتا رہتا ہے
اگر ہونٹوں سے پوچھو گے تو وہ انکار کر دیں گے

بدن کی ریت پر اب تک اسی وعدے کا سایہ ہے
اب آئیں گے تو تیرے دشت کو گلزار کر دیں گے

بتانِ شہر سے یہ دل تو زندہ ہو نہیں سکتا
بہت ہوگا تو میری خواہشیں بیدار کر دیں گے

قیامت استعارہ ہے اشارہ میرے قاتل کا
کہ ہم ابرو ہی کیا سارا بدن تلوار کر دیں گے

انھیں دیوارِ جاں ہی سے الجھنے دو کہ وحشی ہیں
اگر چھیڑا تو دیوارِ جہاں مسمار کر دیں گے

کسی کو شہر میں سیلِ بلا کی زد پہ آنا ہے
چلو یہ کام بھی میرے در و دیوار کر دیں گے

ڈار سے اس کی نہ عرفان جدا کر اس کو
کھول یہ بندِ وفا اور رہا کر اس کو

نظر آنے لگے اپنے ہی خط و خالِ زوال
اور دیکھا کرو آئینہ بنا کر اس کو

آخرِ شب ہوئی آغاز کہانی اپنی
ہم نے پایا بھی تو اک عمر گنوا کر اس کو

دیکھتے ہیں تو لہو جیسے رگیں توڑتا ہے
ہم تو مر جائیں گے سینے سے لگا کر اس کو

تیرے ویرانے میں ہونا تھا اجالا نہ ہوا
کیا ملا اے دلِ سفّاک جلا کر اس کو

اور ہم ڈھونڈتے رہ جائیں گے خوشبو کا سراغ
ابھی لے جائے گی اِک موج اُڑا کر اس کو

وہ ہلالِ ماہِ وصال ہے دلِ مہرباں اسے دیکھنا
پسِ شامِ تن جو پکارنا سرِ بامِ جاں اسے دیکھنا

مری عاشقی مری شاعری ہے سمندروں کی شناوری
وہی ہم کنار اسے چاہنا وہی بے کراں اسے دیکھنا

وہ ستارہ ہے سرِ آسماں ابھی میری شامِ زوال میں
کبھی میرے دستِ کمال میں تہہِ آسماں اسے دیکھنا

وہ ملا تھا نخلِ مراد سا ابھی مجھ کو نجدِ خیال میں
تو ذرا غبارِ شمال میں مرے سارباں اسے دیکھنا

نہ ملے خبر کبھی دوستو مرے حال میرے ملال کی
تو بچھڑ کے اپنے حبیب سے پسِ کارواں اسے دیکھنا

تشنہ رکھا ہے نہ سرشار کیا ہے اس نے
میں نے پوچھا ہے تو اقرار کیا ہے اس نے

گر گئی قیمتِ شمشاد قداں آنکھوں میں
شہر کو مصر کا بازار کیا ہے اس نے

وہ یہاں ایک نئے گھر کی بنا ڈالے گا
خانۂ درد کو مسمار کیا ہے اس نے

دیکھ لیتا ہے تو کھلتے چلے جاتے ہیں گلاب
میری مٹی کو خوش آثار کیا ہے اس نے

دوسرا چہرہ اس آئینے میں دکھلائی نہ دے
دل کو اپنے لیے تیار کیا ہے اس نے

حرف میں جاگتی جاتی ہے مرے دل کی مراد
دھیرے دھیرے مجھے بیدار کیا ہے اس نے

میرے اندر کا ہرن شیوۂ رم بھول گیا
کیسے وحشی کو گرفتار کیا ہے اس نے

میں بہر حال اسی حلقۂ زنجیر میں ہوں
یوں تو آزاد کئی بار کیا ہے اس نے

اب سحر تک تو جلوں گا کوئی آئے کہ نہ آئے
مجھ کو روشن سرِ دیوار کیا ہے اس نے

اک ہوا آئی کہ برہم ہوا مے خانۂ لب
اب تک آیا بھی نہیں تھا ابھی پیمانۂ لب

رات کی بات کوئی اس کے سوا یاد نہیں
قصۂ شب میں اگر سچ ہے تو افسانۂ لب

جسم سے روح تلک راہ نوردی کے لیے
ہو عنایت مرے ہونٹوں کو بھی پروانۂ لب

کاسۂ لب میں کہاں ڈھونڈ رہی ہو اس کو
ہم نے آنکھوں میں چھپا رکھا ہے دردانۂ لب

جنبشِ لب ہو تو نقدِ دل و جاں دیتے ہیں
ہم نئے باج گذاروں میں ہیں سلطانۂ لب

کچھ نہ کچھ حرفِ عنایت کا صلہ دیں تم کو
اذن ہوجائے تو حاضر کریں نذرانۂ لب

وہ تو یہ کہیے کہ اک نام سخن میں آیا
پھول کھلتے ہی کہاں تھے سرِ ویرانۂ لب

تمام تاب و تبِ عاشقی بہانہ ترا
بدن کسی کا بھی ہو وصل جاودانہ ترا

ترے سوا کوئی کیسے دکھائی دے مجھ کو
کہ میری آنکھوں پہ ہے دست غائبانہ ترا

جو رنگ خواب میں دیکھے نہیں وہ سامنے تھے
کھلا ہوا تھا نظر پر نگارخانہ ترا

وہ میرے ہاتھوں میں آئے ہوئے زمین و زماں
وہ میری خاک پہ بکھرا ہوا خزانہ ترا

میں ایک موج میں غرقاب ہو چکا تھا مگر
چھلک رہا تھا ابھی ساغرِ شبانہ ترا

میں بجھتا جاتا تھا لیکن کنارِ جوئے وصال
جھمک رہا تھا ابھی گوہرِ یگانہ ترا

میں تجھ سے بچ کے بھی کیا دوسروں کے کام آیا
تو اب ملے گا تو بن جاؤں گا نشانہ ترا

بس ایک جست میں ہوتی ہے طے مسافتِ ہجر
سمندِ طبع کو کافی ہے تازیانہ ترا

ذرا سا وقت کہیں بے سبب گزارتے ہیں
چلو یہ شام سرِ جوئے لب گزارتے ہیں

تو اک چراغِ جہانِ دگر ہے کیا جانے
ہم اس زمین پہ کس طرح شب گزارتے ہیں

ہمارا عشق ہی کیا ہے، گذارنے والے
یہاں تو نذر میں نام و نسب گزارتے ہیں

خراج مانگ رہی ہے وہ شاہ بانوئے شہر
سو ہم بھی ہدیۂ دستِ طلب گزارتے ہیں

سنا تو ہوگا کہ جنگل میں مور ناچتا ہے
ہم اس خرابے میں فصلِ طرب گزارتے ہیں

جہانِ گم شدگاں کے سفر پہ راضی ہوں
میں تیرے فیصلۂ معتبر پہ راضی ہوں

ابھی مرا کوئی پیکر نہ کوئی میری نمود
میں خاک ہوں ہنرِ کوزہ گر پہ راضی ہوں

یہی خیال مجھے جگمگائے رکھتا ہے
کہ میں رضائے ستارہ نظر پہ راضی ہوں

عجیب لوگ تھے مجھ کو جلا کے چھوڑ گئے
عجب دیا ہوں طلوعِ سحر پہ راضی ہوں

نہ جانے کیسے گھنے جنگلوں کا دکھ ہے کہ آج
میں ایک سایۂ شاخِ شجر پہ راضی ہوں

مجھے اداس نہ کر اے زوالِ عمر کی رات
میں اس کے وعدۂ شامِ دگر پہ راضی ہوں

چمک ہے عشق کی تیرہ شبی میں پہلے سے
میں جل رہا ہوں اسی روشنی میں پہلے سے

چلی تھی خاک بھی میری وہیں بکھرنے کو
ہوا نے رقص کیا اس گلی میں پہلے سے

کوئی بھی حلقۂ زنجیر ہو اسیر ہوں میں
ترے ہی سلسلۂ دلبری میں پہلے سے

ترے وصال سے کچھ کم نہیں اُمیدِ وصال
سو ہم ہلاک ہوئے ہیں خوشی میں پہلے سے

ڈبو دیا مجھے میرے لہو نے آخرِ کار
بھنور تو سوئے ہوئے تھے ندی میں پہلے سے

کھلا کہ تیرا ہی پیکر مثالِ صورتِ سنگ
چھپا ہوا تھا مری شاعری میں پہلے سے

آ جا کبھی ہم گوشہ نشیناں کے لیے بھی
شانہ ہو کوئی دیدۂ گریاں کے لیے بھی

کیا سیر ہے جاناں یہ ترا پیرہنِ تنگ
تن چاہیے پیراہنِ جاناں کے لیے بھی

یہ جوئے تنک آب ہمیں راس نہ آ جائے
موقع ہے ابھی ابرِ گریزاں کے لیے بھی

سب صرف نہ کر موسمِ گل پر دلِ ناداں
کچھ گرمیِ جاں شامِ زمستاں کے لیے بھی

شہروں سے نکل کر ترے دیوانے کہاں جائیں
کم پڑنے لگے دشت غزالاں کے لیے بھی

اب یوں ہے کہ ہنگامۂ محفل میں ہیں خاموش
مشہور تھے جو ہُوئے بیاباں کے لیے بھی

عجیب نشّہ ہے ہشیار رہنا چاہتا ہوں
میں اس کے خواب میں بیدار رہنا چاہتا ہوں

یہ موجِ تازہ مری تشنگی کا وہم سہی
میں اس سراب میں سرشار رہنا چاہتا ہوں

سیاہ چشم، مری وحشتوں پہ طنز نہ کر
میں قاتلوں سے خبردار رہنا چاہتا ہوں

یہ درد ہی مرا چارہ ہے تم کو کیا معلوم
ہٹاؤ ہاتھ میں بیمار رہنا چاہتا ہوں

ادھر بھی آئے گی شاید وہ شاہ بانوئے شہر
یہ سوچ کر سرِ بازار رہنا چاہتا ہوں

ہوا گلاب کو چھوکر گذرتی رہتی ہے
سو میں بھی اتنا گنہگار رہنا چاہتا ہوں

کنارِ سوتھ بنا ہے کنارِ رکنا بآد
مثالِ تیغ رواں چل رہی ہے بادِ مراد

ہمارے کنجِ ابد عافیت میں کچھ بھی نہیں
یہ کارگاہِ عناصر یہ عالمِ ایجاد

یہ دل بھی دیکھ کہ اس خانہ باغِ ہجراں میں
وہی ہے آج بھی جاناں نظامِ بست و کشاد

سوادِ یاد میں چھائی ہوئی ہیں چھاؤنیاں
مسافرانِ جہانِ وصال زندہ باد

پسِ غبارِ مسافت چراغ جلتے رہیں
خدا رکھے یہ پراسرار بستیاں آباد

اب اس کے آگے جو کچھ فیصلہ ہو قسمت کا
ترے سمند بھی میرے غزال بھی آزاد

فقیر جاتے ہیں پھیرا لگا کے ڈیرے کو
مدام دولتِ دولت سرائے یار زیاد

بدن میں جیسے لہو تازیانہ ہو گیا ہے
اسے گلے سے لگائے زمانہ ہو گیا ہے

چمک رہا ہے افق تک غبارِ تیرہ شبی
کوئی چراغ سفر پر روانہ ہوگیا ہے

ہمیں تو خیر بکھرنا ہی تھا کبھی نہ کبھی
ہوائے تازہ کا جھونکا بہانہ ہوگیا ہے

غرض کہ پوچھتے کیا ہو مآلِ سوختگاں
تمام جلنا جلانا فسانہ ہوگیا ہے

فضائے شوق میں اس کی بساط ہی کیا تھی
پرند اپنے پروں کا نشانہ ہوگیا ہے

کسی نے دیکھے ہیں پت جھڑ میں پھول کھلتے ہوئے
دل اپنی خوش نظری میں دوانہ ہوگیا ہے

دل پہ یہ مشقِ ستارہ نظری آخر کیوں
پارۂ سنگ کی آئینہ گری آخری کیوں

میں ہی کیوں حلقۂ زنجیرِ تعلق میں اسیر
تو ہر الزامِ تعارف سے بری آخر کیوں

شاعری میں تو بہت دشت و بیابان کا ذکر
زندگی میں گلۂ دربدری آخر کیوں

اب کہیں کوئی تقاضا نہ کوئی شرطِ وصال
مجھ سے آگے مری شوریدہ سری آخر کیوں

دشتِ ہجراں کے کڑے کوس تو سب کے لیے ہیں
میں ہی ارمان کروں ہم سفری آخر کیوں

دل اگر لہر میں آئے تو اڑا کر لے جائے
عشق میں شکوۂ بے بال و پری آخر کیوں

یہ درد رات مرے بے خبر کے نام تمام
اسی چراغِ جہانِ دگر کے نام تمام

کبھی جو زحمتِ کارِ رفو نہیں کرتا
ہمارے زخم اسی چارہ گر کے نام تمام

وہ ایک خواب سہی سایۂ سراب سہی
یہ عمر بھر کی تھکن اک شجر کے نام تمام

کسی نے بند کیا ہم پہ اپنے نام کا رزق
تو ہم بھی بھول گئے خشک و تر کے نام تمام

یہ ربطِ حرف و حکایت اسے قبول نہیں
تو اب ہمارے یہ خط نامہ بر کے نام تمام

یہ پھول جس نے کھلائے ہمارے پت جھڑ میں
اسی کے موسمِ برگ و ثمر کے نام تمام

اس ایک نام نے بخشا ہے جو خزانۂ درد
وہ ہم نے وقف کیا بحر و بر کے نام تمام

توڑ دی اس نے وہ زنجیر ہی دلداری کی
اور تشہیر کرو اپنی گرفتاری کی

ہم تو صحرا ہوئے جاتے تھے کہ اس نے آکر
شہر آباد کیا' نہرِ صبا جاری کی

ہم بھی کیا شے ہیں طبیعت ملی سیارہ شکار
اور تقدیر ملی آہوئے تاتاری کی

اتنا سادہ ہے مرا مایۂ خوبی کہ مجھے
کبھی عادت نہ رہی آئنہ برداری کی

میرے گم گشتہ غزالوں کا پتہ پوچھتا ہے
فکر رکھتا ہے مسیحا مری بیماری کی

اس کے لہجے میں کوئی چیز تو شامل تھی کہ آج
دل پہ اس حرفِ عنایت نے گراں باری کی

جاؤ اب دشت ہی تعزیر تمھارے لیے ہے
پھر نہ کہنا کوئی زنجیر تمھارے لیے ہے

اپنے ہی دستِ تہی ظرف نے مارا تم کو
اب بکھر جانا ہی اکسیر تمھارے لیے ہے

آخرِ شب تمھیں آنکھوں کا بھرم کھونا تھا
اب کوئی خواب نہ تعبیر تمھارے لیے ہے

عکس نظارہ کرو زود پشیمانی کا
اب تمھاری یہی تصویر تمھارے لیے ہے

آج سے تم پہ درِ حرف و نوا بند ہوا
اب کوئی لفظ نہ تاثیر تمھارے لیے ہے

منصبِ درد سے دل نے تمھیں معزول کیا
تم سمجھتے تھے یہ جاگیر تمھارے لیے ہے

کہیں خرابۂ جاں کے مکیں نہیں جاتے
درخت چھوڑ کے اپنی زمیں نہیں جاتے

تھکے ہوئے کسی لمبے سفر سے لوٹے ہیں
ہوائے تازہ ابھی ہم کہیں نہیں جاتے

بہت یقیں ترے دستِ رفو پہ ہے لیکن
میں کیا کروں مرے زخمِ یقیں نہیں جاتے

یہ کون ہیں جو ببولوں سے چھاؤں مانگتے ہیں
اُدھر جو ایک شجر ہے وہیں نہیں جاتے

میں تم سے ملنے کو اس شہرِ شب سے آتا ہوں
جہاں تم ایسے ستارہ جبیں نہیں جاتے

یہ جانتے ہوئے ہم پانیوں میں اترے ہیں
کہ ڈرنے والے بھنور کے قریں نہیں جاتے

جب وہم ہے وہ شکل تو حیراں نہ کر مجھے
اے چشمِ اعتبار پریشاں نہ کر مجھے

اس روشنی میں تیرا بھی پیکر نظر نہ آئے
اچھا یہ بات ہے تو فروزاں نہ کر مجھے

آئینہ سکوت نہ رکھ سب کے روبرو
میں دل پہ نقش ہوں تو نمایاں نہ کر مجھے

یوسف نہیں ہوں مصر کے بازار میں نہ بیچ
میں تیرا انتخاب ہوں ارزاں نہ کر مجھے

کون ایسی بستیوں سے گزرتا ہے روز روز
میرے کرشمہ سازؔ بیاباں نہ کر مجھے

میں برگ ریزِ ہجر میں زندہ نہ رہ سکوں
اتنا امیدوارِ بہاراں نہ کر مجھے

مجھے بچا بھی لیا، چھوڑ کر چلا بھی گیا
وہ مہرباں پسِ گردِ سفر چلا بھی گیا

وگرنہ تنگ نہ تھی عشق پر خدا کی زمین
کہا تھا اس نے تو میں اپنے گھر چلا بھی گیا

کوئی یقیں نہ کرے میں اگر کسی کو بتاؤں
وہ انگلیاں تھیں کہ زخمِ جگر چلا بھی گیا

مرے بدن سے پھر آئی گئے دنوں کی مہک
اگرچہ موسمِ برگ و ثمر چلا بھی گیا

ہوا کی طرح نہ دیکھی مری خزاں کی بہار
کھلا کے پھول مرا خوش نظر چلا بھی گیا

عجیب روشنیاں تھیں وصال کے اس پار
میں اس کے ساتھ رہا اور ادھر چلا بھی گیا

کل اس نے سیر کرائی نئے جہانوں کی
تو رنجِ نارسیِ بال و پر چلا بھی گیا

اس سے بچھڑ کے بابِ ہنر بند کر دیا
ہم جس میں جی رہے تھے وہ گھر بند کر دیا

شاید خبر نہیں ہے غزالانِ شہر کو
اب ہم نے جنگلوں کا سفر بند کر دیا

اپنے لہو کے شور سے تنگ آچکا ہوں میں
کس نے اسے بدن میں نظر بند کر دیا

اب ڈھونڈ اور قدرشناسانِ رنگ و بو
ہم نے یہ کام اے گلِ تر بند کر دیا

اک اسمِ جاں پہ ڈال کے خاکِ فرامشی
اندھے صدف میں ہم نے گہر بند کر دیا

شعلۂ عشق بجھانا بھی نہیں چاہتا ہے
وہ مگر خود کو جلانا بھی نہیں چاہتا ہے

اس کو منظور نہیں ہے مری گمراہی بھی
اور مجھے راہ پہ لانا بھی نہیں چاہتا ہے

جب سے جانا ہے کہ میں جان سمجھتا ہوں اسے
وہ ہرن چھوڑ کے جانا بھی نہیں چاہتا ہے

سیر بھی جسم کے صحرا کی خوش آتی ہے مگر
دیر تک خاک اڑانا بھی نہیں چاہتا ہے

کیسے اس شخص سے تعبیر پہ اصرار کریں
جو کوئی خواب دکھانا بھی نہیں چاہتا ہے

اپنے کس کام میں لائے گا بتاتا بھی نہیں
ہم کو اوروں پہ گنوانا بھی نہیں چاہتا ہے

میرے لفظوں میں بھی چھپتا نہیں پیکر اس کا
دل مگر نام بتانا بھی نہیں چاہتا ہے

ﮦﮧ

مرے وجود کا جنگل ہرا بھرا ہو جائے
وہ رت بھی آئے کہ اس کا بدن گھٹا ہو جائے

وہ مجھ کو حرف و نوا سے زیادہ جانتا ہے
میں کچھ نہ بولوں اور اس سے مکالمہ ہو جائے

عجب ہے میرے ستارہ ادا کی ہم سفری
وہ ساتھ ہو تو بیاباں میں رتجگا ہو جائے

مجھے وہ لفظ جو لکھّے تو کوئی اور لگے
سخن کرے کبھی مجھ سے تو دوسرا ہو جائے

وہ خوش بدن ہے نویدِ بہار میرے لیے
میں اس کو چھو لوں تو سب کچھ نیا نیا ہو جائے

بچے گا اب نہ کوئی بادباں سفینے میں
نہ جانے کیسی ہوا چل رہی ہے سینے میں

فضا میں اڑتے ہوئے بادلوں سے یاد آیا
کہ میں اسیر ہوا تھا اسی مہینے میں

وہ رک گیا تھا مرے بام سے اترتے ہوئے
جہاں پہ دیکھ رہے ہو چراغ زینے میں

نکال دی ہے خدا نے نباہ کی صورت
ہمارے سنگ میں اور تیرے آبگینے میں

بدن کی خاک میں کب سے دبا تھا شعلۂ عشق
عجیب چیز ملی ہے مجھے دفینے میں

عجب نہیں وہ سمجھ لے یہ استعارۂ شام
کہ آج دیر سے نکلا مرا ستارۂ شام

یہ کون میرے بدن میں طلوع ہونے لگا
ابھی لہو کو ملا بھی نہیں اشارۂ شام

چھپا نظر سے جو میرا ہلالِ ماہِ وصال
اتر گیا مرے دل میں سیاہ پارۂ شام

سمٹتی دھوپ ترے روپ کی سہیلی تھی
پنھا گئی ترے کانوں میں گوشوارۂ شام

ہر آفتاب کو آخر غروب ہونا ہے
سو ہم بھی ڈوب رہے ہیں سرِ کنارۂ شام

ھوا کا چلنا، دریچوں کا باز ہو جانا
ذرا سی بات پہ دل کا گداز ہو جانا

مرے کنار سے اٹھنا مرے ستارے کا
اور اس کے بعد شبوں کا دراز ہو جانا

وہ میرے شیشے پہ آنا تمام گردِ ملال
پھر ایک شخص کا آئینہ ساز ہو جانا

وہ جاگنا مری خاکِ بدن میں نغموں کا
کسی کی انگلیوں کا نے نواز ہو جانا

خیال میں ترا کھلنا مثالِ بند قبا
مگر گرفت میں آنا تو راز ہو جانا

میں اس زمیں پہ تجھے چاہنے کو زندہ ہوں
مجھے قبول نہیں بے جواز ہو جانا

بدن کے دونوں کناروں سے جل رہا ہوں میں
کہ چھو رہا ہوں تجھے اور پگھل رہا ہوں میں

تجھی پہ ختم ہے جاناں مرے زوال کی رات
تو اب طلوع بھی ہو جا کہ ڈھل رہا ہوں میں

بلا رہا ہے مرا جامہ زیب ملنے کو
تو آج پیرہنِ جاں بدل رہا ہوں میں

غبارِ راہ گزر کا یہ حوصلہ بھی تو دیکھ
ہوائے تازہ ترے ساتھ چل رہا ہوں میں

میں خواب دیکھ رہا ہوں کہ وہ پکارتا ہے
اور اپنے جسم سے باہر نکل رہا ہوں میں

کب سے راضی تھا بدن بے سر و سامانی پر
شب میں حیران ہوا خون کی طغیانی پر

ایک چھکار نے سناٹے کا توڑا پندار
ایک نو برگ ہنسا دشت کی ویرانی پر

کل بگولے کی طرح اس کا بدن رقص میں تھا
کس قدر خوش تھی مری خاک پریشانی پر

میرے ہونٹوں سے جو سورج کا کنارہ ٹوٹا
بن گیا ایک ستارہ تری پیشانی پر

کون سا شہرِ سبا فتح کیا چاہتا ہوں
لوگ حیراں ہیں مرے کارِ سلیمانی پر

ا ب وہ بے تابیِ جاں کا ہے کی، وحشت کیسی
اس سے بچھڑے ہیں تو حاصل ہے فراغت کیسی

جان، ہم کارِ محبت کا صلہ چاہتے تھے
دلِ سادہ کوئی مزدور ہے اجرت کیسی

عمر کیا چیز ہے احساسِ زیاں کے آگے
ایک ہی شب میں بدل جاتی ہے صورت کیسی

شمعِ خیمہ کوئی زنجیر نہیں ہم سفراں
جس کو جانا ہے چلا جائے اجازت کیسی

اس زمیں پر مرے یکتا ترے تمثال بہت
آئینہ خانے میں آیا ہے تو حیرت کیسی

دل اگر دل ہے تو دریا سے بڑا ہونا ہے
سر اگر سر ہے تو نیزوں سے شکایت کیسی

ہم نے اسے محبوب کیا یہ سوچ کے جی میں غرور کرے
دل سے ہمیں فرزانہ جانے دیوانہ مشہور کرے

اس کا نام ہی انتم سر ہے مری صدا کے سرگم کا
اس کے آگے سناٹا ہے کوئی اگر مجبور کرے

حرف میں اپنے جانِ سخن نے دونوں مطلب رکھے ہیں
جب چاہے افسردہ کردے، جب چاہے مسرور کرے

کیا کیا طور اسے آتے ہیں دل کو شکیبا رکھنے کے
لغزش پہ ناراض نہ ہو اور خواہش نا منظور کرے

شب کو جو محوِ خوابِ گراں ہو گل ہوں ستارہ چاند چراغ
صبح کو جب وہ جامہ چساں ہو جگ میں نورظہور کرے

ہم کو تو دلبر خوب ملا خیر اپنی اپنی قسمت ہے
پھر بھی جو کوئی رنج اُٹھانا چاہے عشق ضرور کرے

ابھی کھلنے کے لیے بندِ قبا رکھا ہے
ہم نے ہر کام کو فردا پہ اٹھا رکھا ہے

کیا چھپاؤں مرے دلدار کہ تیرے آگے
دل کفِ دست کے مانند کھلا رکھا ہے

ہے مری خاکِ بدن آئینہ گر تیرا کمال
تو نے کس چیز کو آئینہ بنا رکھا ہے

کیسی آنکھیں ہیں کہ دریاؤں کو پہچانتی ہیں
کیسا دل ہے کہ سرابوں سے لگا رکھا ہے

ہم تعارف ہی سے دیوانے ہوئے جاتے ہیں
اور ابھی مرحلۂ کارِ وفا رکھا ہے

ایک ہی رنگ ترے اسم دل آویز کا رنگ
اور میرے ورقِ سادہ میں کیا رکھا ہے

ஐ

بے دلاں، کارِ نظر ختم کہاں ہوتا ہے
رک بھی جائیں تو سفر ختم کہاں ہوتا ہے

نیند سے پہلے بہت شور مچاتے ہیں خیال
شب کو ہنگامۂ سر ختم کہاں ہوتا ہے

چاہتا کون ہے مرنے کی اذیت سے نجات
زہر تُو ہے تو اثر ختم کہاں ہوتا ہے

اگلے موسم میں پھر آئیں گے نئے برگ و ثمر
اے ہوا بارِ شجر ختم کہاں ہوتا ہے

اپنی ہی آگ سے روشن ہوں میں اک ذرۂ خاک
دیکھئے رقصِ شرر ختم کہاں ہوتا ہے

بولتے بولتے ہوجاتے ہیں خاموش چراغ
سخنِ سایۂ در ختم کہاں ہوتا ہے

تم بادِ صبا کہلاؤ تو کیا
کچھ دیر میں ہم مرجھانے کو ہیں

کوئی آکے ہمیں زنجیر کرے
ہم رقصِ جنوں فرمانے کو ہیں

جو بادل بستی چھوڑ گئے
کسی بن پہ بھرن برسانے کو ہیں

اب جاؤ ہمارے دھیان سے تم
ہم پل بھر جی بہلانے کو ہیں

جس شہر سے اس نے کوچ کیا
ہم کون وہاں رہ جانے کو ہیں

دل کیسے ریت میں ڈوب گیا
آنکھیں تو دھوکا کھانے کو ہیں

اب ہونٹوں پر کوئی ہاتھ نہیں
ہم دل کی بات بتانے کو ہیں

ꕥ

کوئی چِٹّھی لکھو رنگ بھری کوئی مِٹّھی کھولو پھاگ بھری
کبھی دن بیتیں بیراگ بھرے کبھی رت آئے انوراگ بھری

جہاں خاک بچھونا رات ملے مجھے چاند کی صورت ساتھ ملے
وہی دکھیارن وہی بنجارن وہی روپ متی وہی بھاگ بھری

پل بھر کو اگر میں سو جاؤں تو سارا زہر کا ہو جاؤں
ترا کالا جنگل ناگ بھرا مری جلتی آنکھیں جاگ بھری

سنو اپنا اپنا کام کریں سُرتال پہ کیوں الزام دھریں
میاں اپنی اپنی بانسریا کوئی راگ بھری کوئی آگ بھری

فقیر ہوں دلِ تکیہ نشیں ملا ہے مجھے
میاں کا صدقۂ تاج و نگیں ملا ہے مجھے

زباں کو خوش نہیں آتا کسی کا آب و نمک
عجب تبرکِ نان جویں ملا ہے مجھے

میں بوریا بھی اسی خاک پر کیا تھا بساط
سو یہ خریطۂ زر بھی یہیں ملا ہے مجھے

چراغِ گنبد و محراب بجھ گئے ہیں تمام
تو اک ستارۂ داغِ جبیں ملا ہے مجھے

یہ سر کہاں وہ کلاہِ چہار ترک کہاں
ابھی اجازۂ بیعت نہیں ملا ہے مجھے

ہر طرف ڈوبتے سورج کا سماں دیکھئے گا
اک ذرا منظرِ غرقابیِ جاں دیکھئے گا

سیرِ غرناطہ و بغداد سے فرصت پا کر
اس خرابے میں بھی خوابوں کے نشاں دیکھئے گا

یہ در و بام یہ چہرے یہ قبائیں یہ چراغ
دیکھئے بارِ دگر ان کو کہاں دیکھئے گا

راہ میں اور بھی قاتل ہیں اجازت لیجے
جیتے رہیے گا تو پھر کوئے بتاں دیکھئے گا

شاخ پر جھومتے رہنے کا تماشا کیا ہے
کبھی صرصر میں ہمیں رقص کناں دیکھئے گا

یہی دُنیا ہے تو اس تیغِ مکافات کی دھار
ایک دن گردنِ خنجر پہ رواں دیکھئے گا

دل طرفدارِ حرم، جسم گرفتارِ فرنگ
ہم نے کیا وضع نکالی ہے میاں دیکھئے گا

ꕥ

سخن میں رنگ تمھارے خیال ہی کے تو ہیں
یہ سب کرشمے ہوائے وصال ہی کے تو ہیں

کہا تھا تم نے کہ لاتا ہے کون عشق کی تاب
سو ہم جواب تمھارے سوال ہی کے تو ہیں

ذرا سی بات ہے دل میں اگر بیاں ہوجائے
تمام مسئلے اظہارِ حال ہی کے تو ہیں

یہاں بھی اس کے سوا اور کیا نصیب ہمیں
ختن میں رہ کے بھی چشمِ غزال ہی کے تو ہیں

جسارتِ سخنِ شاعراں سے ڈرنا کیا
غریب مشغلۂ قیل و قال ہی کے تو ہیں

ہوا کی زد پہ ہمارا سفر ہے کتنی دیر
چراغ ہم کسی شامِ زوال ہی کے تو ہیں

ہم سخن ہوتا ہے صحرا کا وہ آہو ہم سے
پوچھیے دور کی آواز کا جادو ہم سے

لیے پھرتی تھی کسی شہرِ فراموشی میں
رات پھر کھیل رہی تھی تری خوشبو ہم سے

اپنے لفظوں سے اسے ہم نے سنبھلنے نہ دیا
ہو گئے دل میں کئی تیر ترازو ہم سے

کیا جھلکتا ہے یہ جاناں تری خاموشی میں
حرفِ اقرار تو کہتا بھی نہیں تُو ہم سے

ہم کبھی دھیان سے اس کے نہ اترنے پائیں
دائم آباد رہے حسن کا پہلو ہم سے

ᘓᘐ

کیا ہرن ہے کہ کبھی رم نہیں کرتا ہم سے
فاصلہ اپنا مگر کم نہیں کرتا ہم سے

پیکر سادہ ہے اور دل سے وہ کرتا ہے سلوک
جو کبھی حسنِ دو عالم نہیں کرتا ہم سے

خود ہی شاداب ہے وہ لالۂ صحرا ایسا
خواہشِ قطرۂ شبنم نہیں کرتا ہم سے

کیا خبر کون سی تقصیر پہ ناراض نہ ہو
وہ شکایت بھی تو پیہم نہیں کرتا ہم سے

صبر اے عشق، وہ خواہاں ہے شکیبائی کا
طلبِ دیدۂ پرنم نہیں کرتا ہم سے

چراغِ خانۂ افسردگاں جلائے بھی
اگر وہ سنگ نہیں ہے تو مسکرائے بھی

وہ چاند ہے تو مرے بام پر طلوع بھی ہو
ستارہ ہے تو مری شام جگمگائے بھی

وہ پھول ہے تو مری شاخِ جاں بھی مہکائے
اگر ہوا ہے تو میرے بدن تک آئے بھی

وہ شعلہ ہے تو مجھے خاک بھی کرے آخر
اگر دیا ہے تو کچھ اپنی لو بڑھائے بھی

سخن سرا ہے تو مجھ سے مکالمہ بھی کرے
گلہ سنے بھی اور اپنی غزل سنائے بھی

جاں سے گزرے بھی تو دریا سے گزاریں گے تمھیں
ساتھ مت چھوڑنا ہم پار اُتاریں گے تمھیں

تم سنو یا نہ سنو، ہاتھ بڑھاؤ نہ بڑھاؤ
ڈوبتے ڈوبتے اک بار پکاریں گے تمھیں

دل پہ آتا ہی نہیں فصلِ طرب میں کوئی پھول
جان، اس شاخِ شجر پر تو نہ واریں گے تمھیں

کھیل یہ ہے کہ کسے کون سوا چاہتا ہے
جیت جاؤ گے تو جاں نذر گزاریں گے تمھیں

کیسی زیبائی ہے جب سے تمھیں چاہا ہم نے
اور چاہیں گے تمھیں اور سنواریں گے تم

عشق میں ہم کوئی دعویٰ نہیں کرتے لیکن
کم سے کم معرکۂ جاں میں نہ ہاریں گے تمھیں

|

جسم و جاں کی آگ سے منظر بہ منظر روشنی
اس کا پیکر روشنی، میرا مقدّر روشنی

میں نے رات اک خواب دیکھا اور روشن ہوگیا
دیکھتا کیا ہوں کہ ہے میرے برابر روشنی

اور اے روشن قبا تجھ سے ہمیں کیا چاہیے
ایک دامن بھر ہوا اور اک دیا بھر روشنی

میں کوئی جگنو نہ تارا، میں کوئی سورج نہ چاند
اور تو دیکھے تو ہے مٹی کے اندر روشنی

اکثر اکثر اس کا چہرہ دھیان میں آتا بھی ہے
جیسے گم ہوجائے جنگل میں چمک کر روشنی

میرے مولا، ہجر کی تاریک راتوں کے طفیل
زندگی بھر چاہتیں اور زندگی بھر روشنی

چمن ویراں ہوا اب دل کی جولانی سے کیا ہوگا
نقیب و لشکر و تختِ سلیمانی سے کیا ہوگا

قبا سے کیا ہوا ہنگامۂ شوقِ تماشا میں
ہم آنکھیں بند کر لیں گے تو عریانی سے کیا ہوگا

مری دُنیائے جاں میں صرف میرا حکم چلتا ہے
بدن کی خاک پر اوروں کی سلطانی سے کیا ہوگا

یہاں کس کو خبر ہوگی غبارِ شہ سواراں میں
میں خوشبو ہی سہی میری پریشانی سے کیا ہوگا

پھر اک نو برگ نے روئے بیاباں کر دیا روشن
میں ڈرتا تھا کہ حاصل ایسی ویرانی سے کیا ہوگا

میرے ہونے میں کسی طور سے شامل ہو جاؤ
تم مسیحا نہیں ہوتے ہو تو قاتل ہو جاؤ

دشت سے دور بھی کیا رنگ دکھاتا ہے جنوں
دیکھنا ہے تو کسی شہر میں داخل ہو جاؤ

جس پہ ہوتا ہی نہیں خونِ دو عالم ثابت
بڑھ کے اک دن اسی گردن میں حمائل ہو جاؤ

وہ ستم گر تمھیں تسخیر کیا چاہتا ہے
خاک بن جاؤ اور اس شخص کو حاصل ہو جاؤ

عشق کیا کارِ ہوس بھی کوئی آسان نہیں
خیر سے پہلے اسی کام کے قابل ہو جاؤ

ابھی پیکر ہی جلا ہے تو یہ عالم ہے میاں
آگ یہ روح میں لگ جائے تو کامل ہو جاؤ

میں ہوں یا موجِ فنا اور یہاں کوئی نہیں
تم اگر ہو تو ذرا راہ میں حائل ہو جاؤ

کچھ حرف و سخن پہلے تو اخبار میں آیا
پھر عشق مرا کوچہ و بازار میں آیا

اب آخرِ شب درد کا بھٹکا ہوا رہوار
آیا بھی تو شہرِ لب و رُخسار میں آیا

کیا نقش ہوا دل کے اندھیرے میں نمودار
کیا روزنِ روشن مری دیوار میں آیا

حیراں ہوں کہ پھر اس نے نہ کی صبر کی تاکید
بازو جو مرا بازوئے دلدار میں آیا

یہ آئنہ گفتار کوئی اور ہے مجھ میں
سوچا بھی نہ تھا میں نے جو اظہار میں آیا

حاصل نہ ہوا مجھ کو وہ مہتاب تو معبود
کیا فرق ترے ثابت و سیار میں آیا

میں جب تازہ تر تھا تو اکثر تصور میں عکس رخِ دیگراں کھینچتا تھا
شبیہیں بناتا تھا اور ان کے اطراف نقش و نگارِ گماں کھینچتا تھا

کسی شہرِ فردائے امن و اماں کی کرن اپنی جانب بلاتی تھی مجھ کو
اور اپنی طرف ایک خیمے میں روشن چراغِ شبِ درمیاں کھینچتا تھا

عجب سلسلہ تھا وہ جنگ آزما خاک پر جاں بہ لب چھوڑ جاتے تھے مجھ کو
پسِ معرکہ ایک دستِ کرم میرے سینے سے نوک سناں کھینچتا تھا

یہی شخص جو اب جہانِ مکافات میں قاتلوں سے اماں چاہتا ہے
کبھی پھینکتا تھا کمند آہوؤں پر کبھی طائروں پر کماں کھینچتا تھا

وصالِ بتاں کے لیے سوزِ جاں، عشق کا امتحاں، کچھ ضروری نہیں ہے
سو اب جا کے مجھ پر کھلا ہے کہ میں اتنے رنج و محن رائیگاں کھینچتا تھا

زیرِ محراب نہ بالائے مکاں بولتی ہے
خامشی آ کے سرِ خلوتِ جاں بولتی ہے

یہ مرا وہم ہے یا مجھ کو بلاتے ہیں وہ لوگ
کان بجتے ہیں کہ موجِ گزراں بولتی ہے

لو سوالِ دہنِ بستہ کا آتا ہے جواب
تیر سرگوشیاں کرتے ہیں کماں بولتی ہے

ایک میں ہوں کہ اس آشوبِ نوا میں چپ ہوں
ورنہ دُنیا مرے زخموں کی زباں بولتی ہے

ہوُ کا عالم ہے گرفتاروں کی آبادی میں
ہم تو سنتے تھے کہ زنجیرِ گراں بولتی ہے

درد کے باب میں تمثال گری ہے خاموش
بن بھی جاتی ہے تو تصویر کہاں بولتی ہے

پرند نامہ بری میں کہاں سے آتے ہیں
سخن یہ بے خبری میں کہاں سے آتے ہیں

ہمیں بھی یاد نہیں ہے کہ ہم شرر کی طرح
ہوا کی ہم سفری میں کہاں سے آتے ہیں

مسافتیں کوئی دیکھے کہ ہم سرابوں تک
گمانِ خوش نظری میں کہاں سے آتے ہیں

گھروں میں آنکھیں، دروں میں چراغ جلتے ہوئے
یہ خواب دربدری میں کہاں سے آتے ہیں

یہ کون جادۂ گم گشتگاں اجالتا ہے
فرشتے دشت و تری میں کہاں سے آتے ہیں

اگر تراوشِ زخم جگر نہیں کوئی چیز
تو رنگ بے ہنری میں کہاں سے آتے ہیں

خوابِ آسودگیِ بال و پر آنے کا نہیں
شام آنکھوں سے یہ کہتی ہے گھر آنے کا نہیں

دل کے آئینے سے رخصت ہوا زنگارِ ملال
اس میں اب کوئی بھی چہرا نظر آنے کا نہیں

اور کیا چاہیے پیروں سے گریزاں ہے زمیں
آسمانوں سے تو اذنِ سفر آنے کا نہیں

فیصلہ کر، کم و بیشِ تہہِ دریا کی نہ سوچ
مسئلہ ڈوبنے کا ہے ابھر آنے کا نہیں

کل اسی موج میں اپنا تھا تو بہہ جانا تھا
جانِ من اب کوئی سیلاب اِدھر آنے کا نہیں

جس کو ہونا ہے وہ فریاد میں شامل ہوجائے
بے نوا شہر میں بارِ دگر آنے کا نہیں

کوئے قاتل کی روایت ہی بدل دی میں نے
ورنہ دستور یہاں لوٹ کر آنے کا نہیں

لشکرِ عشق نے جب سے خیمے کیے کچھ نہ کچھ روز سرحد بڑھا لی گئی
اور پھر ایک دن دل کی ساری زمیں درد کی مملکت میں ملا لی گئی

رات کو رک کے صحرا جگایا گیا جب تھکن سے بدن کی طنابیں گریں
اپنے ہاتھوں کے تکیے بنائے گئے اپنی مٹی کی چادر بچھا لی گئی

ایک چڑیا کی آواز آتی رہی میرے بچوں کو مجھ سے چھڑایا گیا
میری بستی سے مجھ کو نکالا گیا میرے جنگل میں بستی بسا لی گئی

دستِ خالی پہ کیا حوصلہ کیجیے کیسے جینے کی قیمت ادا کیجیے
اب کے دربار میں نذرِ سر بھیج کر بچ نکلنے کی صورت نکالی گئی

کوچۂ رہزناں سے گزرتے ہوئے کچھ بچانا بھی تھا کچھ لٹانا بھی تھا
اپنی صدیوں کا سونا لٹایا گیا اپنے خوابوں کی دُنیا بچالی گئی

ختم ہوتا ہے اس رات کا ماجرا اب یہ کیا پوچھتے ہو کہ پھر کیا ہوا
پھر چراغوں کی آنکھیں بجھا دی گئیں پھر گلوں کی زباں کاٹ ڈالی گئی

سارے منظر غبارِ پسِ کارواں ہو گئے بام و در سب دھواں ہو گئے
اب مناجات کا وقت ہے گھر چلو سیر کی جا چکی خاک اڑا لی گئی

ہم تو زنجیر سفر شوق میں ڈالے ہوئے ہیں
ورنہ یہ انفس و آفاق کھنگالے ہوئے ہیں

جان و تن عشق میں جل جائیں گے، جل جانے دو
ہم اسی آگ سے گھر اپنا اجالے ہوئے ہیں

کب سے مژگاں نہیں کھولے مرے ہشیاروں نے
کتنی آسانی سے طوفان کو ٹالے ہوئے ہیں

اجنبی جان کے کیا نام و نشاں پوچھتے ہو
بھائی، ہم بھی اسی بستی کے نکالے ہوئے ہیں

ہم نے کیا کیا تجھے چاہا ہے انھیں کیا معلوم
لوگ ابھی کل سے ترے چاہنے والے ہوئے ہیں

کہیں وحشت نہیں دیکھی تری آنکھوں جیسی
یہ ہرن کون سے صحراؤں کے پالے ہوئے ہیں

دل کا کیا ٹھیک ہے آنا ہے تو آجا کہ ابھی
ہم یہ گرتی ہوئی دیوار سنبھالے ہوئے ہیں

ہاں اے دلِ دیوانہ حریفانہ اٹھا لے
دُنیا نے جو پھینکا ہے وہ دستانہ اٹھا لے

خاک اڑتی ہے سینے میں بہت رقص نہ فرما
صحرا سے مری جان پری خانہ اٹھا لے

تم کیا شررِ عشق لیے پھرتے ہو صاحب
اس سے تو زیادہ پرِ پروانہ اٹھا لے

یار اتنے سے گھر کے لیے یہ خانہ بدوشی
سر پر ہی اٹھانا ہے تو دُنیا نہ اٹھا لے

پھر بار فقیروں کا اٹھانا مرے داتا
پہلے تو یہ کشکولِ فقیرانہ اٹھا لے

جو رنج میں اس دل پہ اٹھایا ہوں اسے چھوڑ
تو صرف مرا نعرۂ مستانہ اٹھا لے

آسان ہو جینے سے اگر جی کا اٹھانا
ہر شخص ترا عشوۂ ترکانہ اٹھا لے

لو صبح ہوئی موجِ سحر خیز ادھر آئے
اور آ کے چراغِ شبِ افسانہ اٹھا لے

ہم لفظ سے مضمون اٹھا لاتے ہیں جیسے
مٹی سے کوئی گوہرِ یک دانہ اٹھا لے

تجھے پا کر بھی تیری ہی طلب سینے میں رکھتا ہوں
تماشا کر کہ میں کشکول گنجینے میں رکھتا ہوں

اسی رستے سے وہ خورشیدِ فردا گھر میں اترے گا
سو آنکھوں کے دیئے اس رات کے زینے میں رکھتا ہوں

مجھے یہ زندگی نقصان کا سودا نہیں لگتی
میں آنے والی دُنیا کو بھی تخمینے میں رکھتا ہوں

عزیزو تم سے رازِ خوش نوائی کیا چھپانا ہے
میں دل کے چند ٹکڑے اپنے سازینے میں رکھتا ہوں

مرا رنگِ ہنر تو ایک تصویرِ خیالی ہے
میں اک سادہ سا چہرہ دل کے آئینے میں رکھتا ہوں

دیکھ لے، خاک ہے کاسے میں کہ زر ہے سائیں
دستِ دادار بڑا شعبدہ گر ہے سائیں

تو مجھے اس کے خم و پیچ بتاتا کیا ہے
کوئے قاتل تو مری راہ گزر ہے سائیں

یہ جہاں کیا ہے بس اک صفحۂ بے نقش و نگار
اور جو کچھ ہے ترا حسنِ نظر ہے سائیں

شہر و صحرا تو ہیں انسانوں کے رکھے ہوئے نام
گھر وہیں ہے دلِ دیوانہ جدھر ہے سائیں

ہم نے پہلے بھی مآلِ شبِ غم دیکھا ہے
آنکھ اب کے جو کھلے گی تو سحر ہے سائیں

پاؤں کی فکر نہ کر بارِ کم و بیش اتار
اصل زنجیر تو سامانِ سفر ہے سائیں

آگے تقدیر پرندے کی جہاں لے جائے
حدِّ پرواز فقط حوصلہ بھر ہے سائیں

شاعری کون کرامت ہے مگر کیا کیجے
درد ہے دل میں سو لفظوں میں اثر ہے سائیں

عشق میں کہتے ہیں فرہاد نے کاٹا تھا پہاڑ
ہم نے دن کاٹ دیئے یہ بھی ہنر ہے سائیں

|

ജ്ഞ

عشق میاں اِس آگ میں میرا ظاہر ہی چمکا دینا
میرے بدن کی مٹی کو ذرا کندن رنگ بنا دینا

آؤ تمھاری نذر کریں ہم ایک چراغ حکایت کا
جب تک جاگو روشن رکھنا نیند آئے تو بجھا دینا

بیس اکیس برس پیچھے ہمیں کب تک ملتے رہنا ہے
دیکھو، اَب کی بار ملو تو دِل کی بات بتا دینا

سینے کے ویرانے میں یہ خوشبو ایک کرامت ہے
ورنہ اتنا سہل نہیں تھا راکھ میں پھول کھلا دینا

دِل کی زمیں تک روشنیاں تھیں، چہرے تھے، ہریالی تھی
اب تو جہاں بھی ساحل پانا کشتی کو ٹھہرا دینا

مولا، پھر مرے صحرا سے بن برسے بادل لوٹ گئے
خیر، شکایت کوئی نہیں ہے اگلے برس برسا دینا

خواجہ خضر سنو ہم کب سے اس بستی میں بھٹکتے ہیں
تم کو اگر تکلیف نہ ہو تو جنگل تک پہنچا دینا

شہر کیوں رات میں بیدار ہے میں کیا جانوں
جشن ہے صبح کہ پیکار ہے میں کیا جانوں

ایک قطرہ بھی مرے کوزۂ خالی میں نہیں
ہر طرف ابرِ گہر بار ہے میں کیا جانوں

عاشقوں کے سرِ تسلیم کو تسلیم سے کام
اب یہ ابرو ہے کہ تلوار ہے میں کیا جانوں

صید کرتا ہے کسی اور کی مرضی سے مجھے
خود بھی صیاد گرفتار ہے میں کیا جانوں

میں تو اک درد کا سرمایہ لیے بیٹھا ہوں
یہ مری جان کا آزار ہے میں کیا جانوں

میں تو اک بکھری ہوئی صف کا پیادہ ٹھہرا
کون اس فوج کا سالار ہے میں کیا جانوں

تو فرستادۂ سرکار نہیں ہے نہ سہی
ہاتھ میں محضرِ سرکار ہے میں کیا جانوں

شحنۂ شہر کی خدمت میں لگے ہیں سب لوگ
کون غالب کا طرفدار ہے میں کیا جانوں

اک نیا رنگ ہویدا ہے مری آنکھوں میں
آج کیا سرخیٔ اخبار ہے میں کیا جانوں

تجھ کو سیلاب کے آنے کی خبر دے دی ہے
تیرا در ہے تری دیوار ہے میں کیا جانوں

میں نمو کرنے پہ راضی نہیں بے موجِ بہار
موسمِ دَرہم و دِینار ہے میں کیا جانوں

سرِ پندار تو مجھ کو بھی نظر آتا ہے
اور کیا کیا تہہِ دستار ہے میں کیا جانوں

قحط میں کب سے دکاں میری پڑی ہے خالی
عشق سے گرمئ بازار ہے میں کیا جانوں

ہے کہیں صبحِ خوش آثار بھی لیکن فی الحال
میرے آگے تو شبِ تار ہے میں کیا جانوں

مجھ کو آتی ہے ترے حرف سے احساس کی آنچ
سب تری گرمئ گفتار ہے میں کیا جانوں

ہو چکا جو کچھ وہی بار دگر کرنا مجھے
پانیوں میں راستہ شعلوں میں گھر کرنا مجھے

تجھ کو اک جادو دکھانا پیچ و تابِ خاک کا
اک تماشا اے ہوائے رہ گزر کرنا مجھے

دھیرے دھیرے ختم ہونا سر کا سودا، دل کا درد
رفتہ رفتہ ہر صدف کو بے گہر کرنا مجھے

اپنے چاروں سمت دیواریں اُٹھانا رات دِن
رات دِن پھر ساری دیواروں میں در کرنا مجھے

اِک خرابہ دِل میں ہے، اِک آب جُو آنکھوں میں ہے
میں تمھیں لینے کہاں آؤں خبر کرنا مجھے

کہیں خیام لگیں قریہ وصال بھی آئے
شبِ سفر میں کبھی ساعتِ زوال بھی آئے

کسی اُفق پہ تو ہو اتصالِ ظلمت و نور
کہ ہم خراب بھی ہوں اور وہ خوش خصال بھی آئے

سخن میں کب سے ہے روشن، یہ کیا ضروری ہے
کہ وہ ستارہ سرِ مطلعِ مثال بھی آئے

سنا ہے سیر کو نکلی ہوئی ہے موجِ نشاط
عجب نہیں طرفِ کوچۂ ملال بھی آئے

ہمیں عطیۂ ترکِ طلب قبول نہ تھا
سو ہم تو اس کی عنایت پہ خاک ڈال بھی آئے

مرا خدا، مرے شیشے اُجالنے والا
سیہ اُفق سے ہے سورج نکالنے والا

سن اے ہرے بھرے موسم میں تجھ سے کیا مانگوں
کہ تو نہیں مرے بچوں کو پالنے والا

دھنک کی طرح بدن میں اُتر گئی کوئی چیز
میں اِس قدر تو نہ تھا رنگ اُچھالنے والا

مجھے ملی تو سپر بن گئی ہے میرے لیے
وہ شئے کہ جس سے وہ تھا تیغ ڈھالنے والا

کسی کے نام میں یہ درد کیا لکھوں کہ یہاں
ہر ایک ہے یہ امانت سنبھالنے والا

میں ان کو بانٹتا جاؤں مجھے یہ ظرف بھی دے
محبتیں مری جھولی میں ڈالنے والا

وہ جس نے باغ اُگایا ہے پھول بھی دے گا
دیے ہیں لفظ تو حسنِ قبول بھی دے گا

یہ لَو سنبھال کے رکھو اگر چراغ ہو تم
یہ رات ہے تو خدا اِس کو طول بھی دے گا

مسافرت میں ہیں کیا پیرہن کی فکر کریں
جو راستہ ہمیں گھر دے گا دُھول بھی دے گا

زمانہ مجھ کو سکھا دے گا جنگ کے آداب
وہ زخم ہی نہیں دے گا اُصول بھی دے گا

کبھی تو کوئی پڑھے گا لکھا ہوا میرا
کبھی تو کام یہ شوق فضول بھی دے گا

ہوائے دشتِ ماریہ

مجموعۂ پنجم

دیدۂ گریہ طلب پشت فرس خالی ہے
تو نے دیکھا تھا ابھی نہر کنارے کس کو

تعارف

عرفان صدیقی کا تعلق بھارت کے مردم خیز شہر بدایوں سے ہے۔ ان کی ولادت ایک ذی علم گھرانے میں ہوئی جس میں شعرگوئی کی روایت کئی پشتوں سے چلی آ رہی ہے۔ عرفان کے والد سلمان صدیقی صاحب مرحوم نہایت خوش گو شاعر تھے۔ بدایوں کے اور شعراء کی طرح سلمان صدیقی صاحب کا کلام بھی عشقِ رسول آل رسول سے سرشار ہے۔ مرحوم نہایت عقیدت اور گرم جوشی سے اپنا کلام بدایوں اور قرب وجوار میں محافل نت وسلام ومجالس عزاء سید الشہداء میں سناتے تھے۔ عرفان کے اوراعزّا بھی نامور شعراء میں شمار ہوتے ہیں۔ مثلاً محشر بدایونی اور دلاور فگار۔

عرفان کو حب رسول وآل رسول ورثے میں ملا ہے۔ بنیادی طور پر وہ غزل گو ہیں اور ان کے تین مجموعے ''کینوس، شب درمیاں'' اور ''سات سماوات'' شائع ہو چکے ہیں۔

عرفان کا مطمع نظر بیان واقعہ، رقت آفرینی، حزنیہ اور عزائم فضا پیدا کرنا نہیں ہے جس طرح کہ روایتی سلام ومرثیہ گو شعراء کرتے ہیں۔ کربلا کا واقعہ، امام حسین اور ان کے رفقاء کی قربانیاں اور ایثار، اسلام کی حیات نو کا حصول، یہ سب باتیں عرفان کے کلام میں ہیں مگر براہ راست نہیں بلکہ تخلیقی استعارات کی شکل میں۔۔۔۔۔!

واقعہ کربلا اسلامی تاریخ کا سب سے زیادہ خونیں باب ہے۔ اس فقیہ المثال واقعے کے کئی ابعاد اور جہات ہیں۔ عرفان صدیقی کی شاعری کی اساس میں اسی فکری سرمائے مرثیے پر مشتمل ہے۔ جس کی تشکیل میں یہ سانحہ اپنی پوری معنویت کے ساتھ کارفرما نظر آتا ہے۔ یہ سانحہ اپنے اندر اخلاقی مضمرات اور امتیازات رکھتا ہے۔ عرفان کی شاعری کا خمیر ایسے عناصر سے اُٹھا ہے جن میں غیرت نفس، خود اعتمادی، راسخ العقیدگی، اپنے محسوسات اور مشاہدات پر بھروسہ، کردار کی استقامت، جابر اور ظالم

طاقتوں کے سامنے سپر انداز نہ ہونے کا حوصلہ، مکاتب عمل پر یقین، انسانی سرشت میں نیکی کی تلاش اور حق وصداقت کی ظفر مندی پر یقین کامل۔

زیر نظر مجموعے ''ہوائے دشت ماریہ'' میں اگر چہ عرفان کی مولائیت اور حسینیت کا اظہار کھلے بندوں ہوتا ہے لیکن ان کی پوری شاعری کے منظرنامے میں کربلا اور شہادت حسین ان کے وجودی تجربے کا جز وغالب ہے۔

عرفان کے وجود میں یہ جنگ ان کے حساس، باشعور، عدل پسند ہونے کی دلیل ہے۔ پروفیسر گوپی چند نارنگ کے مشہور مقالے ''سانحہ کربلا بطور شعری استعارہ'' میں بھی یہی بات اُبھر کر آتی ہے کہ کربلا پر تخلیقی تجربے کا جزو اور اس کے اظہار کا دورِ جدید میں موثر ترین ذریعہ ہے۔ بقول پروفیسر نارنگ:

''ماضی پرستی اور ماضی کی باز آفرینی میں اہم تخلیقی فرق ہے۔۔۔۔عرفان صدیقی کی شاعری آج کے منظر شب تاب میں ماضی کے خزانے سے نئی روشنی حاصل کرنے میں مگن ہے۔۔۔۔''

دورِ حاضر کے نامور نقاد شمس الرحمن فاروقی، عرفان صدیقی کے بارے میں فرماتے ہیں:

''کبھی کبھی کوئی ایسی کتاب بھی بازار میں آجاتی ہے جسے اپنے زمانے کی کتاب تسلیم کرنا مشکل معلوم ہوتا ہے کیونکہ وہ آج کے دَور سے زیادہ مستقبل کا پتہ دیتی ہوئی معلوم ہوتی ہے اور ساتھ ہی ساتھ کسی دور دراز گزشتہ منزل کی بھی آوازیں اس کے لہجے کی تہہ میں صاف سنائی دیتی ہیں۔''

اپنے موضوعات کے مدنظر عرفان صدیقی نے اپنے کلام میں ایسی زبان اور ایسا لہجہ استعمال کیا ہے جو نہایت پرشکوہ، خوش گوار اور شائستہ ہے:

عجب خلائے سخن ہے سماعتوں کے ادھر
یہ کون بول رہا ہے زبان گمشدگاں

۱

عرفان نے تاریخی موضوعات کی بازیافت میں گمشدہ زبان اور لہجے کی بھی بازیافت کی ہے!!

—پروفیسر ہمایوں ظفر زیدی

مسقط، عمان

۱

غزلیں

خیمۂ نصرت بپا ہوگا علیؑ آنے کو ہیں
معرکوں کا فیصلہ ہوگا علیؑ آنے کو ہیں

دیکھتا ہوں آسمانوں پر غبار اُٹھتا ہوا
دلدلِ فرخندہ پا ہوگا علیؑ آنے کو ہیں

دُور اُفق تک ہر طرف روشن چراغوں کی قطار
داغ دل کا سلسلہ ہوگا علیؑ آنے کو ہیں

آئنے خوش ہیں کہ اُڑ جائے گی سب گردِ ملال
شہر میں رقصِ ہوا ہوگا علیؑ آنے کو ہیں

میں تو چپ تھا پھر زمانے کو خبر کیسے ہوئی
میرے چہرے پر لکھا ہوگا علیؑ آنے کو ہیں

ہو رہا ہے قید و بندِ رہزناں کا بند و بست
عاملوں کو خط ملا ہوگا علیؑ آنے کو ہیں

آج تک ہوتا رہا ظالم ترا سوچا ہوا
اب مرا چاہا ہوا ہوگا علیؑ آنے کو ہیں

جب اِدھر سے ہو کے گزرے گا گہر افشاں جلوس
میرا دروازہ کھلا ہوگا علیؑ آنے کو ہیں

چاکرِ دُنیا سے عرضِ مدّعا کیوں کیجیے
خسروِ دوراں سے کیا ہوگا علیؑ آنے کو ہیں

لفظ نذرِ شاہ کر دینے کی ساعت آئے گی
خلعتِ معنیٰ عطا ہوگا علیؑ آنے کو ہیں

جان فرشِ راہ کر دینے کی ساعت آئے گی
زندگی کا حق ادا ہوگا علیؑ آنے کو ہیں

گھٹی میں ہے وِلا کا وہ نشہ پڑا ہوا
ٹھوکر پہ مارتا ہوں خزانہ پڑا ہوا

صدیوں سے چاکرِ درِ حیدرؑ ہوں دیکھ لو
گردن میں میری طوق ہے اُن کا پڑا ہوا

اور یہ بھی دیکھ لو اسی نسبت کے فیض سے
پیروں پہ ہے مرے سگِ دُنیا پڑا ہوا

سورج کے بعد ماہِ منوّر ہوا طلوُع
تھا بزمِ چار سُو میں اندھیرا پڑا ہوا

باطل تمام حق سے الگ ہو کے جا گرا
کیا دستِ ذوالفقار تھا سچا پڑا ہوا

اُن کا فقیر دولتِ عالم سے بے نیاز
کاسے میں کائنات کا ٹکڑا پڑا ہوا

اپنے لہو میں مست ہیں تشنہ لبانِ عشق
صحرا میں چھوڑ آئے ہیں دریا پڑا ہوا

بخشش سو بے حساب، نوازش سو بے حساب
ہے مدح گو کو مدح کا چسکا پڑا ہوا

dِل سوزاں پہ جیسے دستِ شبنم رکھ دیا دیکھو
علیؑ کے نام نے زخموں پہ مرہم رکھ دیا دیکھو

سنا ہے گردِ راہِ بوترابؑ آنے کو ہے سر پر
سو میں نے خاک پر تاجِ مئے و جم رکھ دیا دیکھو

سخی داتا سے انعامِ قناعت میں نے مانگا تھا
مرے کشکول میں خوانِ دو عالم رکھ دیا دیکھو

ملا فرماں سخن کے ملک کی فرماں روائی کا
گدا کے ہاتھ پر آقا نے خاتم رکھ دیا دیکھو

طلسمِ شب مری آنکھوں کا دشمن تھا سو مولاؑ نے
لہو میں اِک چراغِ اِسمِ اعظم رکھ دیا دیکھو

کھلا آشفتہ جانوں پر علم مشکل کشائی کا
ہوائے ظلم نے پیروں میں پرچم رکھ دیا دیکھو

شہِ مرداںؑ کے در پر گوشہ گیری کا تصدق ہے
کہ میں نے توڑ کر یہ حلقۂ رم رکھ دیا دیکھو

مجھے اس طرح نصرت کی نوید آئی کہ دم بھر میں
اُٹھا کر طاق پر سب دفترِ غم رکھ دیا دیکھو

وہی ہیں مرجعِ لفظ و بیاں علیؑ سے کہو
جو دل میں ہے وہ دل آزردگاں علیؑ سے کہو

شکایتِ ہنر چارہ گر علیؑ سے کرو
حکایتِ جگر خونچکاں علیؑ سے کہو

بدل چکا ہے یہی آفتاب سمتِ سفر
سو حالِ گردش سیارگاں علیؑ سے کہو

تمھارے غم کا مداوا انھیں کے ہاتھ میں ہے
نہ جاؤ روبروئے خسرواں علیؑ سے کہو

اُنھیں کے سامنے اپنا مرافعہ لے جاؤ
اُنھیں کے پاس ہے اذنِ اماں علیؑ سے کہو

کرے کمند تعاقب تو ان کو دو آواز
بنے عذاب جو بندِ گراں علیؑ سے کہو

پہاڑ راستہ روکے تو اُن سے عرض کرو
رُکے اگر کوئی جوُئے رواں علیؑ سے کہو

پھر اب کے طائرِ وحشی نہ ہو سکا آزاد
یہ فصلِ گل بھی گئی رائیگاں علیؑ سے کہو

تمھیں مصاف میں نصرت عطا کریں مولاؑ
سبک ہو تم پہ شبِ درمیاں علیؑ سے کہو

پھرے تمھارے خرابے کی سمت بھی رہوار
اُٹھے تمھاری طرف بھی عناں علیؑ سے کہو

اُنھیں خبر ہے کہ کیا ہے ورائے صوت وصدا
لبِ سکوت کی یہ داستاں علیؑ سے کہو

شانِ خدا، ردانِ پیمبرؐ، علیؑ علیؑ
حق کا ولی، نبیؐ کا برادر، علیؑ علیؑ

زیب بدن شہانۂ تسخیرِ کائنات
سر پر لوائے حمد کا افسر علیؑ علیؑ

مٹی کی مملکت میں علم اسم بوترابؑ
افلاک پر ندائے مکرر، علیؑ علیؑ

سازِ مکانِ انفس و آفاق اُس کا نام
نازِ جہانِ اصغر و اکبر، علیؑ علیؑ

بے مایگاں کا مونس و غم خوار کون ہے
بے چارگاں کا کون ہے یاور، علیؑ علیؑ

مردانِ حُرّ کا قافلہ سالار کون ہے
خاصانِ رب کا کون ہے رہبر، علیؑ علیؑ

مدّت سے ہے نواحِ غریباں میں خیمہ زن
وحشت کی فوج، خوف کا لشکر، علیؑ علیؑ

اِک بادباں شکستہ جہاز اور چہار سمت
کالی گھٹا، سیاہ سمندر، علیؑ علیؑ

اِک تشنہ کام ناقۂ جاں اور ہر طرف
بادِ سموم، دشت ستم گر، علیؑ علیؑ

اِک پافگار رہ گزری اور راہ میں
انبوہِ گرگ، مجمعِ اژدر، علیؑ علیؑ

اک سینہ چاک خاک بہ سر اور کُو بہ کُو
سوغاتِ سنگ، ہدیۂ خنجر، علیؑ علیؑ

میں بے نوا ترے درِ دولت پہ داد خواہ
اے میرے مرتضیٰؑ، میرے حیدرؑ، علیؑ علیؑ

میں بے اماں مجھے ترے دستِ کرم کی آس
تو دل نواز، تو ہی دلاور، علیؑ علیؑ

نانِ شعیر و جوہرِ شمشیر تیرے پاس
تُو ہی دلیر، تُو ہی تونگر، علیؑ علیؑ

تُو تاجدار تاب و تبِ روزگار کا
مجھ کو بھی اِک قبالۂ منظر، علیؑ علیؑ

تُو شہریار آب و نمِ شاخسار کا
میرے لیے بھی کوئی گلِ تر، علیؑ علیؑ

روشن ترے چراغ یمین و یسار میں
دونوں حوالے میرے منوّر، علیؑ علیؑ

یہ خانہ زادگاں ہیں تجھی سے شرف نصیب
ان کو بھی اِک خریطۂ گوہر، علیؑ علیؑ

اب میرے دشت میرے خرابے کی سمت موڑ
رہوار کی عنانِ معبر، علیؑ علیؑ

نصرت، کہ ہو چکے ہیں سزاوار ذوالفقار
میری زمیں کے مرحب و عنتر علیؑ علیؑ

پابستگاں پہ بام و درِ شش جہات کھول
اے بابِ علم، فاتحِ خیبر، علیؑ علیؑ

انعام کر مجھے بھی کہ صدیوں کی پیاس ہے
دریا، بنامِ ساقیٔ کوثر، علیؑ علیؑ

مولاؑ، صراطِ روزِ جزا سے گزر ہی جائے
کہتا ہوا یہ تیرا ثناگر، علیؑ علیؑ

رُکا ہوا ہے یہ صحرا میں قافلہ کیسا
اور ایک شور سا خیموں میں ہے بپا کیسا

اسیر کس نے کیا موج موج پانی کو
کنارِ آپ ہے پہرا لگا ہوا کیسا

ابھی سیاہ، ابھی سیم گوں، ابھی خوُنبار
اُفق اُفق ہے یہ منظر گریز پا کیسا

اذان ہے کہ علم کیا بلند ہوتا ہے
یہ جل رہا ہے ہوا میں چراغ سا کیسا

یہ لوگ دشت جفا میں کسے پُکارتے ہیں
یہ بازگشت سناتی ہے مرثیہ کیسا

گلوئے خشک میں سوکھی پڑی ہے پیاس کی نہر
خبر نہیں کہ ہے پانی کا ذائقہ کیسا

I

وہ مہربان اجازت تو دے رہا ہے مگر
یہ جاں نثار ہیں مقتل سے لوٹنا کیسا

یہ ایک صف بھی نہیں ہے، وہ ایک لشکر ہے
یہاں تو معرکہ ہوگا، مقابلہ کیسا

سلگتی ریت میں جو شاخ شاخ دفن ہوا
رفاقتوں کا شجر تھا ہرا بھرا کیسا

یہ سُرخ بُوند سی کیا گھل رہی ہے پانی میں
یہ سبز عکس ہے آنکھوں میں پھیلتا کیسا

کھڑا ہے کون اکیلا حصارِ غربت میں
گھرا ہوا ہے اندھیروں میں آئنہ کیسا

یہ ریگِ زرد ردا ہے برہنہ سر کے لیے
اُجاڑ دشت میں چادر کا آسرا کیسا

سیاہ نیزوں پہ سورج اُبھرتے جاتے ہیں
سوادِ شام ہے منظر طلوع کا کیسا

تجھے بھی یاد ہے اے آسماں کہ پچھلے برس
مری زمین پہ گزرا ہے سانحہ کیسا

دستِ تہی میں گوہرِ نصرت کہاں سے لائے
عرفانؔ تم یہ درد کی دولت کہاں سے لائے

سب دین ہے خدا کی سو ہر دودمانِ شوق
چادر کہاں سے لائے ولایت کہاں سے لائے

پانی نہ پائیں ساقی کوثر کے اہلِ بیتؑ
موج فرات اشک ندامت کہاں سے لائے

لو ہاتھ اہلِ صبر و رضا نے کٹا دیے
اب ظلم سوچتا ہے کہ بیعت کہاں سے لائے

میں آلِ خانہ زاد علیؑ، اُن کا ریزہ خوار
قسمت نہ ہو تو کوئی یہ نسبت کہاں سے لائے

ہاں اہلِ زر کے پاس خزانے تو ہیںؔ مگر
مولاؑ کا یہ فقیر ضرورت کہاں سے لائے

نقشِ ظفر تھا لوحِ ازل پر لکھا ہوا
تلوار کاٹ سکتی تھی کیوں کر لکھا ہوا

صحرا کو شاد کام کیا اُس کی موج نے
تھا سرنوشت میں جو سمندر لکھا ہوا

تابندہ ہے دلوں میں لہُو روشنائی سے
دُنیا کے نام نامۂ سرور لکھا ہوا

مجرائیوں کے قدموں سے لپٹی ہوئی زمیں
پیشانیوں پہ بختِ سکندر لکھا ہوا

رستہ بدل کے معرکۂ صبر و جور میں
کس نے بدل دیا ہے مقدّر لکھا ہوا

پانی پہ کس کے دستِ بریدہ کی مہر ہے
کس کے لیے ہے چشمۂ کوثر لکھا ہوا

ہے خاک پر یہ کون ستارہ بدن شہید
جیسے ورق پہ حرفِ منوّر لکھا ہوا

نیزے سے ہے بلند صدائے کلامِ حق
کیا اَوج پر ہے مصحفِ اطہر لکھا ہوا

روشن ہے ایک چہرہ بیاضِ خیال پر
لو دے رہا ہے شعرِ ثناگر لکھا ہوا

سرمہ ہے جب سے خاک درِ بوترابؑ کی
آنکھوں میں ہے قبالۂ منظر لکھا ہوا

فہرستِ چاکراں میں سلاطیں کے ساتھ ساتھ
میرا بھی نام ہے سرِ دفتر لکھا ہوا

اور اس کے آگے خانۂ احوال ذات میں
ہے مدح خوانِ آلِ پیمبرؐ لکھا ہوا

سب نام دستِ ظلم تری دسترس میں ہیں
لیکن جو نام ہے مرے اندر لکھا ہوا

میں اور سیلِ گریہ خداساز بات ہے
قسمت میں تھا خزینۂ گوہر لکھا ہوا

نوحہ گزار ہوٗ کی صدا کے سوا نہ تھا
جنگل میں زندہ کوئی ہوا کے سوا نہ تھا

پل بھر میں سیم تاب تو پل بھر میں لالہ رنگ
وہ دشت اِک طلسم سرا کے سوا نہ تھا

اُن کی ظفر پہ جیش حریفاں تھی حیرتی
اُن کی طرف تو کوئی خدا کے سوا نہ تھا

کارِ آفریں کے دست بریدہ کی دسترس
اک فرض تھا کہ عرض وفا کے سوا نہ تھا

کیا قافلہ گیا ہے ادھر سے کہ جس کے ساتھ
کچھ ساز و برگ شور درا کے سوا نہ تھا

زیر قدم تھی دور تلک خاک ناسپاس
سر پر کچھ آسماں کی ردا کے سوا نہ تھا

اک سیل خوں تھا اور خدا کی زمین پر
کوئی گواہ تیغ جفا کے سوا نہ تھا

یہ چشم کم نظر تہہ خنجر کہے جسے
کچھ بھی گلوئے صبر و رضا کے سوا نہ تھا

ab

اب کے صحرا میں عجب بارش کی ارزانی ہوئی
فصلِ امکاں کو نمو کرنے میں آسانی ہوئی

پیاس نے آبِ رواں کو کر دیا موجِ سراب
یہ تماشا دیکھ کر دریا کو حیرانی ہوئی

سر سے سارے خوانِ خوشبو کے بکھر کر رہ گئے
خاکِ خیمہ تک ہوا پہنچی تو دیوانی ہوئی

دُور تک اُڑنے لگی گردِ صدا زنجیر کی
کس قدر دیوارِ زنداں کو پشیمانی ہوئی

تم ہی صدیوں سے یہ نہریں بند کرتے آئے ہو
مجھ کو لگتی ہے تمھاری شکل پہچانی ہوئی

|

خشک ہوتا ہی نہیں دیدۂ تر پانی کا
یم بہ یم آج بھی جاری ہے سفر پانی کا

دیکھنے میں وہی تصویر ہے سیرابی کی
اور دل پر ہے کوئی نقش دگر پانی کا

کوئی مشکیزہ سر نیزہ علم ہوتا ہے
دیکھئے دشت میں لگتا ہے شجر پانی کا

آج تک گریہ کناں ہے اسی حسرت میں فرات
کاش ہوتا در شبیر پہ سر پانی کا

تیری کھیتی لب دریا ہے تو مغرور نہ ہو
اعتبار اتنا مری جان نہ کر پانی کا

۞

جو گرتا نہیں ہے اسے کوئی پامال کرتا نہیں
سو وہ سر بریدہ بھی پشت فرس سے اُترتا نہیں

بس اب اپنے پیاروں کو اپنے دلاروں کو رخصت کرو
کہ اس امتحاں سے فرشتوں کا لشکر گزرتا نہیں

کبھی زرد ریتی کبھی خشک شاخوں پہ ہنستا ہوا
ہمارا لہو کس قدر سخت جاں ہے کہ مرتا نہیں

تری تیغ تو میری ہی فتح مندی کا اعلان ہے
یہ بازو نہ کٹتے اگر میرا مشکیزہ بھرتا نہیں

سراب دشت تجھے آزمانے والا کون
بتا یہ اپنے لہو میں نہانے والا کون

سواد شام یہ شہزادگان صبح کہاں
سیاہ شب میں یہ سورج اُگانے والا کون

یہ ریگزار میں کس حرف لازوال کی چھاؤں
شجر یہ دشت زیاں میں لگانے والا کون

یہ کون راستہ روکے ہوئے کھڑا تھا ابھی
اور اب یہ راہ کے پتھر ہٹانے والا کون

یہ کون ہے کہ جو تنہائی پر بھی راضی ہے
یہ قتل گاہ سے واپس نہ جانے والا کون

بدن کے نقرئی ٹکڑے لہو کی اشرفیاں
اِدھر سے گزرا ہے ایسے خزانے والا کون

یہ کس کے نام پہ تیغ جفا نکلتی ہوئی
یہ کس کے خیمے، یہ خیمے جلانے والا کون

اُبھرتے ڈوبتے منظر میں کس کی روشنیاں
کلام حق سر نیزہ سنانے والا کون

ملی ہے جان تو اس پر نثار کیوں نہ کروں
تو اے بدن مرے رستے میں آنے والا کون

(ایک مشکل دفتری معرکہ سر ہونے پر)

ہم دل فگار آج دلاور بھی ہو گئے
بے تیغ و تیر، شحنۂ لشکر بھی ہو گئے

پہلے بھی خودسری تو بہت تھی خمیر میں
اب کج کلاہیوں پہ مقرر بھی ہو گئے

آزادگی تو جا نہیں سکتی مزاج کی
میر سپاہ لے ترے نوکر بھی ہو گئے

یہ سب ولائے فاتح خیبر کا فیض ہے
ہم سر جھکا کے صاحب افسر بھی ہو گئے

ہم نے کہا نہ تھا کہ ہیں مشکل کشا علی
وہ معرکے جو بس کے نہ تھے سر بھی ہو گئے

اب کیا شکایت ستم دہر کیجیے
جتنے گلے تھے داخل دفتر بھی ہو گئے

نافذ ہوا وہی شہہ مرداں کا فیصلہ
دشمن کے دستخط سر محضر بھی ہو گئے

منظر وہی پیکر وہی دیکھیں کوئی پیاسا بھی ہے
لشکر بھی ہے خنجر بھی ہے پہرا بھی ہے دریا بھی ہے

اے آسماں اے آسماں پھر امتحاں پھر امتحاں
سینہ بھی ہے نیزہ بھی ہے شعلہ بھی ہے خیمہ بھی ہے

جو سوچنا ہے سوچ لے رکنا ہے یا جانا تجھے
رُخصت بھی ہے مہلت بھی ہے ناقہ بھی ہے رستہ بھی ہے

کچھ پیچ و تاب و ہائے و ہو، اے دل ہمیں دکھلا کہ تو
قیدی بھی ہے وحشی بھی ہے زخمی بھی ہے زندہ بھی ہے

آشفتگاں کیا چاہیے اس حرف کے کشکول میں
نعرہ بھی ہے نالہ بھی ہے نغمہ بھی ہے نوحہ بھی ہے

صدیوں سے ہے اک معرکہ لیکن یہ سرکار وفا
قائم بھی ہے دائم بھی ہے برحق بھی ہے برپا بھی ہے

۱

∞

خیمہ کرتے نہیں ہم لوگ ورائے دریا
روک لیتی ہے ہمیں آب و ہوائے دریا

پھر سرِشام وہی رنگ تماشا ہوگا
موج خوں ہوتی ہے پھر راہ نمائے دریا

لشکروں سے کہیں رکتی ہے روانی اس کی
سر سے گزرے گا ابھی سیل بلائے دریا

ایک رخ اور بھی ہے پانی کی طغیانی کا
دشت جل جاتے ہیں جب کھیل دکھائے دریا

جانے اس خاک جگر چاک پہ کیا گزری ہے
زخم ہے سینۂ گیتی پہ بجائے دریا

موج خوں سوچ میں ہے پار اُتارے کس کو
شہر کا شہر ہی مقتول ہے مارے کس کو

اپنی ہی تیزیٔ شمشیر سے شکوہ ہے اُسے
کس کو زنجیر کرے، دار پہ وارے کس کو

ہر طرف کج کلہاں ہدیہ سر چاہتے ہیں
دست بے مایہ یہاں نذر گزارے کس کو

کوئی بستی سے نکلتا نہیں نصرت کے لیے
گھر کسے یاد کرے دشت پکارے کس کو

دیدۂ گریہ طلب، پشت فرس خالی ہے
تو نے دیکھا تھا ابھی نہر کنارے کس کو

ہو صبح کہ سر دینے پہ تیار ہیں ہم بھی
خیموں میں بہت دیر سے بیدار ہیں ہم بھی

نسبت ہے اُسی قافلۂ اہل وفا سے
واماندہ سر کوچہ و بازار ہیں ہم بھی

کب لوٹیں گے وہ وادیٔ غربت کے مسافر
اک عمر سے روشن سر دیوار ہیں ہم بھی

ہم کو بھی مصاف لب دریا کی اجازت
کچھ تشنہ دہاں بچوں کے غم خوار ہیں ہم بھی

ہم کو بھی ملے معرکۂ صبر میں نصرت
کچھ ناقہ نشینوں کے نگہ دار ہیں ہم بھی

کوثر پہ بھی لے چل ہمیں اے قافلہ سالار
آخر تو غبار پس رہوار ہیں ہم بھی

روشن ہمیں رکھتا ہے یہی درد جہاں تاب
ان کشتہ چراغوں کے عزادار ہیں ہم بھی

اے مالک کل، سید سجاد کا صدقہ
یہ بند گراں کھول کہ بیمار ہیں ہم بھی

کن قتل گاہوں سے ملا گل رنگ پیراہن مجھے
میں سر سے پا تک شمع جاں کس نے کیا روشن مجھے

اس خاک تن کو چاک پر کس نے نیا پیکر دیا
ان گردشوں کی آگ میں کس نے کیا کندن مجھے

کس نے کیا مسند نشیں اس بوریائے عشق پر
کس نے دیا احساس کا یہ راج سنگھاسن مجھے

میرے تصور سے سوا ان کی عطا، اُن کی سخا
اتنے خزانے مل گئے چھوٹا لگا دامن مجھے

وہ سرور و رہبر بھی ہیں، وہ یاور و دلبر بھی ہیں
میں کیوں نہ اُن پر وار دوں حاصل ہیں جان و تن مجھے

یہ چراغ کشتہ نہ جانے کب سے پڑے ہیں راہ گزار میں
مگر آج تک کوئی شہ سوار چھپا ہوا ہے غبار میں

میں کہاں گلاب شجر کروں میں کشادہ سینہ کدھر کروں
کوئی نیزہ میرے یمین میں کوئی تیغ میرے یسار میں

مجھے اس طلسم سرائے شب میں عجیب کام دیے گئے
نہ جلوں شکستہ فصیل پر نہ بجھوں ہوا کے حصار میں

مجھے بے پناہ بنا دیا تو ہوائے ظلم گزر گئی
کہ گرا ابھی میں تو بکھر گئی مری خاک دشت و دیار میں

☙❧

سنو کہ بول رہا ہے وہ سر اُتارا ہوا
ہمارا مرنا بھی جینے کا استعارہ ہوا

یہ سرخ پھول سا کیا کھل رہا ہے نیزے پر
یہ کیا پرندہ ہے شاخِ شجر پہ وارا ہوا

چراغِ دشت بجھا اور ملا اشارۂ غیب
کہ آسمان پہ ظاہر کوئی ستارہ ہوا

کبھی مرا چمنِ درد سوکھتا ہی نہیں
ردا ہٹی تو وہی زخم آشکارا ہوا

سب داغ ہائے سینہ ہویدا ہمارے ہیں
اب تک خیام دشت میں برپا ہمارے ہیں

وابستگان لشکر صبر و رضا ہیں ہم
جنگل میں یہ نشان و مصلّیٰ ہمارے ہیں

نوک سناں پہ مصحف ناطق ہے سربلند
اونچے علم تو سب سے زیادہ ہمارے ہیں

یہ تجھ کو جن زمین کے ٹکروں پہ ہے غرور
پھینکے ہوئے یہ اے سگ دنیا، ہمارے ہیں

سر کر چکے ہیں معرکۂ جوئے خوں سو آج
''روئے زمیں پہ جتنے ہیں دریا ہمارے ہیں''

(آخری شعر کا مصرع ثانی میر مونسؔ کا ہے)

حق اُن کے ساتھ حق کی رضا اُن کے ساتھ ہے
تنہا نہیں ہیں وہ کہ خدا اُن کے ساتھ ہے

گل کر دیے ہیں دست جفا نے جہاں چراغ
اُن راستوں میں شمع وفا اُن کے ساتھ ہے

حر آرہے ہیں شمر سے شبیر کی طرف
اس معرکے میں بخت رسا اُن کے ساتھ ہے

کرتے ہیں اہل صبر و رضا اپنی صف درست
دل مطمئن ہیں قبلہ نما اُن کے ساتھ ہے

پیاسا نہ جان اُن کو تو اے نہر کم نصیب
راہ وفا میں آب بقا اُن کے ساتھ ہے

اُن کو سفر میں باد ستم گر کا ڈر نہیں
شہر نبی کی موج صبا اُن کے ساتھ ہے

حشر برپا تھا کہ سبط مصطفی مارا گیا
بے وطن جنگل میں بے جرم و خطا مارا گیا

چشمۂ خوں سے بجھا کر لشکر اعدا کی پیاس
بادشاہ کشور صبر و رضا مارا گیا

برگ گل سے کون سا خطرہ کماں داروں کو تھا
پھول کی گردن میں کیوں تیر جفا مارا گیا

گونج کر گم ہوگئی صحرا میں اکبر کی اذاں
اُڑتے اُڑتے طائر صوت و صدا مارا گیا

کیسے کیسے سرفروش اُس مہرباں کے ساتھ تھے
ایک ایک آخر سر راہ وفا مارا گیا

تم نکل کر کس کا استقبال کرنے آئے ہو
شہر والو، دشت میں وہ قافلہ مارا گیا

چھٹ گیا آشفتگاں کے ہاتھ سے دامانِ صبر
سینۂ صد چاک پر دستِ دعا مارا گیا

پردۂ خیمہ تک آنے ہی کو تھی موجِ فرات
ناگہاں سقائے بیتِ مرتضیٰ مارا گیا

زندہ ہم سب نوحہ گر بس یہ خبر سننے کو ہیں
لٹ گئے رہزن، گروہِ اشقیا مارا گیا

روشن ہوا یہ شام کے منظر کو دیکھ کر
کرتا ہے سرفراز خدا سر کو دیکھ کر

نہر گلو سے پیاسوں نے پہرے اُٹھا لیے
صحرا میں تشنہ کامیٔ خنجر کو دیکھ کر

جاں دادگان صبر کو فردوس کے سوا
کیا دیکھنا تھا سبط پیمبر کو دیکھ کر

سر کی ہوائے دشت نے گلبانگ لاالٰہ
اوج سناں پہ مصحف اطہر کو دیکھ کر

آخر کھلا کہ بازوئے، نصرت قلم ہوئے
دوش ہوا پہ رایت لشکر کو دیکھ کر

ہے حرف حرف نقش وفا بولتا ہوا
آئینے چپ ہیں بیت ثناگر کو دیکھ کر

دل میں مرے یہ جوشِ ولا ہے خدا کی دین
حیرت نہ کر صدف میں سمندر کو دیکھ کر

شب درمیاں

یہ عجب مسافتیں ہیں
یہ عجب مصاف جاں ہے
کہ میں سیکڑوں برس سے
اسی دشت ماریہ میں
سر نہر شب کھڑا ہوں
وہی اک چراغ خیمہ
وہی اک نشان صحرا
وہی ایک نخل تنہا
نہ فرشتگاں کے لشکر
نہ بشارتوں کے طائر
وہی اگلے دن کی آہٹ
یہ ستارہ ہے کہ نیزہ
یہ دعا ہے یا دھواں ہے
مگر اک صدا مسلسل
یہ کہاں سے آرہی ہے
ابھی رات درمیاں ہے
ابھی رات درمیاں ہے

پارہ پارہ

شہ سوارو، اپنے خوں میں ڈوب جانا شرط ہے
ورنہ اس میدان میں نیزے پہ سر آتا نہیں

ﮩ

میرے بازوئے بریدہ کا کنایہ بھی سمجھ
دیکھ، تجھ کو مری بیعت نہیں ملنے والی

ﮩ

کم سے کم اب کسی شب خون کا خطرہ تو نہیں
کر دیا جلتے ہوئے خیموں نے صحرا روشن

ﮩ

یا نصرت آج کمانوں کی
یا دائم رنگ گلابوں کا
اک اسم کی طاہر چادر میں
طے موسم دھوپ عذابوں کا

ﮩ

ایک پیمان وفا خاک بسر ہے سرِ شام
خیمہ خالی ہوا تنہائی عزا کرتی ہے

اب نمودار ہو اس گرد سے اے ناقہ سوار
کب سے بستی ترے ملنے کی دعا کرتی ہے

دیکھئے کس صبح نصرت کی خبر سنتا ہوں میں
لشکروں کی آہٹیں تو رات بھر سنتا ہوں میں
کوئی نیزہ سرفرازی دے تو کچھ آئے یقیں
خشک ٹہنی پر بھی آتے ہیں ثمر سنتا ہوں میں

یہ کس نے دست بریدہ کی فصل بوئی تھی
تمام شہر میں نخلِ دعا نکل آئے
خدا کرے صفِ سردادگاں نہ ہو خالی
جو میں گروں تو کوئی دوسرا نکل آئے

ہوائے کوفۂ نامہرباں کو حیرت ہے
کہ لوگ خیمۂ صبر و رضا میں زندہ ہیں

عجب سلسلہ تھا وہ جنگ آزما خاک پر جاں بہ لب چھوڑ جاتے تھے مجھ کو
پس معرکہ ایک دستِ کرم میرے سینے میں نوکِ سناں کھینچتا تھا

بہت غرور ہے اے آب جو تو آج تجھے
ہم اپنی تشنہ لبی سے سراب کرتے ہیں

|

اسی زمین سے آتی ہے اپنے خوں کی مہک
سنو، یہیں کہیں خیمے طناب کرتے ہیں

ഇന്ദ

پھر کوئی تشنہ لب تیرا اس دشت میں ہم تک آیا ہے طے کر کے کتنا سفر
اے رگ جاں کی جوئے رواں، ہم بھی کچھ میہماں کی مدارات کرتے ہیں

متفرق غزلیں

اب کہیں اور چل اے ناقہ سوار دنیا
بھر گیا ہے مری آنکھوں میں غبار دنیا

مجھ کو مل جائے اگر سلطنت تکیہ دل
میں تو پل بھر نہ رہوں باج گزار دنیا

بے دلی پھر ہوس تازہ میں ڈھل جاتی ہے
ختم ہونے ہی میں آتا نہیں کار دنیا

اکثر اکثر نظر آجاتا ہے مہتاب کا کھیل
چھپ گیا ہے مری مٹّی میں شرار دنیا

ایسا لگتا ہے کہ سینے میں اُٹھی ہے کوئی
آج اسی لہر میں پھینک آتا ہوں بار دنیا

عادت سیر و تماشا نہیں جانے والی
دور سے دیکھتا رہتا ہوں بہار دنیا

کنار سوتھ بنا ہے کنار رکناباد
مثال تیغ رواں چل رہی ہے باد مراد

ہمارے کنج ابد عافیت میں کچھ بھی نہیں
یہ کارگاہ عناصر، یہ عالم ایجاد

یہ دل بھی دیکھ کہ اس خانہ باغ ہجراں میں
وہی ہے آج بھی جاناں نظام بست و کشاد

سواد یاد میں چھائی ہوئی ہیں چھاؤنیاں
مسافران جہان وصال زندہ باد

پس غبار مسافت چراغ جلتے رہیں
خدا رکھے یہ پُراسرار بستیاں آباد

ہمیں تو چشم کرم چاہیے جہاں سے ملے
مراد دل نہ پری زاد ہے نہ آدم زاد

فقیر جاتے ہیں پھیرا لگا کے ڈیرے کو
مدام دولت سرائے یار زیاد

ایک طریقہ یہ بھی ہے جب جینا اک ناچاری ہو
ہاتھ بندھے ہوں سینے پر دل بیعت سے انکاری ہو

جشن ظفر ایک اور سفر کی ساعت کا دیباچہ ہے
خیمۂ شب میں رقص بھی ہو اور کوچ کی بھی تیاری ہو

اس سے کم پر رم خور دوں کا کون تعاقب کرتا ہے
یا بانوئے کوئے اودھ ہو یا آہوئے تتاری ہو

دائم ہے سلطانی ہم شہزادوں خاک نہادوں کی
برق و شرر کی مسند ہو یا تختِ بادِ بہاری ہو

ہم تو رات کا مطلب سمجھیں خواب، ستارے، چاند، چراغ
آگے کا احوال وہ جانے جس نے رات گزاری ہو

گرفت ثابت و سیار سے نکل آیا
میں اک کرن تھا شب تار سے نکل آیا

مرے لہو نے کہاں پار اُتارنا تھا مجھے
یہ راستہ تری تلوار سے نکل آیا

یہاں وہ حشر بپا تھا کہ میں بھی آخرکار
اگرچہ نقش تھا دیوار سے نکل آیا

تمام جادہ شناسوں کی گمرہی کا جواز
ذرا سی مستیٔ رفتار سے نکل آیا

مری بلا سے جو ہو کاروبار شوق تباہ
میں خود کو بیچ کے بازار سے نکل آیا

شور کرنا ہمیں بے وجہ نہیں آگیا ہے
کوئی خنجر رگ گردن کے قریں آگیا ہے

کو بہ کو صید چلے آتے ہیں گردن ڈالے
شہر میں کون شکاری سرزیں آگیا ہے

اور کیجیے ہنر خوش بدناں کی تعریف
وہ بدن آگ لگانے کو یہیں آگیا ہے

دل برباد زمانے سے الگ ہے شاید
سارا عالم تو ترے زیر نگیں آگیا ہے

ان کے نزدیک یہ ساری سخن آرائی تھی
تجھ کو دیکھا ہے تو لوگوں کو یقیں آگیا ہے

اب کسی خیمۂ گہ ناز میں جاتے نہیں ہم
بیچ میں کب سے کوئی خانہ نشیں آگیا ہے

ہر طرف کشتوں کا انبار ہے خاکم بدہن
یہ عجب نرگس بیمار ہے خاکم بدہن

کچھ نہ کچھ ہوش ہے باقی ابھی دیوانوں میں
یہ تو ابرو نہیں تلوار ہے خاکم بدہن

قیدخانے میں یہ مہتاب کہاں سے آیا
کیا کوئی روزن دیوار ہے خاکم بدہن

صید کرتا ہے کسی اور کی مرضی سے مجھے
خود بھی صیاد گرفتار ہے خاکم بدہن

یہ کوئی طنز نہیں تیری مسیحائی پر
عشق کیا جان کا آزار ہے خاکم بدہن

جب تلک گرد نہ چہرے سے ہٹائی جائے
صیقل آئنہ بے کار ہے خاکم بدہن

کوئی شے خاک پہ افتادہ ہے دستار کے ساتھ
یہ تو شاید سر پندار ہے خاکم بدہن

اب نہ مل پائیں مرے ہم نفساں بھی شاید
خانۂ شیر دہاں ہے یہ جہاں بھی شاید

تن پہ یہ خاک گزر دیکھ کے یاد آتا ہے
ساتھ میں تھی کوئی موجِ گزراں بھی شاید

کیا عجب ہے میں اس آشوب میں زندہ رہ جاؤں
وہم ہو تیرا یقیں میرا گماں بھی شاید

ان کمندوں سے زیادہ ہو مری وحشتِ جاں
اور میں صید نہ ہو پاؤں یہاں بھی شاید

کوئی آواز نہیں ہے پسِ دیوارِ سخن
عشق نے چھوڑ دیا ہے یہ مکاں بھی شاید

رتجگے کرتے ہوئے دیکھ رہی ہوگی مجھے
اسی جنگل میں صفِ رہزناں بھی شاید

ﷺ

سماعتوں میں کوئی حرف آشنا بھی نہ آئے
میں چپ رہوں تو یہ بھولی ہوئی صدا بھی نہ آئے

ہوا کا حکم ہو سب کچھ تو اس کنارے تک
یہ جلتے بجھتے چراغوں کا سلسلہ بھی نہ آئے

تمام خانہ خرابوں سے ہو گئیں آباد
وہ بستیاں جو ترے دربدر بسا بھی نہ آئے

تو کیا خراب ہی کی جائے یہ خدا کی زمیں
تو کیا دمشق کے جادے میں کربلا بھی نہ آئے

کبھی نہ ختم ہو یہ جنگلوں کی ہم سفری
میں تیرے ساتھ چلوں اور راستہ بھی نہ آئے

مجھے قبول نہیں ہے یہ عرضِ حال کی شرط
کہ میں سخن بھی کروں اور مدعا بھی نہ آئے

دل کا جو حال ہوا دشمن جانی کا نہ ہو
آخر شب کبھی آغاز کہانی کا نہ ہو

لوگ کیا جانیں کہ گزرے ہوئے موسم کیا تھے
جب قبا پر کوئی پیوند نشانی کا نہ ہو

ہم کہاں قید میں رہ سکتے تھے لیکن ترا ہاتھ
ہے وہ زنجیر کہ احساس گرانی کا نہ ہو

مسکراتا ہوں تو اکثر یہ خیال آتا ہے
آنکھ میں نم ابھی برسے ہوئے پانی کا نہ ہو

عرض احوال پہ دنیا مرا منہ دیکھتی ہے
جیسے رشتہ کوئی الفاظ و معانی کا نہ ہو

اور کچھ دیر ابھی سیر سر ساحل کر لیں
جب تلک حکم سفینے کو روانی کا نہ ہو

رات پھر جمع ہوئے شہر گریزاں والے
وہی چہرے تھے مرے دیدہ حیراں والے

سارے آشفتہ سراں اُن کے تعاقب میں رواں
وحشتیں کرتے ہوئے چشم غزالاں والے

چاند تاروں کی رداؤں میں چھپائے ہوئے جسم
اور انداز وہی خنجر عریاں والے

پاسداروں کا سرا پردۂ دولت پہ ہجوم
سلسلے چھت کی فصیلوں پہ چراغاں والے

نارسائی پہ بھی وہ لوگ سمجھتے تھے کہ ہم
شہرِ بلقیس میں ہیں ملکِ سلیماں والے

پھر کچھ اس طرح پڑے حلقۂ زنجیر میں پاؤں
سب جنوں بھول گئے دشت و بیاباں والے

میں بھی اک شام ملاقات کا مارا ہوا ہوں
مجھ سے کیا پوچھتے ہیں وادیٔ ہجراں والے

اَب اُنہیں ڈھونڈ رہا ہوں جو صدا دیتے تھے
''اِدھر آ بے ابے او چاک گریباں والے''

خوشبو کی طرح گرم سفر ہم نہیں ہوتے
مٹی ہیں تو پھر شہر بدر ہم نہیں ہوتے

پل بھر کا تماشا ہے سو دیکھو ہمیں اس بار
ایک آئینے میں بار دگر ہم نہیں ہوتے

کیا ابر گریزاں سے شکایت ہو کہ دل میں
صحرا ہی کچھ ایسا ہے کہ تر ہم نہیں ہوتے

لے جاؤ تم اپنی مہ و انجم کی سواری
ہر شخص کے ہمراہ سفر ہم نہیں ہوتے

مدت سے فقیروں کا یہ رشتہ ہے فلک سے
جس سمت وہ ہوتا ہے اُدھر ہم نہیں ہوتے

ہوئی ہے شاخ نوا تازہ تر، سلام تجھے
مسافتوں کی ہوائے سحر سلام تجھے

شعاع نور نہیں ہے حصار کی پابند
سو اے چراغ مکان دگر سلام تجھے

کھلا کہ میں ہی مراد کلام ہوں اب تک
اشارۂ سخن مختصر سلام تجھے

یہ فاصلوں کے کڑے کوس مملکت میری
مرے غبار، مرے تاج سر سلام تجھے

ندی کی تہہ میں اُترنا تجھی سے سیکھا ہے
خزینۂ صدف بے گہر سلام تجھے

فضا میں زندہ ہے پچھلی اُڑان کی آواز
مری شکستگیٔ بال و پر سلام تجھے

قصّہ مختصر کرتا ہوں

مجموعۂ ششم

بجھ رہی ہیں میری شمعیں، سو رہے ہیں میرے لوگ
ہو رہی ہے صبح، قصہ مختصر کرتا ہوں میں

حمد

میں اک دعا ہوں تو دروازہ آسماں کا بھی کھول
اور اک نوا ہوں تو حسنِ قبول دے مجھ کو

نہ گرم دوستیاں ہیں نہ نرم دشمنیاں
میں بے اصول ہوں کوئی اصول دے مجھ کو

حمد

حرف ہوں اور پُراسرار بنا دے مجھ کو
کبھی مرہم، کبھی تلوار بنا دے مجھ کو

تو نے صحرا میں اُگایا ہے تو کچھ کام بھی لے
میں تُنک سایہ ہوں چھتنار بنا دے مجھ کو

بارشِ سنگ ہی جب میرا مقدر ہے تو پھر
اے خدا شاخِ ثمردار بنا دے مجھ کو

اپنے طاقوں سے بچھڑ کر بہت افسردہ ہوں
اب چراغِ سرِ دیوار بنا دے مجھ کو

میں کہاں تک دلِ سادہ کو بھٹکنے سے بچاؤں
آنکھ جب اُٹھے گنہگار بنا دے مجھ کو

کوئی سچ میرے سلگتے ہوئے سینے میں بھی ڈال
آگ ہی آگ ہوں گلزار بنا دے مجھ کو

باڑھ میں بہتی ہوئی شاخ ہوں اے نوح کے دوست
ڈوبتے ہاتھ میں پتوار بنا دے مجھ کو

جیسے کاغذ پہ کوئی لفظ مرادوں والا
میں بگڑ جاؤں تو ہر بار بنا دے مجھ کو

نعت

جو بھی سورج، چاند، ستارہ، خوشبو، بادِ بہاری ہے
ہر اک اُس سرکار کا چاکر، اُس در کا درباری ہے

لوگو، تم اس منظر شب کو کاہکشاں بتلاتے ہو
یہ تو اُن کی خاک گزر ہے، اُن کی گردِ سواری ہے

سر پر بوجھ گناہوں کا اور دل میں آس شفاعت کی
آگے رحمت اُن کی ویسے مجرم تو اقراری ہے

اُن کے کرم کے صدقے سب کے بند گراں کھل جاتے ہیں
داد طلب کہیں چڑیاں ہیں، کہیں آہوئے تاتاری ہے

عالم عالم دھوم مچی ہے اُن کے لطف و عنایت کی
بستی بستی، صحرا صحرا فیض کا دریا جاری ہے

بزم وفا صدیق و عمر، عثمان و علی سے روشن ہے
چار ستارے، چاروں پیارے، چار کی آئینہ داری ہے

اُن کی ذات پاک سے ٹھہرا اُن کا سارا گھرانہ پاک
جس کے لیے تطہیر کی چادر اُن کے رب نے اُتاری ہے

نعت

سخن میں موسمِ گل اُن کے نام سے آئے
پڑھوں سلام تو خوشبو کلام سے آئے

شگفت اسمِ محمد کا وقت ہے دل میں
یہاں نسیمِ سحر احترام سے آئے

وہی سراجِ منیر آخری ستارۂ غیب
اجالے سب اُسی ماہِ تمام سے آئے

وہ جس کو نانِ جویں بخش دیں اُسی کے لیے
خراج، مملکتِ روم و شام سے آئے

انھیں سے ہو دل و جاں پر سکینتوں کا نزول
قرار اُن کے ہی فیضانِ عام سے آئے

انھیں کے نام سے قائم رہے وجود مرا
نمو کی تاب انھیں کے پیام سے آئے

میں اُن کا حرفِ ثنا اپنی دھڑکنوں میں سنوں
وہی صدا مرے دیوار و بام سے آئے

یہ کسان و گرفتار، سب انھیں کے طفیل
نکل کے حلقۂ زنجیر و دام سے آئے

مناقب

اے خدا جب مجھے محشر میں اُٹھایا جائے

اے خدا جب مجھے محشر میں اُٹھایا جائے
حلقۂ سبط پیمبر میں اُٹھایا جائے

مدحت آل پیمبر کا یہ انعام ملے
سایۂ رحمت داور میں اُٹھایا جائے

میں بھی اس سلسلۂ عشق سے وابستہ رہوں
قرب سلمان و ابوذر میں اُٹھایا جائے

مجھ کو بھی اس کے تلے گوشۂ بخشش مل جائے
جب علم دست دلاور میں اُٹھایا جائے

ان کی خدمت میں رہوں جن کا وفادار ہوں میں
اسی صف میں اسی لشکر میں اُٹھایا جائے

دریا عطا ہو ساقیٔ کوثر کا واسطہ

دریا عطا ہو ساقیِ کوثر کا واسطہ
حاجت روا ہو خاتم و حیدر کا واسطہ

اہلِ وفا سے شہر و بیاباں بسے رہیں
آلِ عبا کے اُجڑے ہوئے گھر کا واسطہ

کوئی کنیز اہلِ حرم بے ردا نہ ہو
اُن پاک بیبیوں کے کھلے سر کا واسطہ

روشن رہے گھروں میں چراغِ غمِ حسین
جلتے ہوئے خیام کے منظر کا واسطہ

دنیا میں حرفِ حق کا علم سرنگوں نہ ہو
بازو بریدہ مردِ دلاور کا واسطہ

مولا ہمارے سینوں سے کھینچیں سنانِ خوف
نوکِ سنان سینۂ اکبر کا واسطہ

تشنہ گلو رہے نہ کوئی طفل شیرخوار
پیکان گردن علی اصغر کا واسطہ

برپا رہے حکومت صبر و رضا مدام
مولا کے سجدۂ تہہ خنجر کا واسطہ

جاں نذر دے کے نصرت آل عبا کریں

جاں نذر دے کے نصرت آل عبا کریں
آؤ کہ اجر کار رسالت ادا کریں

برپا کریں تو حشر کریں کربلا کے بعد
روشن اگر کریں تو چراغ عزا کریں

صدیوں سے سینہ زن ہے بدن میں لہو کی لہر
آج اس کو پیش تیغ ستم گر رہا کریں

صرف ایک سر ملا تھا سو نذرانہ کر دیا
اب ناصران معرکۂ صبر کیا کریں

صحرا میں شور کرتی ہیں موجیں فرات کی
زنداں میں جیسے اہل سلاسل صدا کریں

اس شاہ بے کساں پہ دل و روح و جاں نثار
مقدور ہو تو نذر کچھ اس سے سوا کریں

یاد آوران تشنہ دہانان کربلا
اس تشنگی کو چشمۂ آب بقا کریں

گریہ نشان جاں ہے مگر اس کے باوجود
مقتل مقام صبر و رضا ہے رضا کریں

تیرا قلم ولا کا علم ہے سو مجرئ
عباس تجھ کو ظل حمایت عطا کریں

بھرا ہے اشک ندامت سے جام پانی کا

بھرا ہے اشک ندامت سے جام پانی کا
قبول تشنہ دلاں ہو سلام پانی کا

زیارت در خیمہ نہ تھی نصیب فرات
سو آج تک ہے سفر ناتمام پانی کا

رگ گلو نے بجھائی ہے تیغ ظلم کی پیاس
کیا ہے خون شہیداں نے کام پانی کا

علم ہوا سر نیزہ جو ایک مشکیزہ
شجر لگا سر صحرائے شام پانی کا

اگر وہ تشنگیٔ لازوال یاد رہے
کبھی نہ آئے زبانوں پہ نام پانی کا

اُسے تلاش نہ کر دشت کربلا میں کہ ہے
ہمارے دیدۂ تر میں قیام پانی کا

جز حرف وِلا کچھ بھی عبارت نہیں کرتے

جز حرف وِلا کچھ بھی عبارت نہیں کرتے
ہم اور سخن کوئی سماعت نہیں کرتے

جو معرکۂ صبر میں نصرت نہیں کرتے
وہ لوگ ادا اجر رسالت نہیں کرتے

ہوتی ہے یہی مصحف ناطق کی نشانی
نیزے پہ بھی سر بولے تو حیرت نہیں کرتے

جب تشنہ دہاں خود ہی نہ دیں اس کی اجازت
دریا بھی قریب آنے کی ہمت نہیں کرتے

پھولوں سے بہت ڈرتے تھے باطل کے گنہگار
کیوں تیر چلا دینے میں عجلت نہیں کرتے

وہ ہاتھ کٹا دیتے ہیں سر دینے سے پہلے
مظلوم کبھی ظلم کی بیعت نہیں کرتے

کوثر پہ نہ کیوں حق ہو کہ دنیا میں بھی ہم لوگ
گریہ نہیں کرتے ہیں کہ مدحت نہیں کرتے

اس وقت سے ظالم کے مقابل ہیں سو اب تک
بیعت ہے بڑی چیز، اطاعت نہیں کرتے

یہ اشک عزا اور یہ دنیا کے خزانے
ہم اپنے چراغوں کی تجارت نہیں کرتے

اس آئینہ خانے کی طرف دیکھتے ہیں ہم
پھر کوئی زیارت کسی صورت نہیں کرتے

جس طرح چلے سبط نبی شہر نبی سے
اس طرح تو مہماں کو بھی رُخصت نہیں کرتے

اک درد کو کرتے ہیں جہاں گیر و جہاں تاب
ہم صرف وہ تاریخ روایت نہیں کرتے

وہ شمع بجھی اور یہ حقیقت ہوئی روشن
ارباب وفا ترک رفاقت نہیں کرتے

قافلے پھر نہیں جاتے ہیں ورائے دریا

قافلے پھر نہیں جاتے ہیں ورائے دریا
راس آجائے اگر آب و ہوائے دریا

صبر نے موجوں کو زنجیر پنہا دی ورنہ
کیسے ممکن تھا کہ خدمت میں نہ آئے دریا

لب معصوم پہ فریاد کہ ہائے پانی
دشت افسوس کو افسوس کہ ہائے دریا

ایک چلو کا بھی عباس نے احساں نہ لیا
پھینک دی اس کے ہی چہرے پہ عطائے دریا

لب جو تشنہ دہاں آل نبی قتل ہوئے
داغ ہے سینۂ گیتی پہ بجائے دریا

اب بھی صحرا سے آتی ہے کوئی صدا فیصلہ چاہیے فیصلہ چاہیے

اب بھی صحرا سے آتی ہے کوئی صدا فیصلہ چاہیے فیصلہ چاہیے
قاتلوں سے قصاصِ جفا چاہیے بے بہا خون کا خوں بہا چاہیے

شہر والو! سنو تم نے سبط پیمبر کو کس طرح جنگل میں جانے دیا
جس نے نصرت نہ کی اس کا دست شفاعت پہ کیا حق رہا سوچنا چاہیے

ایسے آشوب میں ضبط کا مشورہ میں نہیں مانتا میں نہیں مانتا
میرے اندر کوئی سیلِ غم ہے جسے راستہ چاہیے راستہ چاہیے

میں نے دیکھے ہیں بچوں کے سوکھے گلے ربِ روزِ جزا مجھ کو روزِ جزا
داہنے ہاتھ میں ایک شمشیر اور بائیں میں گردن حرملہ چاہیے

شام سے ہند تک ایک ہی کام ہے تیغِ مختار کا حرفِ عرفانؔ کا
دل میں اک آگ ہے اور اس آگ کو لشکرِ اشقیا کا پتہ چاہیے

دل سوزاں پہ جیسے دست شبنم رکھ دیا دیکھو

دل سوزاں پہ جیسے دست شبنم رکھ دیا دیکھو
علی کے نام نے زخموں پہ مرہم رکھ دیا دیکھو

طلسم شب مری آنکھوں کا دشمن تھا سو مولا نے
لہو میں اک چراغ اسم اعظم رکھ دیا دیکھو

سخی داتا سے انعام قناعت میں نے مانگا تھا
مرے کشکول میں خوان دو عالم رکھ دیا دیکھو

کھلا آشفتہ جانوں پر علم مشکل کشائی کا
ہوائے ظلم نے پیروں میں پرچم رکھ دیا دیکھو

شہہ مرداں کے در پر گوشہ گیری کا تصدق ہے
کہ میں نے توڑ کر یہ حلقۂ رم رکھ دیا دیکھو

غزلیں

آسماں کی زد پہ زیر آسماں میں ہی نہیں
تو بھی ہے ظالم نشانے پر یہاں میں ہی نہیں

اخترالایمان کی اک نظم سے مجھ پر کھلا
اور بھی کم گو ہیں مجبور فغاں میں ہی نہیں

کوئی افشا کر رہا ہے مصحف آئندگاں
لکھ رہی ہیں لکھنے والی انگلیاں میں ہی نہیں

رنج اس کا ہے کہ کس کو رائیگاں کرتا ہے کون
ورنہ اس آشوب جاں میں رائیگاں میں ہی نہیں

دیکھئے جو دشت زندہ ہے رمِ آہو سے ہے
سوچیے وہ شہر کیا ہوگا جہاں میں ہی نہیں

خار و خس بھی ہیں تری زور ہوا سے پائمال
باغ میں اے موسم نامہرباں میں ہی نہیں

سایۂ آسیب کوئی دوسرے گھر میں بھی ہے
ہاں گرفتار شب وہم و گماں میں ہی نہیں

تیرے رک جانے سے یہ لشکر بھی پیاسا مر نہ جائے
تشنہ لب صحرا میں اے جوئے رواں میں ہی نہیں

اب ادھورا چھوڑنا ممکن نہیں اے قصہ گو
ساری دنیا سن رہی ہے داستاں میں ہی نہیں

ہر ایک دشت میں گھر بن گئے، نکلتا کیا
میں شہر چھوڑ بھی دیتا تو جی بہلتا کیا

چراغ بام تھا اپنی بساط تھی معلوم
سو رائیگاں کسی طاق ابد میں جلتا کیا

مجھے زوال کا خطرہ نہ تھا کہ مہر سخن
ابھی طلوع ہوا ہی نہیں تو ڈھلتا کیا

دست قاتل کب کٹے اے چشم تر کیا دیکھنا
آج کے اخبار میں کل کی خبر کیا دیکھنا

کچھ تو چٹانوں سے نکلے جوئے خوں یا جوئے شیر
پتھروں کے بیچ رہنا ہے تو سر کیا دیکھنا

ہم نے خود بن باس لینے کا کیا تھا فیصلہ
یار اب مڑ مڑ کے سوئے بام و در کیا دیکھنا

اپنے ہی جوش نمو میں رقص کرنا چاہیے
راستہ جھونکوں کا اے شاخ شجر کیا دیکھنا

اب کدھر سے وار ہو سکتا ہے یہ بھی سوچیے
کل جدھر سے تیر آیا تھا اُدھر کیا دیکھنا

ہم فقیروں کو فقط سچ بولنے کا حکم ہے
عرض کرنا قیمت عرض ہنر کیا دیکھنا

طنابیں کاٹ مرے ساتھ بادبانوں کی
میں تجھ کو سیر کراؤں نئے جہانوں کی

ابھی وہ چاند سا چمکا تھا میری آنکھوں میں
کہ ساعتوں پہ گھٹا گھر گئی زمانوں کی

دلوں میں لہر اُٹھی تیری ہم کلامی سے
ہوا چلی تو کھلیں کھڑکیاں مکانوں کی

تم سے بچھڑے تھے تو کچھ اور تھا اب دوسرا ہے
آج کل دل کی اُداسی کا سبب دوسرا ہے

روح کی پیاس بجھانے نہیں آئے ہیں یہ لوگ
اب کے ہنگامہ سرچشمۂ لب دوسرا ہے

رزق تک میں بھی زمیں زاد ہوں لیکن یارو
اس کے آگے مرا میدان طلب دُوسرا ہے

راہ ستم میں سوز جگر کیسے چھوڑ دیں
لمبا سفر ہے زاد سفر کیسے چھوڑ دیں

آندھی میں چھوڑتے ہیں کہیں آشیاں پرند
ہم اس ہوا کے خوف سے گھر کیسے چھوڑ دیں

چندن کے بن میں سانپ نکلتے ہی رہتے ہیں
اس ڈر سے خوشبوؤں کے شجر کیسے چھوڑ دیں

جب کچھ نہ تھا تو ہم نے دیا تھا زمیں کو خوں
اب فصل پک چکی تو ثمر کیسے چھوڑ دیں

اے دل وہ دیکھ خیمۂ فردا قریب ہے
تجھ کو فصیل شب کے ادھر کیسے چھوڑ دیں

مانا کہ ایک عمر سے ٹھہری ہوئی ہے رات
انسان ہیں اُمید سحر کیسے چھوڑ دیں

جس نے میری ہی طرف تیر چلایا میں تھا
اور جو اس تیر سے بچ کر نکل آیا، میں تھا

ان چراغوں کے اب اتنے بھی قصیدے نہ پڑھو
یار، تم نے جسے راتوں کو جلایا، میں تھا

اے ہوا میرے سفینے کو ڈبونے والی
دیکھ، تو نے جسے ساحل پہ لگایا، میں تھا

خاک پر ڈھیر ہے قاتل، یہ کرشمہ کیا ہے
کہ نشانے پہ تو مدت سے خدایا، میں تھا

جو مجھے لے کے چلی تھی وہ ہوا لوٹ گئی
پھر کبھی جس نے پتہ گھر کا نہ پایا، میں تھا

اب لہو تم کو بھی پیارا ہے چلو یوں ہی سہی
ورنہ یہ رنگ تو اس دشت میں لایا میں تھا

گرتی ہی چلی جائے سنبھلتی ہی چلی جائے
کیا تیغ ہے، چل جائے تو چلتی ہی چلی جائے

رُک جاؤں تو بن جائے ہر اک راستہ دیوار
نکلوں تو ہر اک راہ نکلتی ہی چلی جائے

بہتر یہی ہوگا کہ ہم آرام سے سو جائیں
اچھی شب وعدہ ہے کہ ڈھلتی ہی چلی جائے

کیا دارِ عمل ہے کہ جو جی چاہے سو کیجے
کیا خوب قیامت ہے کہ ٹلتی ہی چلی جائے

اک آگ ہے خوں میں کہ جو مدھم نہیں ہوتی
اک شمع ہے دل میں کہ پگھلتی ہی چلی جائے

میں ہوں کہ جو دھوکا نہیں کھاتا کسی صورت
دنیا ہے کہ یہ روپ بدلتی ہی چلی جائے

ہم تو خس و خاشاک سمجھتے تھے بدن کو
یہ کون سی مٹی ہے کہ جلتی ہی چلی جائے

زیاں کی راہ میں اگلا قدم اُٹھاتا ہوں
میں پھر سے گمشدگاں کے علم اُٹھاتا ہوں

نیاز مند یہ دنیا نہیں کسی کی مگر
اسے خبر ہے کہ میں نازکم اُٹھاتا ہوں

نہ کوئی حشر زمیں کے علاوہ اُٹھتا ہے
نہ میں ہی سر پسِ خوابِ عدم اُٹھاتا ہوں

اے فکرِ سخن کیوں زرِ گل خاک سے لے آؤں
مضمون اگر کم ہوں تو افلاک سے لے آؤں

پھر کام ہیں کچھ اور بھی لیکن دلِ ناداں
پہلے تو تجھے زلف کے پیچاک سے لے آؤں

کیا گنج گہر کی مرے دامن کو کمی ہے
چاہوں تو ابھی دیدۂ نمناک سے لے آؤں

دکھلاؤں تمھیں اپنے قبیلے کی نشانی
کچھ تار کسی پیرہنِ چاک سے لے آؤں

چمکے تو اندھیرے میں مرا طرۂ دستار
دو چار ستارے تری پوشاک سے لے آؤں

یاراں، مجھے ان چیزوں سے نشہ نہیں ہوتا
ورنہ تو یہ شئے میں بھی رگِ تاک سے لے آؤں

تم نے کبھی دیکھا نہیں آہوئے تتاری
اچھا، تو میں اس صید کو فتراک سے لے آؤں

بس یوں ہے کہ کچھ گرمئ محفل کا نہیں شوق
میں آگ تو اپنے خس و خاشاک سے لے آؤں

گمراہ سہی پھر بھی عجب کیا ہے کہ دل کو
تیری ہی طرف اس رہ کاواک سے لے آؤں

میں فقط خاموش ہونٹوں کی گواہی لے گیا
دار تک مجھ کو غرور بے گناہی لے گیا

کون کہتا ہے کہ ان آنکھوں میں جادو ہی نہیں
توڑ دی اُس نے کمند اور بادشاہی لے گیا

لوٹنے والا نہیں تھا، جیتنے والا تھا وہ
اس نے جو شے بھی مرے خیمے سے چاہی لے گیا

جب بھی صلیبِ شام پہ وارا گیا ہوں میں
آخر کسی اُفق سے اُبھارا گیا ہوں میں

چاروں طرف گھٹی ہوئی چیخوں کا شور ہے
بول اے ہوا، کدھر سے پکارا گیا ہوں میں

ٹوٹے ہوئے دلوں کی مناجات ہوں مگر
بہری سماعتوں پہ اُتارا گیا ہوں میں

یہ باغ جس نے اُگایا ہے پھول بھی دے گا
دیے ہیں لفظ تو حسنِ قبول بھی دے گا

بچا بھی لے گا بڑی آزمائشوں سے مگر
وہی کبھی کوئی چھوٹی سی بھول بھی دے گا

چلیں تو پیاس کہاں اور آبلے کیسے
یہ دشت اوس بھی دے گا، ببول بھی دے گا

ابھی سے لو نہ بڑھاؤ اگر چراغ ہو تم
یہ رات ہے تو خدا اس کو طول بھی دے گا

مسافروں کو کہاں آتا پیرہن کا خیال
جو راستہ ہمیں گھر دے گا، دھول بھی دے گا

کبھی تو سمجھے گا کوئی لکھا ہوا میرا
کبھی تو کام یہ شوق فضول بھی دے گا

وہ جس نے پود لگائی ہے پھول بھی دے گا
سخن دیا ہے تو حسن قبول بھی دے گا

ابھی تو اور جلو گے اگر چراغ ہو تم
یہ رات ہے تو خدا اس کو طول بھی دے گا

کبھی تو کوئی پڑھے گا لکھا ہوا میرا
کبھی تو کام یہ شوق فضول بھی دے گا

پناہ چاہو تو پھر پیرہن بچاؤ نہیں
جو راستہ تمھیں گھر دے گا، دھول بھی دے گا

وہی بچائے گا تم کو، اور امتحاں کے لیے
وہی کبھی کوئی چھوٹی سی بھول بھی دے گا

بچا بھی لے گا وہ کچھ آزمائشوں سے تمھیں
اور امتحاں کے لیے کوئی بھول بھی دے گا

چلیں تو پیاس کہاں اور آبلے کیسے
وہ دشت اوس بھی دے گا، تو پھول بھی دے گا

یہ بھی ہے گزرے ہوئے بادل کی ترسائی ہوئی
جا رہی ہے جو ندی کھیتوں سے شرمائی ہوئی

ذہن شاعر کا، نئی صبحوں کے سورج کی کرن
جیسے میرے سوکھے ہونٹوں پہ ہنسی آئی ہوئی

کیا چھپا رکھے ہیں دیواروں نے خوشبو کے چراغ
کیوں منڈیروں پہ ہوا پھرتی ہے گھبرائی ہوئی

میں زندہ ہوں تو مری انجمن بھی زندہ رہے
مرا رقیب بھی، میرا سجن بھی زندہ رہے

حقیقتیں تو بہت ہیں بیان کرنے کو
خدا کرے مری تابِ سخن بھی زندہ رہے

تجھے بھی تیغ کشیدہ کبھی زوال نہ ہو
دل کشادہ، ترا بانکپن بھی زندہ رہے

شکار جو سہی دشت سبکتگین، مگر
رمیدہ خو ہے تو شاید ہرن بھی زندہ ہے

مرا خدا مرے شیشے اُجالنے والا
سیاہ رات سے سورج نکالنے والا

سنہری فصلوں کے بادل میں تجھ سے کیا مانگوں
کہ تو نہیں مرے بچوں کو پالنے والا

دھنک کی طرح کوئی چیز اس کے ہاتھ میں تھی
مرا بدن تو نہ تھا رنگ اُچھالنے والا

زمیں کا درد اُٹھانے کا ظرف تو دیتا
یہ بوجھ بھی مرے شانوں پہ ڈالنے والا

کبھی زمین میں بویا ہے کوئی پارۂ دل
یہ بے ثمر ہے تو کیوں بے ثمر ہے، جانتے ہو

سخن میں رمز و اشارت سے فائدہ کیا ہے
اُسے ورائے سخن کی خبر ہے، جانتے ہو

ہو چکا کھیل بہت جی سے گزر جانے کا
آج اقرار کریں زخم کے بھر جانے کا

ہم بھی زندہ تھے مسیحا نفسوں کے ہوتے
سچ تو یہ ہے کہ وہی وقت تھا مر جانے کا

بے سروکار فلک بے در و دیوار زمیں
سر میں سودا ہے مری جان کدھر جانے کا

ہم یہاں تک خس و خاشاک بدن کو لے آئے
آگے اب کوئی بھی موسم ہو بکھر جانے کا

کوئی دشوار نہیں شیوۂ شوریدہ سری
ہاں اگر ہے تو ذرا خوف ہے سر جانے کا

اب تلک بزم میں آنا ہی تھا اک کار ہنر
ہم نے آغاز کیا کار ہنر جانے کا

مرا چراغ تو جانے کہاں سے آتا ہے
مگر اُجالا مرے سوز جاں سے آتا ہے

نشانہ باز کوئی اور ہے عدو کوئی اور
کسی کا تیر کسی کی کماں سے آتا ہے

مجھے کمی نہیں رہتی کبھی محبت کی
یہ میرا رزق ہے اور آسماں سے آتا ہے

وہ دشت شب کا مسافر ہے اس کو کیا معلوم
یہ نور خیمہ گہہ رہزناں سے آتا ہے

ماں کے انتقال پر

اک دیا شام خموشاں میں جلا بھی آئے
اور اک شمع تہہ خاک دبا بھی آئے

اب کے اُس در سے نہ نکلا کسی اُمید کا چاند
شب کے سناٹے میں آواز لگا بھی آئے

یہ سفر کتنا اکیلا ہے کہ عادت تو نہ تھی
دُور تک ساتھ کوئی حرف دعا بھی آئے

اُس کی پرچھائیں کا دھوکا نہیں ہونے والا
اب مری سمت اگر ظل ہما بھی آئے

غم دنیا میں غم جاں کی حقیقت کیا ہے
دوسرے چپ ہوں تو کچھ اپنی صدا بھی آئے

تو بہت دیر میں دیوانہ بنانے نکلی
ہم تو اے باؤلی رُت خاک اُڑا بھی آئے

میں چلا تھا سوچ کے اور کچھ کہ کچھ اور دھیان میں آ گیا
تری خیر شہر ستم ہوئی کوئی درمیان میں آ گیا

نہ وہ خواب ہیں نہ سراب ہیں نہ وہ داغ ہیں نہ چراغ ہیں
یہ میں کس گلی میں پہنچ گیا، یہ میں کس مکان میں آ گیا

یہ لگن تھی خاک اُڑائیے، کبھی بارشوں میں نہائیے
وہ ہوا چلی وہ گھٹا اُٹھی تو میں سائبان میں آ گیا

نہ سخن حکایت حال تھا، نہ شکایتوں کا خیال تھا
کوئی خار دشت ملال تھا جو مری زبان میں آ گیا

زمیں سے اُٹھ کے مری خاک جاں کہاں جائے
یہ نامراد ہنوز آسماں کہاں جائے

ہوائے درد کا رُخ ہے مرے ہی گھر کی طرف
صدائے گریۂ ہم سائیگاں کہاں جائے

غبار تیرہ شبی بھر گیا ہے آنکھوں میں
یہیں چراغ جلے تھے دھواں کہاں جائے

طلب کوئی نہیں کرتا محبتوں کا صلہ
مگر حساب دل دوستاں کہاں جائے

اگر میں فرض نہ کر لوں کہ سن رہا ہے کوئی
تو پھر مرا سخنِ رائیگاں کہاں جائے

ان کا غم تو خیر پھر بھی ان کا غم ہے دوستو
ہم پہ تو دنیا کے ہر غم کا کرم ہے دوستو

ان سے ترک آرزو کو اک زمانہ ہو گیا
پھر بھی قائم عاشقی کا یہ بھرم ہے دوستو

کیا کسی کو بھولنا آسان ہے تم ہی بتاؤ
تم کو اپنے دلرباؤں کی قسم ہے دوستو

ہم رہے ہیں مدتوں آوارۂ دشت و چمن
پھر بھی پیروں میں وہی زنجیر رم ہے دوستو

عجیب نشہ ہے ہشیار رہنا چاہتا ہوں
میں اس کے خواب میں بیدار رہنا چاہتا ہوں

یہ موج تازہ مری تشنگی کا وہم سہی
میں اس سراب میں سرشار رہنا چاہتا ہوں

سیاہ چشم، مری وحشتوں پہ طنز نہ کر
میں قاتلوں سے خبردار رہنا چاہتا ہوں

یہ درد ہی مرا چارہ ہے تم کو کیا معلوم
ہٹاؤ ہاتھ، میں بیمار رہنا چاہتا ہوں

ادھر بھی آئے گی شاید وہ شاہ بانوئے شہر
یہ سوچ کر سر بازار رہنا چاہتا ہوں

ہوا گلاب کو چھوکر گزرتی رہتی ہے
سو میں بھی اتنا گنہگار رہنا چاہتا ہوں

موج گل ہے نہ کہیں آب رواں ہے جاناں
ساتھ ہے کوئی تو عمر گزراں ہے جاناں

ابھی آتا ہے نظر چاند میں چہرہ تیرا
ایک دو پل میں یہ منظر بھی دھواں ہے جاناں

تو جو بولے تو سنوں میں تری آواز کا سچ
ہر طرف خامشی وہم و گماں ہے جاناں

موسم ہجر سے اس درجہ سبک سار ہے دل
اس پہ اب حرف محبت بھی گراں ہے جاناں

آج تک جو نہ کیا اس کی تلافی کے لیے
اب یہ ذکر لب و رخسار بتاں ہے جاناں

ہم کچھ اس طرح سناتے ہیں کہانی اپنی
کوئی سمجھے کہ حدیث دگراں ہے جاناں

جو کبھی تو نے کہا اور نہ کبھی ہم نے سنا
وہی اک لفظ تو سرنامۂ جاں ہے جاناں

کیا کسی جشن کا عنوان بنایا ہے مجھے
یہ جو تو نے سر دیوار جلایا ہے مجھے

میں تنک سایہ ہوں پھر بھی کوئی مصرف ہوگا
اُس نے کچھ سوچ کے صحرا میں اُگایا ہے مجھے

میں وہ دولت ہوں جو مل جائے ضرورت کے بغیر
جس نے پایا ہے مجھے اس نے گنوایا ہے مجھے

مدتوں بعد ہوا لائی ہے پیغام اُس کا
راستہ بھول چکا ہوں تو بلایا ہے مجھے

جس سمندر نے ڈبویا تھا سفینہ میرا
اس کی ہی موج نے ساحل سے لگایا ہے مجھے

پھر ملا دے اسی مٹی میں یہ حق ہے اس کو
اُس نے آکر اِسی مٹی سے اُٹھایا ہے مجھے

اب ضیابار وہ مہتاب ادھر بھی ہو جائے
ورنہ ممکن ہے مری رات بسر بھی ہو جائے

کسی وحشت نے بنایا ہے ہمیں خانہ بدوش
ہم جو صحرا ہی میں رہ جائیں تو گھر بھی ہو جائے

ریت میں پھول کھلیں، سنگ سے چشمہ پھوٹے
زندگی اس کا اشارہ ہے جدھر بھی ہو جائے

یہ کرشمہ کبھی ہوتے نہیں دیکھا ہم نے
سر بھی شانوں پہ رہے معرکہ سر بھی ہو جائے

پاؤں پتھر ہوں تو کیا وحشت سر کا حاصل
فرض کر لیجئے دیوار میں در بھی ہو جائے

یہ قاعدہ ہے اے شخص مت بھول
مارے گا قاتل چیخے گا مقتول

کچھ ہو رہا ہے دل میں کہ جس کا
احساس معلوم، اظہار مجہول

نیچے سے اوپر جاتا ہے پانی
یہ جرم تسلیم یہ بات معقول

کھڑکی سے باہر جھانکے تو کیوں کر
چھوٹا ہے بچہ اونچا ہے اسٹول

دل میرا استاد دنیا گزرگاہ
پڑھتا ہوں گھر میں جاتا ہوں اسکول

اچھا بتاؤ میری پہیلی
شعلوں میں بچے بچوں پہ ترشول

رمزوں میں بولیں عقدے نہ کھولیں
ایسے سخنور عہدوں سے معزول

جب بال و پر نہیں تو ہوا پر نہ جائیے
آندھی میں سیر ارض و سماء پر نہ جائیے

کیا شاندار لوگ ہیں دامن دریدہ لوگ
دل دیکھیے حضور، قبا پر نہ جائیے

کیجے نہ ریگ زار میں پھولوں کا انتظار
مٹی ہے اصل چیز، گھٹا پر نہ جائیے

کچھ اور کہہ رہا ہوں غزل کے حوالے سے
مطلب سمجھیے، طرز ادا پر نہ جائیے

آخر تو فیصلہ سر مقتل اُسی کا ہے
اس انتظام جرم و سزا پر نہ جائیے

دنیا میں اور بھی تو اشارے سفر کے ہیں
ہر بار اپنے دل کی صدا پر نہ جائیے

ہوائے دشت کو زیرِ قدم کریں دونوں
غزالِ شہر اِدھر آ کہ رم کریں دونوں

ذرا سا رقصِ شرر کر کے خاک ہو جائیں
جو رفتگاں نے کیا ہے وہ ہم کریں دونوں

یہ شامِ عمر، یہ خواہش کی تیز روشنیاں
لویں اب اپنے چراغوں کی کم کریں دونوں

اکیلا شخص کسے حالِ دل سنانے جائے
کبھی ملیں تو بچھڑنے کا غم کریں دونوں

خطوں میں کچھ تو قرینہ ہو دل نوازی کا
کوئی تو حرفِ شکایت رقم کریں دونوں

دل کو ارمان بھی کیسا ہے کہ دنیا دیکھے
جیسے بچہ کسی میلے میں تماشا دیکھے

باندھ کر جانے کہاں لے گئی قسمت کی کمند
وہ چلا تھا کہ ذرا وسعت صحرا دیکھے

یہ تو اک بھولا ہوا چہرہ ہے، جب یاد آجائے
شام دیکھے نہ یہ مہتاب سویرا دیکھے

میں اب ان چھوٹی سی خوشیوں کے سوا کیا چاہوں
پیاس بوندوں سے نہ بجھ پائے تو دریا دیکھے

پوچھنے والو، مرا راز نہاں کیسے کھلے
انگلیاں ہونٹوں پہ رکھی ہیں زباں کیسے کھلے

ایک بار اور مرے سینے پر رکھ پھول سا ہاتھ
ایک دستک پہ یہ دروازۂ جاں کیسے کھلے

کوئی یاد آئے تو یہ دل کے دریچے وا ہوں
آنے والا ہی نہیں کوئی، مکاں کیسے کھلے

بور میرے، نہ پرندوں کے بسیرے میرے
جاتی رت، ہوئیں گے کب پیڑ گھنیرے میرے

اور اے نہر ترا رنگ بدل جائے گا
اور اس دشت سے اُٹھ جائیں گے ڈیرے میرے

جسم کا بوجھ بھی آواز کی لہکار کے ساتھ
اک ذرا بین کو جنبش دے سپیرے میرے

ہیں سبھی بکھرے ہوئے خواب مری آنکھوں میں
دے گئے مجھ کو مرا مال لٹیرے میرے

ࣾ

اب تک وہی دھج او نارسیدہ
سینہ کشادہ گردن کشیدہ

بستی میں ہم اور جنگل میں آہو
دونوں گریزاں دونوں رمیدہ

اچھی تمھاری دنیائے نو ہے
جب دیکھئے تب ناآفریدہ

جو کچھ سنا تھا خود ہم پہ بیتا
نکلا شنیدہ مانند دیدہ

جوگی کہ بھوگی سب ایک جیسے
لذت چشیدہ حسرت گزیدہ

زلفوں سے بڑھ کر زنجیر تیری
میری نگاہ گیسو بریدہ

لگتی نہیں یاں موتی کی قیمت
کیسا تمہارا اشک چکیدہ

سب شاعری ہے عرفانؔ صاحب
تم کون ایسے دامن دریدہ

مری غزل کا یہ مضموں بدلنے والا نہیں
وہ ملنے والا نہیں، دل سنبھلنے والا نہیں

لہو میں لو سی بھڑکنے لگی ہے لگتا ہے
کہ یہ چراغ بہت دیر جلنے والا نہیں

اب اس قدر بھی تنگ و تاز کیا کہ میں خود بھی
تری کمند سے بچ کر نکلنے والا نہیں

کوئی سوال ہی کرتا نہیں، سو بانوئے شہر
یہ بے نوا در دولت سے ٹلنے والا نہیں

نہ کر اب اتنی تگ و دو مرے ستارہ شکار
میں خود کمند سے بچ کر نکلنے والا نہیں

کہاں کے شعر و سخن ماہ و سال دوسرے ہیں
کچھ اور بات کرو سب کے حال دوسرے ہیں

چراغ بجھ گئے دل کی لویں بچائے رکھو
کہ اب کے موج ہوا کے خیال دوسرے ہیں

کہاں سے آئے ہو جنسِ وفا خریدنے کو
میاں، یہاں کی دُکانوں پہ مال دُوسرے ہیں

مری غزل کی زمیں ہے بدن سے آگے بھی
اسیرِ حلقۂ ہجر و وصال دُوسرے ہیں

بچھڑنے ملنے کا قصہ تو چلتا رہتا ہے
نہیں نہیں مرے عیش و ملال دوسرے ہیں

یہ میرا عکسِ دروں ہے یقیں نہیں آتا
اس آئینے میں مرے خط و خال دُوسرے ہیں

تمھارے ساتھ ہے دل کا مکالمہ کچھ اور
کہ دوسروں سے ہمارے سوال دوسرے ہیں

ستم سوا ہو تو اپنی طرف ہی لوٹتا ہے
ابھی تو خیر یہاں پائمال دوسرے ہیں

ابھی کھلنے کے لیے بند قبا رکھا ہے
ہم نے ہر فکر کو فردا پہ اُٹھا رکھا ہے

کیا چھپاؤں مرے مہتاب کہ تیرے آگے
دل کفِ دست کی مانند کھلا رکھا ہے

ہے مری خاک بدن آئینہ گر تیرا کمال
تو نے کس چیز کو آئینہ بنا رکھا ہے

کیسی آنکھیں ہیں کہ دریاؤں کو پہچانتی ہیں
کیسا دل ہے کہ سرابوں سے لگا رکھا ہے

ایک ہی رنگ ہے، تیرے لب و رخسار کا رنگ
اور میرے ورقِ سادہ میں کیا رکھا ہے

کچھ تو فغاں کا خیر بہانا بھی ہوتا ہے
کچھ کم سماعتوں کو سنانا بھی ہوتا ہے

دیکھو ہمارے چاک گریباں پہ خوش نہ ہو
یہ ہے جنوں اور اس کا نشانا بھی ہوتا ہے

آزادگاں کو خانہ خرابی کا کیا ملال
کیا موجِ گل کا کوئی ٹھکانا بھی ہوتا ہے

ہم اس جگہ میں خوش ہیں کہ ایسے خرابوں میں
سانپوں کے ساتھ ساتھ خزانا بھی ہوتا ہے

میں کیوں ڈروں کہ جان سے جاتا ہوں ایک بار
دشمن کو میرے لوٹ کے آنا بھی ہوتا ہے

اب آپ لوگ سود و زیاں سوچتے رہیں
بندہ تو چوتھی سمت روانہ بھی ہوتا ہے

لو، میں راز ہنر چارہ گراں کھولتا ہوں
تنگ آیا ہوں سو پیراہن جاں کھولتا ہوں

تو بھی دیکھے ترے افلاک کی وسعت کیا ہے
آج میں بال و پر وہم و گماں کھولتا ہوں

بھولتا بھی نہیں نام اس کا بتاتا بھی نہیں
نہ بڑھاتا ہوں نہ یہ دل کی دکاں کھولتا ہوں

دل کی زمیں تک روشنیاں ہیں، پانی ہے، ہریالی ہے
اس کے آگے کچھ بھی نہیں ہے، سارا منظر خالی ہے

میرا لہجہ چھین لیا ہے چڑیوں کی چہکاروں نے
جنگل کے سناٹے نے میری آواز چرا لی ہے

قیس گیا، فرہاد گیا اب جو چاہو اعلان کرو
ورنہ کس نے جنگل دیکھا، کس نے نہر نکالی ہے

اگلے تو یہ بام و در و محراب بنا کر چھوڑ گئے
میرا مقدر گرتی ہوئی دیواروں کی رکھوالی ہے

جیسے چمکیں چاند ستارے رازوں کے دروازوں سے
نیند بھری آنکھوں میں تری کوئی بھید بھری اجیالی ہے

تم نے یہ لمحہ گزرتے ہوئے دیکھا ہے کبھی
چاہنے والوں کو مرتے ہوئے دیکھا ہے کبھی

سطح پر عکس تو بنتے ہوئے دیکھے ہوں گے
نقش پانی پہ ٹھہرتے ہوئے دیکھا ہے کبھی

جسم کی آگ کے انجام کی تمثیل بتاؤں
خاک پر خاک بکھرتے ہوئے دیکھا ہے کبھی

کچھ تو ہے وادئ ہو میں کہ لرزتا ہوں میں
ورنہ تم نے مجھے ڈرتے ہوئے دیکھا ہے کبھی

غرض نہیں کہ کوئی اور کیا سمجھتا رہا
بس ایک لکھتا رہا دوسرا سمجھتا رہا

ہوا کے ہاتھ میں رکھ دی کسی نے چنگاری
تمام شہر اسے حادثا سمجھتا رہا

جہاں پناہ یہ ساری زمین آپ کی ہے
میں آج تک اسے ملک خدا سمجھتا رہا

سب خواب تھا اور خواب بکھرنے کی خبر آئی
لو، شمع بجھی، رات گزرنے کی خبر آئی

ملنے بھی نہ پایا تھا میں تجھ سے سر دریا
دریا سے ترے پار اُترنے کی خبر آئی

شاید کہ تہہ آب ہوا کوئی سفینہ
پانی پہ نیا نقش اُبھرنے کی خبر آئی

اس دن کا ہی اندیشہ رہا کرتا تھا اے دل
جس دن سے ترے نالہ نہ کرنے کی خبر آئی

سوچا تھا ذرا تیرے تئیں بات تو کی جائے
اتنے میں ترے بات نہ کرنے کی خبر آئی

جینے سے بڑا کوئی بھی آزار نہ نکلا
جب اپنے مسیحاؤں کے مرنے کی خبر آئی

اُس شمع سے ہم شب بسری کو نہیں کہتے
اب عشق تو اس بے ہنری کو نہیں کہتے

اک عرض ہے یہ پیرہن ناز سیاست
وحشی سے کبھی بخیہ گری کو نہیں کہتے

تو موج گریزاں ہے تو کچھ دُور تک آجا
ہم دیر تلک ہم سفری کو نہیں کہتے

ہم صرصر میں مرجھانے لگے
وہ بادِ صبا کہلائیں تو کیا

جب پوچھنے والا کوئی نہیں
زندہ ہیں تو کیا مر جائیں تو کیا

پیروں میں کوئی زنجیر نہیں
ہم رقصِ جنوں فرمائیں تو کیا

جو بادل آنگن چھوڑ گئے
جنگل میں بھرن برسائیں تو کیا

نیازِ عشق بھی حد سے سوا نہ ہونے پائے
جبیں اُٹھا، کہ یہ بندہ خدا نہ ہونے پائے

مرے عدو، ترے ترکش میں آخری ہے یہ تیر
تو دیکھ، اب کے نشانہ خطا نہ ہونے پائے

عجب یہ کہنہ سرا ہے، عجب چراغ ہیں ہم
کہ ساری رات جلیں اور ضیا نہ ہونے پائے

ہمارا دل بھی اک آئینہ ہے مگر اس میں
وہ عکس ہے جو کبھی رونما نہ ہونے پائے

اُس شناور نے بھنور سے نہ نکالا مجھ کو
جانے کس موج عنایت نے سنبھالا مجھ کو

ایک ہلکا سا گماں ہے کہ کہیں تھا کوئی شخص
اور کچھ یاد نہیں اس کا حوالہ مجھ کو

ایسا گمراہ کیا تھا تری خاموشی نے
سب سمجھتے تھے ترا چاہنے والا مجھ کو

پھر کسی نام کا مہتاب نہ نکلا مجھ میں
مدتیں ہو گئیں ڈوبا تھا وہ چہرہ مجھ میں

روز و شب جسم کی دیوار سے ٹکراتا ہے
قید کر رکھا ہے کس نے یہ پرندہ مجھ میں

ایک مدت سے مری بیعت جاں مانگتی تھی!
آج خاموش ہے کیا دیکھ کے دنیا مجھ میں

ویسے میرے خس و خاشاک میں کیا رکھا ہے
آگ دکھلاؤ تو نکلے گا تماشا مجھ میں

ریت اُڑتی ہے بہت ساحل احساس کے پاس
سوکھتا جاتا ہے شاید کوئی دریا مجھ میں

اب میں خود سے بھی مخاطب نہیں ہونے پاتا
جب سے چپ ہو گیا وہ بولنے والا مجھ میں

ہوائے شب سے چراغوں کی یاریاں دیکھو
تم ان اندھیروں میں گلیاں ہماریاں دیکھو

یہ بستیاں کبھی آکر ہماریاں دیکھو
خراب خاک کی خوش اعتباریاں دیکھو

لہو کی لہر کے پیچھے نکل چلو اُس پار
کھلی ہوئی ہیں ابھی راہداریاں دیکھو

یہاں تو چشم تماشا ہے کام میں مصروف
کبھی نہ آئیں گی ہاتھوں کی باریاں دیکھو

نزول شعر کی ساعت ہے، لفظ ہیں خاموش
اُتر رہی ہیں ہماری سواریاں دیکھو

تمام رات بدن کا طواف کرتا ہے
ہمارے خون کی شب زندہ داریاں دیکھو

ہمارے بعد پڑھو صاحبو ظفر کی غزل
حدود دیکھ چکے، بے کناریاں دیکھو

غزل کا رنگ کچھ ہو خون کے دھاروں سے اچھا ہے
یہ مضموں ابروئے جاناں کا تلواروں سے اچھا ہے

ہماری طرح اعلان گنہگاری نہیں کرتا
کم از کم شیخ ہم جیسے سیہ کاروں سے اچھا ہے

کسی کے پاؤں کے چھالے ہوں زنجیروں سے بہتر ہیں
کسی کے درد کا صحرا ہو، دیواروں سے اچھا ہے

کہاں ملتی ہے بے رنگ غرض جنس وفا صاحب
مری دُکّان میں یہ مال بازاروں سے اچھا ہے

محبت میں کوئی اعزاز اپنے سر نہیں لیتا
یہ خادم آپ کے پاپوش برداروں سے اچھا ہے

اس بھیڑ میں گم اے دل نہ ہونا
لوگوں سے ملنا شامل نہ ہونا

اچھا یہ سچ ہے، اچھی یہ ضد ہے
قائل نہ کرنا، قائل نہ ہونا

اس نے جو مل کر ہم کو سکھایا
حاصل نہ کرنا، حاصل نہ ہونا

جنگل نہ جانے کیوں چاہتے ہیں
بستی کی حد میں داخل نہ ہونا

بس جی دکھانا لوگوں کے دکھ پر
لوگوں کے دُکھ میں شامل نہ ہونا

قاتل سے لڑنا مشکل نہیں ہے
ممکن نہیں ہے بسمل نہ ہونا

اب تو باقی ہے یہی سمت سفر چلتا ہوں
آج میں بھی طرف دیدۂ تر چلتا ہوں

سوچنا کیا ہے اگر دشت زمیں ختم ہوا
میرے دل میں بھی تو صحرا ہے اُدھر چلتا ہوں

آخری رنگ ہواؤں سے بناؤں کب تک
رخصت اے موسم بے رنگ وثمر، چلتا ہوں

راہ میں چھوٹتے جاتے ہیں ملاقات کے بوجھ
جانے کیوں لے کے یہ سامان سفر چلتا ہوں

گھر سے نکلا تھا کہ صحرا کا تماشا دیکھوں
جب یہاں بھی وہی نقشہ ہے تو گھر چلتا ہوں

در پئے جسم و جان ملتے ہیں
ہم کو سب مہربان ملتے ہیں

زندگی ہے تو دشمنان عزیز
پھر تہہ آسمان ملتے ہیں

حرج کیا ہے ہمارے ملنے میں
رات دن بھی تو آن ملتے ہیں

کیوں نہ تم میرے دل میں بس جاؤ
اس گلی میں مکان ملتے ہیں

سارے آئندگاں کو رستے میں
رفتگاں کے نشان ملتے ہیں

کشتیوں کا تو نام ہوتا ہے
شوق کو بادبان ملتے ہیں

زرتاب تیرا قریۂ ویران کر دیا
میرے لہو نے سب سر و سامان کر دیا

اس بار یوں ہوا کہ اندھیروں کی فوج کو
دو چار جگنوؤں نے پریشان کر دیا

کمزور طائروں کو لہو کی ترنگ نے
شاہیں بچوں سے دست و گریبان کر دیا

دست ستم کا دل پہ کوئی بس نہ چل سکا
تھوڑا سا میرے جسم کا نقصان کر دیا

سینے پہ نیزہ، پشت پہ دیوار سنگ تھی
تنگ آ کے ہم نے جنگ کا اعلان کر دیا

وہ آفتیں پڑیں کہ خدا یاد آگیا
ان حادثوں نے مجھ کو مسلمان کر دیا

وہ درد ہے کہ دل سے نکلتا نہیں سو آج
ہم نے سپرد خانہ بہ مہمان کر دیا

عرفاںؔ، بزم بادہ و گل تھی زمین شعر
تم نے تو اس کو حشر کا میدان کر دیا

موج ہوا سے خاک کو تاب وصال کچھ نہیں
بانوئے کشور جمال میرا سوال کچھ نہیں

اب بھی ملو تو لوٹ آئے ساعت ابتدائے عشق
یہ شب و روز کچھ نہیں، یہ مہہ و سال کچھ نہیں

منتظران لمس گل، آپ عجیب لوگ ہیں
دست رسا بڑھایئے، قرعۂ فال کچھ نہیں

خلا میں کیا نظر آتے، زمین پر نہیں آئے
ستارہ جُو کو فرشتے کہیں نظر نہیں آئے

نشاں نہ تھا کوئی ڈوبی ہوئی زمینوں کا
سو ہم جہاز پہ اُڑتے رہے اُتر نہیں آئے

جہانِ نو تھا کہ مقتل ہمیں نہیں معلوم
جو اس گلی سے گئے تھے زیادہ تر نہیں آئے

اُداس شام اکیلی کھڑی ہے چوکھٹ پر
بہت سے صبح کے نکلے ہوئے بھی گھر نہیں آئے

یہ فصلِ گل جو بہت مہربان ہے اس بار
عجب نہیں ہے کہ جائے تو لوٹ کر نہیں آئے

تمھارے ناز کشیدہ سری سے کیا ہوگا
میاں کھِنچی ہوئی تلوار سے معاملہ ہے

کوئی نتیجہ نکلتا نظر نہیں آتا
صدائے گریہ کو دیوار سے معاملہ ہے

جگر کے پار نہیں تیر نیم کش اس کا
عجب عدوئے کم آزار سے معاملہ ہے

کسے یہ فکر کہ کیا ہے نوشتۂ تقدیر
یہاں نوشتۂ اغیار سے معاملہ ہے

طوفاں میں تا بہ حد نظر کچھ نہیں بچا
اب دیکھنے کو دیدۂ تر، کچھ نہیں بچا

کچھ خاک تھی سو وقت کی آندھی میں اُڑ گئی
آخر نشانِ سوز جگر کچھ نہیں بچا

ہر شئے کو ایک سیل بلاخیز لے گیا
سودا نہ سر، چراغ نہ در، کچھ نہیں بچا

سب جل گیا جو تھا ہمیں پیارا جہان میں
خوشبو نہ گل، صدف نہ گہر، کچھ نہیں بچا

مٹی بھی نذر حسرت تعمیر ہو گئی
گھر میں سوائے برق و شرر کچھ نہیں بچا

اُس پار ساحلوں نے سفینے ڈبو دیے
سب کچھ بچا لیا تھا مگر کچھ نہیں بچا

یا بازوئے ستم میں ہے یہ تیغ آخری
یا دست کشتگاں میں ہنر کچھ نہیں بچا

ڈرتے رہے تو موج ڈراتی رہی ہمیں
اَب ڈوب جایئے کہ خطر کچھ نہیں بچا

کچھ نقدِ جاں سفر میں لٹانا بھی ہے ضرور
کیا کیجیے کہ زادِ سفر کچھ نہیں بچا

یہ کاروبارِ عرضِ تمنا فضول ہے
دل میں لہو، دُعا میں اثر کچھ نہیں بچا

اب اور کوئی راہ نکالو کہ صاحبو
جس سمت جا رہے تھے اُدھر کچھ نہیں بچا

یہ کون چیختا ہے اگر مر گیا ہوں میں
یہ کیا تڑپ رہا ہے اگر کچھ نہیں بچا

جو دل میں ہے وہ حرف و حکایت میں تو آئے
سب سچ ہی سہی، پہلے سماعت میں تو آئے

اب تک جو ترے دست ستم میں ہے وہ تلوار
اک بار مرے دست مروت میں تو آئے

ہم ایسے ہوس کار نہیں جو نہ سدھر جائیں
تھوڑا سا مزہ کار محبت میں تو آئے

مشکل تو یہی ہے کہ قیامت نہیں آتی
قاتل مرا میدان قیامت میں تو آئے

اس نے ابھی دیکھا ہے سر پُل مجھے تنہا
وہ شخص مری رات کی دعوت میں تو آئے

یہ کون سے صحرا کی پُراسرار ہوا تھی
پل بھر میں نہ دریا تھا نہ میں تھا نہ گھٹا تھی

جنگل تھا نہ بادل تھا نہ ساحل تھا نہ دل تھا
آندھی تھی نہ بارش تھی گرج تھی نہ صدا تھی

طائر سفر آمادہ تھے گھر تھا کہ شجر تھا
جھیلوں کا بلاوا تھا، پہاڑوں کی ندا تھی

کل نیند کی آنکھوں میں چمکتے تھے ستارے
کل خواب بچھونوں پہ کھلونوں کی ضیا تھی

کل رات سناتی تھی فرشتوں کی کہانی
کل نرم رداؤں میں دُعاؤں کی ضیا تھی

دالانوں میں سو جاتے تھے سہمے ہوئے بچے
افسوس تھا کہ شب گشت فقیروں کی صدا تھی

چھت نار درختوں میں چھپی رہتی تھی دوپہر
اک آم کی گٹھلی میں نفیری کی ندا تھی

مٹی کے چراغوں میں جلا کرتی تھیں راتیں
چڑیوں کے بسیروں میں سویروں کی صدا تھی

پلکوں سے گرا کرتے تھے بھیگے ہوئے جگنو
چھلیے ہوئے ہاتھوں پہ شفق تھی نہ حنا تھی

مجھ کو جانا ہے ذرا ہم سفروں سے آگے
اُن کی آنکھوں سے پرے، اپنے پروں سے آگے

ہم جو یہ جان بچانے کا ہُنر جانتے ہیں
کچھ رہ و رسم تھی بیداد گروں سے آگے

تم کو اے خیرہ سرو، ہم پہ فضیلت کیا ہے
بس وہی طرۂ دستار سروں سے آگے

وہیں رہ جاتے ہیں سب حد سے گزرنے والے
چلتی رہتی ہے زمیں بے خبروں سے آگے

عمر بھر بصرہ و بغداد بساتے رہے لوگ
اور دیکھا تو وہی دشت گھروں سے آگے

درد کے فیض سے دل عیش دو عالم سے غنی
عشق کے راج میں ہم تاجوروں سے آگے

اِسی دُنیا میں کہیں کوئے نگاراں بھی تو ہے
ایک گھر بھی تو ہے، اک حلقۂ یاراں بھی تو ہے

آہی جاتی ہے اِدھر موج ہوائے نمناک
اس مسافت میں کوئی خطۂ باراں بھی تو ہے

شاہراہوں پہ ابھی برگِ خزاں اُڑتے ہیں
لیکن اطراف میں خوشبوئے بہاراں بھی تو ہے

کچھ نظر آتی نہیں شہر کی صورت ہم کو
ہر طرف گردِ رہِ شاہ سواراں بھی تو ہے

حاکمِ وقت کو یوں بھی نہیں گوشِ فریاد
اور پھر تہنیت نذر گزاراں بھی تو ہے

ایسے آشوب میں کس طرح سے چپ بیٹھتا ہوں
خون میں کچھ اثرِ حوصلہ داراں بھی تو ہے

شمع تنہا کی طرح، صبح کے تارے جیسے
شہر میں ایک ہی دو ہوں گے ہمارے جیسے

چھو گیا تھا کبھی اس جسم کو اک شعلۂ درد
آج تک خاک سے اُڑتے ہیں شرارے جیسے

اب جو چمکا ہے یہ خنجر تو خیال آتا ہے
تم کو دیکھا ہو کبھی نہر کنارے جیسے

سخت جاں ہم سا کوئی تم نے نہ دیکھا ہوگا
ہم نے قاتل کئی دیکھے ہیں تمھارے جیسے

اس کی آنکھیں ہیں کہ اک ڈوبنے والا انساں
دُوسرے ڈوبنے والے کو پکارے جیسے

بھول جاؤ گے کہ رہتے تھے یہاں دُوسرے لوگ
کل پھر آباد کریں گے یہ مکاں دُوسرے لوگ

دف بجاتی ہوئی صحراؤں سے آئے گی ہوا
اور پھر ہوں گے یہیں رقص کناں دوسرے لوگ

انھیں موجوں پہ کوئی اور دیے رکھے گا
نظر آئیں گے لب آب رواں دوسرے لوگ

ہم نے یہ کارِ جنوں کر تو دیا ہے آغاز
توڑ دیں گے کبھی زنجیر گراں دوسرے لوگ

جل بجھیں گے کہ ہم اس رات کا ایندھن ہی تو ہیں
خیر، دیکھیں گے نئی روشنیاں دُوسرے لوگ

یہ بھی گم کردہ زمینوں کی زباں بولتے ہیں
اپنے ہی لوگ ہیں اے ہم سفراں دوسرے لوگ

تیر چلتے رہیں گے، ہاتھ بدلتے رہیں گے
ہم گریں گے تو اٹھا لیں گے نشاں دوسرے لوگ

ﷻ

سفر کیا ہے عجب اہتمام کرتے ہوئے
جہاں سے کوچ وہیں پر قیام کرتے ہوئے

وہ ناگہاں مرے سینے پہ آکے بیٹھ گیا
ارادۂ فرس تیزگام کرتے ہوئے

شکار گاہ محبت بھی خوب ہے کہ وہ شخص
ہوا اسیر مجھے زیر دام کرتے ہوئے

میں پھر خرابۂ جاں کی طرف پلٹ آیا
سیاحت یمن و روم و شام کرتے ہوئے

عجیب کھیل ہے، اہل ستم کو دیکھتا ہوں
صدائے گریہ پس قتل عام کرتے ہوئے

ہنر ملا ہے غزل کی زبان بولنے کا
تم ایسے کم سخنوں سے کلام کرتے ہوئے

ہم پہ احسان نہ کر شمع جلا کر بابا
دل کی جھولی میں پڑے ہیں مہہ و اختر بابا

رُک گئے ہم ترے کوچے میں کہ گم گشتہ جہاز
ڈال دیتے ہیں جزیروں پہ بھی لنگر بابا

سیر افلاک ہمارا کوئی معمول نہیں
لہر آئے تو لگا آتے ہیں چکر بابا

یہ چمک سی جو سخن میں نظر آتی ہے تجھے
ہم نے اس خاک میں بو رکھے ہیں گوہر بابا

دل کو مجبور نہ کر اپنی اطاعت کے لیے
یہ علاقہ ہے ترے ملک سے باہر بابا

قتل ہونا ہی مقدر ہے تو کیا دیکھنا ہے
مہر کس کس کی لگی ہے سر محضر بابا

جا، تجھے پھول کھلانے کی دُعا دی ہم نے
تو نے جس شاخ کو توڑا ہے اُسی پر، بابا

ﷺ

جس دل کو لذت سخن آرائی چاہیے
تھوڑا سا دُکھ، بہت سی شکیبائی چاہیے

اک حرف دل نواز سے آسودہ کر مجھے
یوسف نہیں ہوں میں کہ زلیخائی چاہیے

قائم ہیں اپنی وضع پہ ہم سرکشیدہ لوگ
بس قاتلوں کی حوصلہ افزائی چاہیے

انبوہ دلبراں، میں وہ چہرہ نہ بھول جاؤں
کچھ دیر کے لیے مجھے تنہائی چاہیے

کرتا ہے مجھ سے روز کمال سخن سوال
تشہیر چاہیے کہ پذیرائی چاہیے

اُس نے بیکار یہ بہروپ بنایا ہوا ہے
ہم نے جادو کا اک آئینہ لگایا ہوا ہے

دو جگہ رہتے ہیں ہم ایک تو یہ شہر ملال
ایک وہ شہر جو خوابوں میں بسایا ہوا ہے

رات اور اتنی مسلسل کسی دیوانے نے
صبح روکی ہوئی ہے چاند چرایا ہوا ہے

عشق سے بھی کسی دن معرکہ فیصل ہو جائے
اس نے مدت سے بہت حشر اُٹھایا ہوا ہے

لغزشیں کون سنبھالے کہ محبت میں یہاں
ہم نے پہلے بھی بہت بوجھ اُٹھایا ہوا ہے

بانوئے شہر ہمیں تجھ سے ندامت ہے بہت
ایک دل ہے جو کسی اور پہ آیا ہوا ہے

حق فتحیاب میرے خدا کیوں نہیں ہوا
تو نے کہا تھا تیرا کہا کیوں نہیں ہوا

جب حشر اس زمیں پہ اُٹھائے گئے تو پھر
برپا یہیں پہ روزِ جزا کیوں نہیں ہوا

وہ شمع بجھ گئی تھی تو کہرام تھا تمام
دل بجھ گئے تو شورِ عزا کیوں نہیں ہوا

واماندگاں پہ تنگ ہوئی کیوں تری زمیں
دروازہ آسمان کا وا کیوں نہیں ہوا

وہ شعلہ ساز بھی اسی بستی کے لوگ تھے
ان کی گلی میں رقصِ ہوا کیوں نہیں ہوا

آخر اسی خرابے میں زندہ ہیں اور سب
یوں خاک کوئی میرے سوا کیوں نہیں ہوا

کیا جذب عشق مجھ سے زیادہ تھا غیر میں
اس کا حبیب اس سے جدا کیوں نہیں ہوا

جب وہ بھی تھے گلوئے بریدہ سے نالہ زن
پھر کشتگاں کا حرف رسا کیوں نہیں ہوا

کرتا رہا میں تیرے لیے دوستوں سے جنگ
تو میرے دشمنوں سے خفا کیوں نہیں ہوا

جو کچھ ہوا وہ کیسے ہوا جانتا ہوں میں
جو کچھ نہیں ہوا وہ بتا کیوں نہیں ہوا

اس کی تمثال کو پانے میں زمانے لگ جائیں
ہم اگر آئینہ خانوں ہی میں جانے لگ جائیں

کیا تماشا ہے کہ جب بکنے پہ راضی ہو یہ دل
اہل بازار دکانوں کو بڑھانے لگ جائیں

پاؤں میں خاک ہی زنجیر گراں ہے کہ نہیں
پوچھنا لوگ جب اس شہر سے جانے لگ جائیں

عاشقی کے بھی کچھ آداب ہوا کرتے ہیں
زخم کھایا ہے تو کیا حشر اُٹھانے لگ جائیں

اور کس طرح کریں حسن خداداد کا شکر
شعر لکھنے لگیں تصویر بنانے لگ جائیں

کچھ تو ظاہر ہو کہ ہیں جشن میں شامل ہم لوگ
کچھ نہیں ہے تو چلو خاک اُڑانے لگ جائیں

عذاب جاں بھی غرور ہنر بھی ختم ہوا
سخن بھی ختم ہوئے درد سر بھی ختم ہوا

زمیں بھی پاؤں تلے سے نکل گئی کب کی
فلک کا جادوئے بالائے سر بھی ختم ہوا

نمود نو میں بھی مٹی کسی کے کام نہ آئی
سو آج وہم دل کوزہ گر بھی ختم ہوا

جو موج آئی سروں سے گزر گئی آخر
مگر دلوں سے سمندر کا ڈر بھی ختم ہوا

وہ اک ندی سی جو تھی دشت جاں میں سوکھ گئی
چلو یہ مرحلۂ خشک و تر بھی ختم ہوا

قید نام و نسب و رنگ میں رہتے ہوئے بھی
دل وہی سونا ہے اس زنگ میں رہتے ہوئے بھی

مجھ کو حیرت ہے کہ ہر بات پہ حیران ہیں لوگ
آئینہ خانۂ نیرنگ میں رہتے ہوئے بھی

چاہیے اپنے کناروں سے گزرتے رہنا
درد کی لہر کو آہنگ میں رہتے ہوئے بھی

کیا کرشمہ ہے کہ کچھ اور نمو کرتا ہے
وہ بدن پیرہن تنگ میں رہتے ہوئے بھی

جانے یہ لذت پیوست کہاں سے آئی
تم سے اس دُوریٔ فرسنگ میں رہتے ہوئے بھی

آؤ ان پر سخن آباد کا در کھولتے ہیں
لفظ مر جاتے ہیں فرہنگ میں رہتے ہوئے بھی

میں جس میں گم ہوں وہ میرے خدا کب آئے گا
وہ آب زار، وہ شہرِ ہوا کب آئے گا

ملے گا کب مرے پیروں کو انتخاب کا اذن
میں چل رہا ہوں وہ گم راستہ کب آئے گا

کُھلے رہیں گے کہاں تک یہ بادباں میرے
زمیں کی روشنیوں کا پتا کب آئے گا

کنارِ جوئے رواں سے کنارِ جاں کی طرف
وہ جلتا بجھتا ہوا سلسلہ کب آئے گا

میں جس کے ہجر میں مسمار ہوتا جاتا ہوں
وہ میرا قرطبۂ گم شدہ کب آئے گا

میں اس کے عشق میں کتنے خرابے چھان چکا
مرا دمشق، مرا نینوا کب آئے گا

یہ میرے دل میں پرندے جو شور کرتے ہیں
انھیں سلیقۂ صوت و صدا کب آئے گا

جلیں گے کب مری آنکھوں کے جنگلوں میں الاؤ
ادھر وہ کھویا ہوا قافلہ کب آئے گا

امیر ہم سے تُو اے تاجور زیادہ نہیں
ہمارے اشکوں سے تیرے گہر زیادہ نہیں

احد سے کرب و بلا تک شمار کر دیکھو
حق اس طرف ہی ملے گا جدھر زیادہ نہیں

ستم کے سامنے تنہا کھڑا ہوں صدیوں سے
تم انتظار کرانا مگر زیادہ نہیں

وہ بابِ علم ہیں اور حالِ دل سمجھتے ہیں
ضرورت سخن معتبر زیادہ نہیں

گزارنا ہے ہمیں صرف ایک لمحۂ صبر
کہ عمرِ خنجر بیداد گر زیادہ نہیں

چلے تو کوئی اندھیرے سے روشنی کی طرف
یہ فاصلہ تو بہت ہے سفر زیادہ نہیں

متاعِ جاں تو ہے مولا کے اس فقیر کے پاس
اسی کو نذر گزاروں اگر زیادہ نہیں

ജ്ഞ

جو میرے گھر مجھے پہنچائے اور گم ہو جائے
وہ سبز پوش وہ زرّیں عصا کب آئے گا

کب آسماں سی وہ کھڑکی کھلے گی سینے میں
پھر اک چراغِ ستارہ نما کب آئے گا

میں شکل دیکھ رہا ہوں نگاہِ فردا کی
مگر گرفت میں بند قبا کب آئے گا

بجز بدن کے کوئی چیز درمیاں نہ رہے
وہ ایک قرب، وہ اک فاصلہ کب آئے گا

گھُلے گا میرے لہو میں کب اُس کا سانولا پن
نمک میں شہد و شکر کا مزا کب آئے گا

میں خود کو بھول کے کس دن اُسے پکاروں گا
وہ اپنے آپ کو سنتا ہوا کب آئے گا

ملے گی کب مجھے لفظوں کی کشمکش سے نجات
مرے سکوت کو حکمِ نوا کب آئے گا

نظمیں

نظم

ایک ریل کا ڈبہ
نیم جاں اُجالے میں
جاگتی ہوئی آنکھیں
پٹریوں کے دونوں سمت
دور تک سیاہی میں
بھیڑیوں کی، چیتوں کی
بھاگتی ہوئی آنکھیں
کس جگہ اُترنا ہے
ہے ٹکٹ بنارس کا
میں کہاں پر اُتروں گا
کس طرح بتاؤں میں

مثنوی در مدح دل

سزائے ستم ہو کہ عفو تمام
دل بے قصور، انتقام انتقام

مرے کشورِ عشق میں میرا دل
وزیر الممالک مدار المہام

مبارک انھیں اپنی سرکار حسن
فقیروں کو سرکار درباں سے کام؟

فروغ اس سے مانگے کلام الملوک
دعائے فقیراں ملوک الکلام

ہے پل بھر کا ملنا تو کیا پوچھنا
ہواؤں کا رستہ مسافر کا نام

کہیں دُور اذانِ شام ہوئی

دل کی کہنہ سرائے میں
روشن مشعل بام ہوئی
پہلے ایک ستارہ نکلا
خوابوں کی محرابوں سے
پیچھے پیچھے آئے سائے
رازوں کے دروازوں تک
آوازوں کی روشن چوکی
گونج گئی دالانوں تک

قطعات
و
رباعیات

میں مسکراتا رہا، وقت امتحاں کا تھا
کہ وہ زبان بھی خنجر تھی، میں بھی بانکا تھا
تجارتوں نے اسے بھی نگل لیا عرفانؔ
مری زمیں پہ جو اک ٹکڑا آسماں کا تھا

حکم یہ ہے کہ مجھے دشت کی قیمت دی جائے
میرے زنداں کے در و بام کو وسعت دی جائے
کب تلک کوئی کرے حلقۂ زنجیر میں رقص
کھیل اگر دیکھ لیا ہو تو اجازت دی جائے

شاعری سے کوئی قاتل راہ پر آتا نہیں
اور ہم کو دوسرا کوئی ہنر آتا نہیں
شہسوارو، اپنے خوں میں ڈوب جانا شرط ہے
ورنہ اس میدان میں نیزے پہ سر آتا نہیں

کوئے قاتل کو تماشا گاہ سمجھا ہے حریف
کشتنی میری رقابت میں یہاں بھی آگیا
میں نے تو اپنے ہی بام جاں پہ ڈالی تھی کمند
اتفاقاً اس کی زد میں آسماں بھی آگیا

میں بھی تنہائی سے ڈرتا ہوں کہ خاکم بدہن
آدمی کوئی خدا ہے، کہ اکیلا رہ جائے
دل افسردہ کے ہر سمت ہے رشتوں کا ہجوم
جیسے انسان سمندر میں بھی پیاسا رہ جائے

دل اک تپش میں پگھلتا رہے تو اچھا ہے
چراغ طاق میں جلتا رہے تو اچھا ہے
وہ عشق ہو کہ ہوس ہو مگر تعلق کا
کوئی بہانہ نکلتا رہے تو اچھا ہے

غزل میں ہم سے غمِ جاں بیاں کبھی نہ ہوا
تمام عمر جلے اور دھواں کبھی نہ ہوا
کبھی طلب ہی نہ کی دوستوں سے قیمت دل
سو کاروبار میں ہم کو زیاں کبھی نہ ہوا

موتیوں سے منہ بھرے دیکھو تو یہ مت پوچھنا
لوگ کیوں چپ ہو گئے تاب سخن ہوتے ہوئے
اب بدن سے موج خوں گزری تو اندازہ ہوا
کیا گزر جاتی ہے صحرا پر چمن ہوتے ہوئے

اس کا پندار رہائی نہیں دیتا اس کو
نقش دیوار دکھائی نہیں دیتا اس کو
کیا کسی خواب میں ہوں میں تہہ خنجر کہ یہاں
چیختا ہوں تو سنائی نہیں دیتا مجھ کو

ہوشیاری دل نادان بہت کرتا ہے
رنج کم سہتا ہے اعلان بہت کرتا ہے
رات کو جیت تو سکتا نہیں لیکن یہ چراغ
کم سے کم رات کا نقصان بہت کرتا ہے

کرامتیں ابھی دست دعا میں رکھتے ہیں
چلو چراغ حصار ہوا میں رکھتے ہیں
مزاج اُسی کا ہے، یہ سلطنت کسی کی سہی
کہ ہم قیام تو ملک خدا میں رکھتے ہیں

یہ جو اک وہم مجھے دشت کی تسخیر کا ہے
سب تماشا یہ مری وسعت زنجیر کا ہے
لاؤ، یہ راکھ ہی خرمن کی اُٹھا لوں، کہ سوال
میرے حاصل کا نہیں ہے مری تدبیر کا ہے

بلا سے عشق میں سر ہی ہمارا جائے گا
مگر یہ قرض جنوں تو اُتارا جائے گا
بڑی ہے تیغ ستم گر سے وقت کی تلوار
یہ کشتنی بھی کسی روز مارا جائے گا

ہر ایک درد کا نشہ اُترتا جاتا ہے
گزرتے جاتے ہیں دن، زخم بھرتا جاتا ہے
عجیب حشر بپا ہے یہاں پسِ دیوار
اُدھر سے فتح کا لشکر گزرتا جاتا ہے

محبتوں کی کبھی بازخوانیاں بھی تو ہوں
حقیقتیں تو ہوئیں، اب کہانیاں بھی تو ہوں
کسی طرح تو سبک ہو تکلفات کا بوجھ
شکایتیں بھی تو ہوں سرگرانیاں بھی تو ہوں

فقیری میں فقط اتنی تن آسانی بھی کرتے ہیں
کہ ہم بلقیس دنیا سے سلیمانی بھی کرتے ہیں
درِ روحانیاں کی چاکری بھی اپنا پیشہ ہے
بُتوں کی مملکت میں کارِ سلطانی بھی کرتے ہیں

مے خانے سے میں سحر کے ہنگام اُٹھا
اُس دم بھی نہ وہ رند مئے آشام اُٹھا
پوچھا کہ تجھے خوف خدا کچھ بھی نہیں
بولا کہ خدا کریم ہے، جام اُٹھا

کیسے کسی اور سمت پرواز کریں
کس طرح سے عشق تازہ آغاز کریں
اشکوں کی جھڑی رُکے تو یہ دیدۂ تر
ہم دوسرے چہرے کی طرف باز کریں

خود اپنا ہی کشتۂ ستم ہوں، کیا ہو
اپنے ہاتھوں ہی رہینِ غم ہوں کیا ہو
تو دیکھ چکا ہے کیا کیا ہے میں نے
اب منتظر جود و کرم ہوں کیا ہو

اے مفتیٔ دیں صاحبِ کردار ہے کون
مستی میں بھی تجھ سے بڑھ کے ہشیار ہے کون
خونِ آدم بُرا کہ خونِ انگور
انصاف سے کہہ زیادہ خونخوار ہے کون

قسمت میں نہیں پھول تو یہ خار بہت
جب نُور نصیب میں نہ ہو نار بہت
سجادۂ خانقاہ و خرقہ نہ سہی
ہم کو ناقوس و دیر و زنار بہت

ہم کلغیٔ شاہ و تاجِ کے بیچتے ہیں
دستار بہ آوازۂ نے بیچتے ہیں
تسبیح کہ طرۂ ریاکاری ہے
ارزاں، غرض کاسۂ مے بیچتے ہیں

آگ میں رقص کیا، خاک اُڑا دی ہم نے
اب کے تو شہر میں اک دھوم مچا دی ہم نے
درد کیا جرم تھا کوئی کہ چھپایا جاتا
ضبط کی رسم ہی دنیا سے اُٹھا دی ہم نے

متفرق اشعار

چھاگل میں بھر کے بہتی ہوئی نہر لے چلیں
جی بھر گیا؟ اب آؤ تمھیں شہر لے چلیں

پہلے جینے کی تو کوشش کرو، مر بھی جانا
اور پھر چاہو تو پانی میں اُتر بھی جانا

ذرا ٹہل کے تو دیکھو کنار آب رواں
پھر اس کے بعد گھنی جھیل میں اُترنا بھی

کون پاگل اپنا سر دینے کی سرشاری میں ہے
فائدہ تو صرف اعلان وفاداری میں ہے

دوستوں سے کبھی قیمت نہیں لیتے دل کی
اس تجارت میں خسارہ نہیں ہوتا ہم کو

یہ حرف اور ابھی مختصر کروں گا میں
یہاں سے اگلی رُتوں کا سفر کروں گا میں

میں پارسا تو ہوں، لیکن وہ اِتنا جانتا ہے
کہ تجھ کو دیکھ کے کس پر نظر کروں گا میں

تمھیں یقیں نہیں آتا، مگر اُداس نہ ہو
میں تم سے کہہ تو رہا ہوں کہ میں تمہارا ہوں
اُدھر سے لہر تو میری طرف بھی آتی ہے
مجھے خبر ہے کہ میں دوسرا کنارا ہوں

جو پود تو نے اُگائی ہے، پھول دے اُس کو
سخن دیا ہے تو حسنِ قبول دے اس کو

زمین گھوم رہی ہے ہمارے رُخ کے خلاف
اشارہ یہ ہے کہ سمت سفر بدل دیں ہم
اب آفتاب تو محور بدل نہیں سکتا
تو کیوں نہ زاویۂ بام و در بدل دیں ہم

میں طلبگار جو تھا کام کی آسانی کا
حکم ہے مجھ کو خرابوں کی نگہبانی کا
اس ہوس میں کہ مرے ہاتھ نہ خالی رہ جائیں
کتنا نقصان ہوا ہے مری پیشانی کا

ہر آفتاب کو آخر غروب ہونا ہے
سو ہم بھی ڈوب رہے ہیں سرِ کنارۂ شام

خدا نے ذہن میں لفظ و بیاں کو بھیج دیا
جو کچھ کمایا تھا میں نے سو ماں کو بھیج دیا

وہاں ہونے کو ہوگی برف باری
پرندے پھر ادھر آنے لگے ہیں
مرا گھر پاس آتا جا رہا ہے
وہ مینارے نظر آنے لگے ہیں

غزال آتے بھی ہیں زیر دام جانتا ہوں
مگر یہ رزق میں خود پر حرام جانتا ہوں

اب اپنے ہاتھوں کو شغل دُعا میں بھی رکھو
کوئی چراغ حصار ہوا میں بھی رکھو
نظر طلب یہ تماشائے رہ گزر ہے بہت
ذرا سا ظرف دل پارسا میں بھی رکھو

اگر میں زندہ رہوں میری انجمن بھی جئے
مرے رقیب بھی زندہ رہیں، سجن بھی جئے

ترے ہنر پہ بھی تیغ کشیدہ، حرف نہ آئے
دل کشادہ، ترا بانکپن بھی زندہ رہے
میں جانتا ہوں کہ شیروں کی مملکت ہے یہ دشت
میں چاہتا ہوں کہ اس میں ہرن بھی زندہ رہے

سمجھ سکو تو سمجھ جاؤ یہ اشارہ بھی
وہ ایک نام حقیقت بھی، استعارہ بھی
یہ موج موج کا اک ربط درمیاں ہی سہی
چلو، اگر میں ہوا دوسرا کنارہ بھی

وہ ہم سخن نہیں ہوتا مگر یہ جانتا ہوں
میں چپ رہوں تو اُسے اور کچھ سنائی نہ دے

اک غلط عہد نبھانا تھا سو ایسا ہی کیا
نام تیرا نہ بتانا تھا سو ایسا ہی کیا

ہم نے اَب تک یہ تماشہ نہ کیا تھا سو کیا
شاعری میں ترا چرچا نہ کیا تھا سو کیا
منزلیں آنکھ سے اوجھل نہ ہوئی تھیں سو ہوئیں
تو نے روشن مرا رستہ نہ کیا تھا سو کیا

سخن آرائی کا پیشہ نہ کریں گے سو کیا
کہہ دیا تھا ترا چرچا نہ کریں گے سو کیا

سوال بے طلباں کا جواب دے یا رب
یہ رات ہے تو اسے ماہتاب دے یا رب

اے دل بے طلباں، رنج گراں باری کیا
اُٹھ کے چلنا ہی تو ہے، کوچ کی تیاری کیا

ایک کوشش کہ تعلق کوئی باقی رہ جائے
یہ تری چارہ گری، یہ مری بیماری کیا

اب خدا چاہے تو کچھ اور ہوا چاہتا ہے
آج تک تو وہ ہوا ہے جو عدو نے چاہا

میرا میدان غزل نیزہ و سر کا ٹھہرا
رہنے والا جو شہیدوں کے نگر کا ٹھہرا
موج خوں بھرتی رہی دشت کی تصویر میں رنگ
کبھی دریا نہ مرے دیدۂ تر کا ٹھہرا

میرے انکار پرستش نے بچایا ہے مجھے
سر جھکا دوں تو ہر انسان خدا ہو جائے

لہو میں لو سی بھڑکنے لگی، میں جانتا ہوں
کہ یہ چراغ بہت دیر جلنے والا نہیں

جس خرابے میں ہواؤں کی حکومت ہے وہاں
مجھ کو دیکھو کہ چراغوں کا عزادار ہوں میں

ایک میں نوحہ گر محفل شب باقی ہوں
اُٹھ گئے وہ، شب مہتاب کے پالے ہوئے لوگ

یوں شجر پہلے کہاں ہجر پر آمادہ تھے
ہم پرندے تو ہمیشہ سفر آمادہ تھے

عرفان صدیقی ایک نظر میں

نام : محمد عرفان احمد صدیقی

ادبی/قلمی نام : عرفان صدیقی

والد : مولوی وکیل سلمان احمد ہلالی

والدہ : مرحومہ رابعہ خاتون

پیدائش : 11/مارچ 1939ء بدایوں

شادی : 1963ء

بیوی کا نام : محترمہ سیدہ حبیب

لڑکا : فیضان احمد صدیقی عرف خالد عرفان

لڑکیاں : مینا عرفان، نغمہ عرفان، رومانہ عرفان اور لبنیٰ عرفان

تعلیم : ایم۔اے۔

ملازمت : 1962ء میں وزارتِ اطلاعات ونشریات، حکومت ہند میں پریس انفارمیشن بیورو سے وابستہ، مختلف عہدوں پر فائز ہونے کے بعد 1988ء میں سینٹرل کمان کے PRO بنے (میجر رینک) 1997ء میں ڈپٹی پرنسپل انفارمیشن آفیسر کے عہدے سے ترقی کرتے ہوئے پریس انفارمیشن بیورو کے علاقائی دفتر کے سربراہ کی حیثیت سے سبکدوش ہوئے۔

مجموعہ کلام : 'کینوس' 1978ء 'شبِ درمیاں' 1984ء 'سات سماوات' 1992، 'عشق نامہ' 1997ء، 'ہوائے دشت ماریہ' 1998ء میں شائع ہوا۔ کلیات 'دریا' 1999ء میں اسلام آباد، پاکستان سے شائع۔

نثری کاوشیں : کالی داس کی مشہور کتاب 'رتوسمہارم' کا 'رت سنگھار' اور اُن کے مشہور ڈرامے 'مالویکا اگنی مترم' کا ترجمہ کیا۔ عربی (دمشق) مصنف محمد شکری کے سوانحی ناول کا ترجمہ 'صرف روٹی کی خاطر' نام سے کیا۔ اس کے علاوہ آر۔کے۔ چٹرجی کی

انگریزی تصنیف 'ماس کمیونیکیشن' کا اردو ترجمہ 'عوامی ترسیل' کے نام سے کیا۔ 'رابطہ عامہ' کے موضوع پر کتاب لکھی۔ ساہتیہ اکادمی کے لیے انگریزی میں اردو ادب کا جامع انتخاب (1850-1100ء) کیا۔ اس کے علاوہ ریڈیو اور ٹیلی ویژن کے لیے مختلف موضوعات پر فیچر لکھے۔ اردو روزنامہ 'صحافت' کے مدیر اعلیٰ کے طور پر کچھ وقت ادارت کی۔

انعامات : میرؔ اکادمی لکھنؤ کی جانب سے 'نشان امتیازِ میرؔ' کا اعزاز، بھارتیہ فنکار سوسائٹی لکھنؤ کی جانب سے 'آنند نرائن ملّا ایوارڈ'، اردو اکادمی اُتر پردیش کی جانب سے 1998ء میں مجموعی خدمات کے سلسلہ میں اکیاون ہزار (51000) روپے کا انعام۔ غالبؔ انسٹی ٹیوٹ، نئی دہلی کی جانب سے 'غالبؔ ایوارڈ برائے شاعری'، ادارہ لوح وقلم لکھنؤ سے 'اعزاز مصحفی'، علی مشن کی جانب سے 'علی صدی ایوارڈ' بھی حاصل ہوئے۔

انتقال : 15/اپریل 2004ء (16 اپریل 2004ء بروز جمعہ بعد نماز جمعہ ڈالی گنج، لکھنؤ کے قبرستان میں سپردِ خاک)

بجھ رہی ہیں میری شمعیں، سو رہے ہیں میرے لوگ
ہو رہی ہے صبح، قصہ مختصر کرتا ہوں میں